# 建筑业营改增实务要点

本书编委会　编

中国建筑工业出版社

**图书在版编目(CIP)数据**

建筑业营改增实务要点/《建筑业营改增实务要点》
编委会编. —北京:中国建筑工业出版社,2017.4
ISBN 978-7-112-20567-7

Ⅰ.①建…　Ⅱ.①建…　Ⅲ.①建筑业-增值税-税
收管理-研究-中国　Ⅳ.①F812.423

中国版本图书馆 CIP 数据核字(2017)第 053578 号

本书采用"要点"体例进行编写,较为系统地介绍了建筑业营改增应掌握的基础知识,内容翔实,体系严谨,简要明确,实用性强,全书共分为六章,内容主要包括:概论、建筑业"营改增"概述、"营改增"后的税务管理、"营改增"后的财务管理、增值税的会计核算以及"营改增"后的造价管理。

本书适用于企业财务人员、合约管理人员、工程造价人员、法务管理人员以及公司高层领导,也可作为大中专院校培训教材。

责任编辑:张　磊　郭　栋
责任设计:李志立
责任校对:赵　颖　李欣慰

**建筑业营改增实务要点**

本书编委会　编

\*

中国建筑工业出版社出版、发行(北京海淀三里河路9号)
各地新华书店、建筑书店经销
北京科地亚盟排版公司制版
大厂回族自治县正兴印务有限公司印刷

\*

开本:787×1092毫米　1/16　印张:11¾　字数:286千字
2017年5月第一版　2017年5月第一次印刷
定价:**29.00**元
ISBN 978-7-112-20567-7
(29984)

# 本书编委会

主　　编：姜　敏

副主编：刘尔亮

参　　编：（按姓氏笔画排序）

王红微　刘秀民　刘艳君　吕克顺

孙石春　孙丽娜　危　聪　李冬云

李　瑞　何　影　张文权　张　彤

张　敏　张黎黎　高少霞　殷鸿彬

隋红军　董　慧

# 前　言

　　"营改增"是国务院根据经济社会发展的新形势，从全面深化改革的总体部署出发做出的重要决策，是深化财税体制改革的重要举措。营业税改征增值税是一项十分复杂的系统工程，涉及国家、地方政府和企业三方共同利益，同时，对建筑业上游产业包括向建筑业提供服务的企业，如工程勘察、工程设计、科研院所、交通运输、工程专用设备及零部件制造、设备租赁、砂石料供货商和工程劳务提供方也要进行同步营业税改征增值税改革，这样才能保证政策实施。对建筑企业而言，这项改革由于涉及企业方方面面的工作，需要企业领导、相关人员超前谋划，全面考虑，积极应对，使营业税改征增值税能够在建筑企业顺利平稳过渡，将影响降低到最小的范围内。基于此，我们组织编写了这本书。

　　本书采用"要点"体例进行编写，较为系统地介绍了建筑业营改增应掌握的基础知识，内容翔实，体系严谨，简要明确，实用性强，全书共分为六章，内容主要包括：概论、建筑业"营改增"概述、"营改增"后的税务管理、"营改增"后的财务管理、增值税的会计核算以及"营改增"后的造价管理。本书适用于企业财务人员、合约管理人员、工程造价人员、法务管理人员以及公司高层领导，也可作为大中专院校培训教材。

　　本书在编写过程中参阅和借鉴了许多优秀书籍、专著和有关文献资料，并得到了有关领导和专家的帮助，在此一并致谢。由于作者的学识和经验所限，虽经编者尽心尽力但书中仍难免存在疏漏或未尽之处，敬请有关专家和读者予以批评指正。

# 目　　录

# 第一章 概 论

## 第一节 建筑业的行业特点及组织架构

### 要点：建筑行业特点

建筑企业属于劳动密集型企业、利润水平低且经营管理与其他企业相比存在一定的特殊性，主要归根于建筑产品和施工生产的特殊性，具体体现为以下几点：

**1. 产品的单件性**

每个建筑物或构筑物的结构、构造、造型不一，所需的工种与技术、材料品种、施工方法、机械设备、劳力组织、生产要素等不一，因而其计价具有组合性的特点；对应不同的阶段需要多次进行分步分项计价，如概算造价、修正概算造价、预算造价、合同价、结算价、决算价等；建筑产品的单件性特点决定了每项工程都必须单独计算造价。

**2. 生产的流动性**

建筑企业(包括人员和机具设备)随建筑物或构筑物坐落位置的变化而整体发生转移，从而形成建筑业管理环境多变，人员流动性较大等特点。

**3. 生产周期长**

较大的工程施工年限长达若干年，所需人员和工种众多，材料和设备种类繁杂，交叉作业相互影响，彼此协调配合工作要求高；露天和高空作业多，受自然气候影响，需要采取的技术措施复杂，安全生产要求高。

### 要点：资产管理要求和现状

按照目前的资质管理规定，只有法人单位才能申请建筑行业资质。因此，在建筑业的管理机构中，分公司和项目部是没有资质的，只能使用其所属法人公司的资质。建筑业资质管理规定也明确了不允许使用其他企业资质。但现实情况是，特级资质或较高等级的资质均由建筑企业集团公司或更高级别法人公司拥有，而作为直接管理项目部的子公司，往往资质较低，在投标市场缺少竞争力。因此，通常情况下，工程总承包项目的中标单位多为企业集团公司，集团公司中标后将项目交给子(分)公司或分配给若干子(分)公司项目部进行施工，从而导致建筑企业集团内资质共享情况普遍存在。

### 要点：建筑企业的组织架构类型

**1. 子公司—项目部模式**

该模式下，一般为公司与项目部两个管理层级，组织架构较为简单，但在资质使用方面，存在两种可能，一种是子公司使用自身资质中标项目，工程的合同、发票、账户都使用子公司名称；一种是子公司使用集团公司资质中标项目，工程的合同、发票、账户一般都使用集团公司名称，但实际管理隶属关系，包括人事、材料、设备、资金以及会计核算都归属子公司。从核算关系上看，该模式下集团公司与子公司作为法人主体，收入、成本均无重合部分，仅在集团报表合并层面进行汇总。

**2. 集团公司—分公司—项目部模式**

由于分公司无法获得资质，一般分公司管理的项目采用该模式，集团公司中标后，由分公司进行管理，分公司派出项目部进行施工生产。合同、发票、账户根据业主需要一般也使用集团公司名称。在核算关系上，为项目部、分公司、集团公司依次逐级汇总。

**3. 集团公司—项目部模式**

该模式与上述第一种模式类似，不同的是该模式由集团公司直接管理项目部，项目部为集团直接派出机构，工程的合同、发票、账户使用集团公司名称，在集团报表进行汇总。

**4. 集团公司—项目指挥部，子公司—项目部模式**

在"母—子"架构下，通常采用该模式。该模式下，工程以集团公司名义中标，组织架构较为复杂。集团公司与子公司均成立派出机构，集团公司派出机构为指挥部，子公司派出机构为项目部。指挥部代表集团公司对外负责与业主的计价、开票等工作，对内则负责对项目部的任务分配、内部结算、拨款等工作，对内结算以企业内部结算单或发票为依据。在核算关系上，指挥部归属集团公司，项目部归属子公司，因此在集团公司作为独立法人单位进行核算时，需要抵消母子公司之间核算重合的部分。

## 要点：现有组织架构优化调整

组织架构的调整对建筑企业来说是一项重大的挑战，很难在短期内完成，企业应制定相应的战略规划和调整计划，逐步实施。

在现阶段，建筑企业集团应结合下属各子、分公司的基本情况，明确各子、分公司的经营定位及管理职能，通过撤销规模较小或没有实际经营业务的子、分公司，取消不必要的中间管理层级，合并管理职能相关或相同的单位等措施，以减少法人层级、缩短管理链条。

## 要点：未来组织架构的建设

（1）增值税实行链条抵扣，即上一个环节缴纳的税款，在下一个环节可以全额抵扣，从上下游整体来看，并不增加增值税支出。建筑企业可提高专业化分工程度，通过成立专业公司，如物资供应公司、区域性设备租赁公司、预制构件厂等，优化管理结构，提高管理效率。

（2）严控新设法人公司，慎重设立下级建筑公司，减少设立四级、五级子公司，避免管理层级过长。

（3）在确实需要设立新公司的情况下，应充分考虑设立新公司的法律形式。

# 第二节 税收基础知识

## 要点：国际税制概述

税制结构是整个税制建设的主体工程，决定税制的性质和功能。许多国家对合理税制结构的标准存有共识，但由于各国之间经济、社会、政治等客观条件各不相同，税制结构模式也并不相同。

从税种设置方面看，各国都实行多税种多次征收的复合税制体系，但税种的种类和数量并不相同。从主体税种看，在各税种相互协调、相互补充的税收体系中，总有某一种或几种税居于主导地位，其他税种处于辅助地位，这种居于主导地位的税种就是税制结构中的主体税种，其他税种就是辅助税种，总体来看：

（1）发展中国家大多数以间接税为主体；

（2）发达国家可以分为三种类型：

1）以英美为代表的以所得税等直接税为主体的盎格鲁撒克逊型；

2）以法意为代表的以增值税等间接税为主体的拉丁欧洲型；

3）以德国为代表的中间型，兼顾直接税与间接税。

税制发展的总体趋势是：发展中国家逐步提高所得税在税收中的比重，发达国家随着税负的上升，也都向直接税与间接税各占一定比例的中间型发展。

## 要点：我国的税种分类

税收种类简称"税种"，是指一国税收体系中的具体税收种类，是基本的课税单元。根据征税对象的不同可将税收划分成不同的种别。因此，不同的征税对象是一个税种区别于另一个税种的主要标志，税种的名称一般也以征税对象来命名。例如，对增值额课税的税种，称为增值税；对资源课税的税种，称为资源税等。

构成税种的主要因素有征税对象、纳税人、税目、税率、纳税环节、纳税期限等。这些要素有机地组合在一起构成具体的税种，各类税种有机地组合在一起构成一个国家的税收制度。每个税种都有其自身特定的功能和作用，其存在依赖于一定的客观经济条件。目前我国税收分为流转税、所得税、资源税、财产税、行为税五大类，共19种。

我国的税种分类标准见表1-1。

**税种分类标准**                                    表1-1

| 分类标准 | | 内容 |
|---|---|---|
| 按课税对象<br>为标准分类 | 流转税 | 流转税是以商品生产流转额和非生产流转额为课税对象征收的一类税，是我国税制结构中的主体税类，包括增值税、消费税、营业税和关税等 |
| | 所得税 | 所得税又称收益税，是指以各种所得额为课税对象征收的一类税，是我国税制结构中的主体税类。包括企业所得税、个人所得税等 |
| | 财产税 | 财产税是指以纳税人所拥有或支配的财产为课税对象征收的一类税，包括遗产税、房产税、契税、车辆购置税和车船税等 |

3

| 分类标准 | | 内容 |
|---|---|---|
| 按课税对象为标准分类 | 行为税 | 行为税是指以纳税人的某些特定行为为课税对象征收的一类税，诸如城市维护建设税、印花税等 |
| | 资源税 | 资源税是指对在我国境内从事资源开发的单位和个人征收的一类税，如资源税、土地增值税、耕地占用税和城镇土地使用税等 |
| 按税收的计算依据为标准分类 | 从量税 | 从量税是指以课税对象的数量（重量、面积、件数）为依据，按固定税额计征的一类税。从量税实行定额税率，具有计算简便等优点。如我国现行的资源税、车船税和土地使用税等 |
| | 从价税 | 从价税是指以课税对象的价格为依据，按一定比例计征的一类从价税。从价税实行比例税率和累进税率，税收负担比较合理。如我国现行的增值税、营业税、关税和各种所得税等 |
| | 价内税 | 价内税是指税款在应税商品价格内，作为商品价格一个组成部分的一类税。如我国现行的消费税、营业税和关税等 |
| | 价外税 | 价外税是指税款不在商品价格之内，不作为商品价格的一个组成部分的一类税。如我国现行的增值税（目前商品的价税合一并不能否认增值税的价外税性质） |
| 按是否有单独的课税对象、独立征收为标准分类 | 正税 | 正税指与其他税种没有连带关系，有特定的课税对象，并按照规定税率独立征收的税。征收附加税或地方附加，要以正税为依据。我国现行各个税种，如增值税、营业税、农业税等都是正税 |
| | 附加税 | 附加税是指随某种税收按一定比例加征的税。例如，外商投资企业和外国企业所得税规定，企业在按照规定的企业所得税率缴纳企业所得税的同时，应当另按应纳税所得额的3%缴纳地方所得税。该项缴纳的地方所得税，就是附加税 |
| 按税收征收权限和收入支配权限为标准分类 | 中央税 | 中央税是指由中央政府征收和管理使用或由地方政府征收后全部划归中央政府所有并支配使用的一类税。如我国现行的关税和消费税等。这类税一般收入较大，征收范围较广 |
| | 地方税 | 地方税是指由地方政府征收和管理使用的一类税。如我国现行的个人所得税、屠宰税等。这类税一般收入稳定，并与地方经济利益关系密切 |
| | 共享税 | 共享税是指税收的管理权和使用权属中央政府和地方政府共同拥有的一类税。如我国现行的增值税和资源税等。这类税直接涉及中央与地方的共同利益 |
| 按税收的形态为标准分类 | 实物税 | 实物税是指纳税人以各种实物充当税款缴纳的一类税，如农业税 |
| | 货币税 | 货币税是指纳税人以货币形式缴纳的一类税。在现代社会中，几乎所有的税种都是货币税 |
| 以管辖的对象为标准分类 | 国内税收 | 国内税收是指对本国经济单位和公民个人征收的各税 |
| | 涉外税种 | 涉外税种是指具有涉外关系的税收 |
| 按税率的形式为标准分类 | 比例税 | 比例税即对同一课税对象，不论数额多少，均按同一比例征收的税种 |
| | 累进税 | 累进税是指随着课税对象数额的增加而逐级提高税率的税种。包括全额累进税率、超额累进税率和超率累进税率 |
| | 定额税 | 定额税是指对每一单位的课税对象按固定税额征税的税种 |
| 按征收管理的分工体系为标准分类 | 工商税类 | 工商税类由税务机关负责征收，以从事工业、商业和服务业的单位和个人为纳税人的各税种的总称，是我国现行税制的主体部分，具体包括增值税、消费税、营业税、资源税、企业所得税等 |
| | 关税类 | 关税类由海关负责征收，是对进出境的货物、物品征收的税种的总称，主要指进出口关税，以及对入境旅客行李物品和个人邮递物品征收的进口税 |

4

## 要点：什么是营业税

营业税是流转税制中的一个税种，其课税范围和纳税依据可以是商品生产、商品流通、转让无形资产、销售不动产、提供应税劳务或服务等的营业额，特殊情况下也有不计价值而按商品流通数量或者服务次数等计税的。营业税涉及范围广，因而税源充足；且以营业额作为课税对象，实行简单的比例税率，税收收入不受纳税人营运成本、费用高低的影响，纳税人难于转嫁税负，使计税和征收方法简便直接，极具直接税的特征。

营业税是对在我国境内提供应税劳务、转让无形资产或销售不动产的单位和个人所取得的营业额征收的一种商品与劳务税。

与其他商品劳务税相比，营业税具有以下特点：

（1）一般以营业额全额为计税依据。

（2）营业税属传统商品劳务税，计税依据为营业额全额，税额不受成本、费用高低影响，对于保证财政收入的稳定增长具有十分重要的作用。

（3）按行业设计税目税率。营业税实行普遍征收，现行营业税征税范围为增值税征税范围之外的所有经营业务，税率设计的总体水平一般较低。但由于各种经营业务盈利水平不同，因此，在税率设计中，一般实行同一行业同一税率，不同行业不同税率，以体现公平税负、鼓励平等竞争的政策。

（4）计算简便，便于征管。由于营业税一般以营业收入额全额为计税依据，实行比例税率，税款随营业收入额的实现而实现，因此，计征简便，有利于节省征收费用。

在商品的生产和流通中，在最终到达商品的消费者和使用者手中之前，其所经过的环节越多，各环节所累计的营业额也越多，这就使按营业额计收的营业税有可能成为商品成本的主要增长因素。所以，在不同国家或同一国家不同的历史时期，营业税的课税范围是有所不同或有所变动的。我国自 2016 年 5 月 1 日起，建筑行业全面施行"营改增"，营业税也将逐渐退出历史舞台。

## 要点：什么是城市维护建设税

城市维护建设税（简称城建税），是我国为了加强城市的维护建设，扩大和稳定城市维护建设资金的来源，对有经营收入的单位和个人征收的一个税种。城市维护建设税以纳税人实际缴纳的产品税、增值税、营业税税额为计税依据，分别与产品税、增值税、营业税同时缴纳。

城市维护建设税的主要特点如下：

**1. 税款专款专用，具有受益税性质**

按照财政的一般性要求，税收及其他政府收入应当纳入国家预算，根据需要统一安排其用途，并不规定各个税种收入的具体使用范围和方向，否则也就无所谓国家预算。但是作为例外，也有个别税种事先明确规定使用范围与方向，税款的缴纳与受益更直接地联系起来，我们通常称其为受益税城市维护建设税专款专用，用来保证城市的公共事业和公共设施的维护和建设，是一种具有受益税性质的税种。

**2. 属于一种附加税**

城市维护建设税与其他税种不同，没有独立的征税对象或税基，而是以增值税、消费税、营业税"三税"实际缴纳的税额之和为计税依据，随"三税"同时附征，本质上属于一种附加税。

**3. 根据城建规模设计税率**

一般来说，城镇规模越大，所需要的建设与维护资金就越多。与此相适应，城市维护建设税规定，纳税人所在地为城市市区的，税率为7%；纳税人所在地为县城、建制镇的，税率为5%；纳税人所在地为以上两地以外的，税率为1%。这种根据城镇规模不同，差别设置税率的办法．较好地照顾了城市建设的不同需要。

**4. 征收范围较广**

鉴于增值税、消费税、营业税在我国现行税制中属于主体税种，而城市维护建设税又是其附加税，原则上讲，只要缴纳增值税、消费税、营业税中任一税种的纳税人都要缴纳城市维护建设税。这也就等于说，除了减免税等特殊情况以外，任何从事生产经营活动的企业单位和个人都要缴纳城市维护建设税，征税范围是比较广的。

城市维护建设税的计算公式为：

$$城市维护建设税应纳税额＝（增值税＋消费税－营业税）\times 适用税率 \qquad (1\text{-}1)$$

## 要点：什么是教育费附加与地方教育附加

教育费附加是对缴纳增值税、消费税、营业税的单位和个人征收的一种附加费。其作用是发展地方性教育事业，扩大地方教育经费的资金来源。教育费附加的征收率为3%。与城市维护建设税类似，其计税依据也是以纳税人实际缴纳的产品税、增值税、营业税税额为计税依据。

教育费附加的计算公式为：

$$教育费附加应纳税额＝（实际缴纳的增值税、消费税、营业税三税税额）\times 3\% \qquad (1\text{-}2)$$

地方教育附加是指各省、自治区、直辖市根据国家有关规定，为实施"科教兴省"战略，增加地方教育的资金投入，促进各省、自治区、直辖市教育事业发展，开征的一项地方政府性基金。该收入主要用于各地方的教育经费的投入补充。按照地方教育附加使用管理规定，在各省、自治区、直辖市的行政区域内，凡缴纳增值税、消费税、营业税的单位和个人，都应按规定缴纳地方教育附加税。

地方教育附加以单位和个人实际缴纳的增值税、消费税、营业税的税额为计征依据。

国务院决定从2010年12月1日起，统一内外资企业和个人城市维护建设税和教育费附加制度，教育费附加统一按增值税、消费税、营业税实际缴纳税额的3%征收；地方教育附加统一按增值税、消费税、营业税实际缴纳税额的2%征收。

# 第三节 增值税基础知识

## 要点：什么是增值税

增值税是指对纳税人生产经营活动的增值额征收的一种间接税，根据商品（含应税服务）在流转过程中所取得的增值额征收的一种税，属于流转税制中的一种主要税种。

## 要点：增值税特点

（1）不重复征税，具有中性税收的特征。

增值税具有中性税收的特征，是因为增值税只对货物或劳务销售额中没有征过税的那部分增值额征税，对销售额中属于转移过来的、以前环节已征过税的那部分销售额则不再征税。此外，增值税税率档次少，一些国家只采取一档税率，这不仅使得绝大部分货物的税负是一样的，而且同一货物在经历的所有生产和流通环节的整体税负也是一样的，这种情况使增值税对生产经营活动以及消费行为基本不发生影响。

（2）每个环节进行征税和扣税，消费者最终承担税负。

增值税实行逐环节扣税，各环节的经营者作为纳税人只是把从买方收取的税款转缴给政府，而经营者本身并没有承担增值税税款。随着交易活动的进行，经营者在交易的同时也出售了所承担的增值税税款，直到卖给最终消费者时，以前环节已纳的税款连同本环节的税款也一并转给了最终消费者，只有最终消费者才是全部税款的真正承担者。

（3）税基广阔，具有普遍性和连续性，能够打通各个链条。

从生产经营的横向关系看，无论工业、商业或者劳务服务活动，只要产生增值收入就要纳税；从生产经营的纵向关系看，无论经过多少生产经营环节，都要按各环节上发生的增值额逐次征税。

## 要点：营业税与增值税的区别

营业税与增值税的区别如表1-2所示。

营业税和增值税的区别　　　　　　　　　　　　　　　　　　表1-2

| 项目 | 营业税 | 增值税 |
| --- | --- | --- |
| 计税依据 | 大多数以流转额为税基计算缴纳一次营业税，每增加一次流转则缴纳一次，存在重复纳税 | 对商品生产、流通、劳务服务中多个环节新增价值征税，基本消除重复纳税 |
| 计税方法 | 应纳税额＝计税营业额×税率 | 应纳税额＝销项税额－进项税额 |
| 计税基础 | 存在全额计税及差额计税两种模式，但大多数情况为全额计税 | 计税的销售额＝含税的销售额÷（1＋增值税税率） |
| 征税范围 | 针对提供应税劳务、销售不动产、转让无形资产等征收的一种价内税 | 针对在我国境内销售商品和提供修理修配劳务而征收的一种价外税 |
| 征管特点 | 简单、易行 | 计征复杂、征管严格、法律责任重大 |
| 主管税务机关 | 属于地方税，通常由地方税务机关负责征收和清缴 | 主要由国税局管理 |

## 要点：增值税的纳税人

《营业税改征增值税试点实施办法》第一章规定了增值税的纳税人和扣缴义务人。其中对于规定了纳税人的范围和分类，其中需要注意以下几点：

（1）单位采用承包、承租、挂靠经营方式下，纳税人的具体规定，需要从以下两个方面来理解。

1）承包、承租、挂靠经营方式的概念和特征。承包经营是指发包方在不改变企业所有权的前提下，将企业发包给经营者承包，经营者以企业名义从事经营活动，并按合同分享经营成果的经营形式。承租经营是在所有权不变的前提下，出租方将企业租赁给承租方经营，承租方向出租方交付租金并对企业实行自主经营，在租赁关系终止时，返还所租财产。挂靠经营是指企业、合伙组织、个体户或自然人与另外的一个经营主体达成依附协议，然后依附的企业、个体户或自然人将其经营的财产纳入被依附的经营主体名下，并对外以该经营主体的名义进行独立核算的经营活动。

2）单位以承包、承租、挂靠方式经营的，以发包人为纳税人必须同时满足两个条件：

① 以发包人名义对外经营。

② 由发包人承担相关法律责任。

如果不同时满足这两个条件，以承包人为纳税人。

（2）对纳税人的分类，根据应税行为的年征增值税销售额（简称应税销售额）分为小规模纳税人和一般纳税人，目前将应税销售额标准暂定为 500 万元（含本数），纳税人超过该标准的，应申请认定为一般纳税人，未超过的，认定为小规模纳税人。

## 要点：增值税的征收方式

### 1. 税率/征收率

目前，我国增值税的税率/征收率共有五档，分别为 0%、3%、6%、11% 和 17%。其中，境内单位和个人发生的跨境应税行为，税率为 0，具体范围由财政部和国家税务总局规定；提供交通运输、邮政、基础电信、建筑、不动产租赁服务、销售不动产、销售土地所有权的，税率为 11%；提供有形动产租赁服务的，税率为 17%；增值税征收率为 3%；除以上情况及财政部和国家税务总局规定的其他应税行为外，其他应税行为的税率为 6%。

### 2. 起征点

增值税的起征点幅度为，按期纳税的，为月销售额 5000～20000 元（含本数）；按次纳税的，为每次（日）销售额 300～500 元（含本数），各省、自治区、直辖市财政厅（局）和国家税务总局可在规定幅度内根据本地区实际情况确定本地区的起征点，需报财政部和国家税务总局备案。对增值税小规模纳税人中月销售额未达到 2 万元的企业或非企业性单位，免征增值税。2017 年 12 月 31 日前，对月销售额 2 万元（含本数）至 3 万元的增值税小规模纳税人，免征增值税。

### 3. 纳税期限

增值税的纳税期限分别为 1 日、3 日、5 日、10 日、15 日、1 个月或者一个季度。纳税人的具体纳税期限，由主管税务机关根据纳税人应纳税额的大小分别核定，不能按照固定期限纳税的，可以按次纳税。

### 4. 纳税地点

固定业户应当向机构所在地或居住地主管税务机关申报纳税，总机构和分支机构不在同一县（市）的，应当分别向各自所存地主管税务机关申报纳税，经财政部和国家税务总局或其授权的财政和税务机关批准，可以由总机构汇总向总机构所在地的主管税务机关申报纳税；非固定业户应当向应税行为发生地主管税务机关申报纳税；其他个人提供建筑服务，销售或者租赁不动产，转让自然资源使用权，应向建筑服务发生地、不动产所在地、自然资源所在地主管税务机关申报纳税。

## 要点：增值税的征税范围

《营业税改征增值税试点实施办法》第二章对征税范围作出了规定，应税行为的具体范围参照办法所附的《销售服务、无形资产、不动产注释》执行，同时，该章内容确定了特殊例外情况以及境内外销售服务等的解释。

本章内容中值得注意的有以下几点：

（1）提供应税服务的应税行为是否成立，确定原则的有偿性同销售货物是一致的，其主要区别在于服务是无形的，不以实物形式存在，因此，对提供和接受服务的双方不存在所有权转移，服务的施行就是服务提供的发生。其中对"有偿"有四点需要注意。

1）"有偿"是确定缴纳增值税的条件之一，直接影响一项服务行为是否判定为征税。

2）"有偿"不代表等价，即不要求完全经济意义上的等价。但价格明显偏低或偏高且不具有合理商业目的，税务机关可以按规定确定其销售额。

3）"有偿"分两种形式，一是货币形式，包括现金、存款、应收账款、应收票据、准备持有至到期的债权投资以及债务的豁免等；二是非货币形式，包括固定资产、生物资产、无形资产、股权投资、存货、不准备持有到期的债权投资、劳务及有关权益等。

（2）对非经营活动具体内容的解释，主要包括三方面：

1）行政单位收取的同时满足以下条件的政府性基金或者行政事业性收费：

① 由国务院或者财政部批准设立的政府性基金，由国务院或者省级人民政府及其财政、价格主管部门批准设立的行政事业性收费；

② 收取时开具省级以上（含省级）财政部门监（印）制的财政票据；

③ 所收款项全额上缴财政。

2）单位或者个体工商户聘用的员工为本单位或者雇主提供取得工资的服务。

单位或个体工商户聘用的员工为本单位或雇主提供服务，虽然有偿，但不属于应税服务的增值税征收范围，即自我服务不征收增值税。可以从两方面来理解：

① 只有单位或个体工商户聘用的员工为本单位或雇主提供服务才不缴纳应税服务的增值税，核心在于员工身份的确立，关键在于如何划分员工和非员工；

② 员工为本单位或雇主提供的应税服务不需要缴纳增值税，应限定为提供的职务性劳务。

3）单位或者个体工商户为聘用的员工提供服务，即使发生有偿行为，如向员工提供班车接送的收费服务，不属于应税服务范围。

（3）对"境内"提供应税服务的解释：

1）境内的单位或个人提供的应税服务都属于境内应税服务，即属人原则。这就是说境内的单位或个人提供的应税服务，不论发生在境内还是境外，都属于境内提供应税服务。

2）只要应税服务接受方在境内，无论提供方是否在境内，也无论提供方是否在境内提供，都属于境内提供应税服务，即收入来源地原则。

## 要点：增值税的税率

（1）纳税人发生应税行为，除第（2）项、第（3）项、第（4）项规定外，税率为6%。

（2）提供交通运输、邮政、基础电信、建筑、不动产租赁服务，销售不动产，转让土地使用权，税率为11%。

（3）提供有形动产租赁服务，税率为17%。

（4）境内单位和个人发生的跨境应税行为，税率为零。具体范围由财政部和国家税务总局另行规定。

## 要点：增值税的征收率

增值税征收率为3%，财政部和国家税务总局另有规定的除外。

其中对建筑服务适用增值税税率规定为11%。

下列情况建筑业采取简易计税方式，征收率为3%。

（1）一般纳税人以清包工方式提供的建筑服务，可以选择适用简易计税方法计税。

以清包工方式提供建筑服务，是指施工方不采购建筑工程所需的材料或只采购辅助材料，并收取人工费、管理费或者其他费用的建筑服务。

（2）一般纳税人为甲供工程提供的建筑服务，可以选择适用简易计税方法计税。

甲供工程，是指全部或部分设备、材料、动力由工程发包方自行采购的建筑工程。

（3）一般纳税人为建筑工程老项目提供的建筑服务，可以选择适用简易计税方法计税。

建筑工程老项目，是指：

1）《建筑工程施工许可证》注明的合同开工日期在2016年4月30日前的建筑工程项目；

2）未取得《建筑工程施工许可证》的，建筑工程承包合同注明的开工日期在2016年4月30日前的建筑工程项目。

## 要点：增值税应纳税额的计算

《营业税改征增值税试点实施办法》第四章对应纳税额的计算作出了规定，主要包括四方面：一般性规定、一般计税方法、简易计税方法、销售额确定。应注意以下几点：

（1）一般纳税人提供应税服务适用一般计税方法，应纳税额＝销项税额-进项税额；对于财政部和国家税务总局规定的特定应税行为，可以选择适用简易计税方法，但选择后36个月内不得改变。

（2）小规模纳税人提供应税服务适用简易计税方法，应纳税额＝销售额×征收率。

（3）对境外单位或者个人在境内发生应税行为，在境内未设有经营机构的情况，在计算应扣缴税款时使用的税率应为发生应税服务适用的税率，不区分增值税一般纳税人或小规模纳税人。

（4）销项税额是应税服务的销售额和税率的乘积，也就是整体税金的概念，在增值税的计算征收过程中，只有增值税一般纳税人才会出现和使用销项税额的概念。一般纳税人应该在"应交税费"科目下设置"应交增值税"明细科目。在"应交增值税"明细账目中，应设置"销项税额"等专栏，记录一般纳税人销售货物或提供应税劳务和应税服务应收取的增值税额。

（5）进项税额是指纳税人购进货物、加工修理修配劳务、服务、无形资产或者不动产，支付或者负担的增值税额。包括三方面含义：

1）只有增值税一般纳税人，才涉及进项税额的抵扣问题。

2）产生进项税额的行为必须是购进货物、加工修理修配劳务、服务、无形资产或者不动产。

3）支付或负担的进项税额的进项税额是指支付给销货方或者由购买方自己负担的增值税额。

（6）对不得从销项税额中抵扣的项目进行了规定，包括用于简易计税方法计税项目、免征增值税项目、集体福利或者个人消费的购进货物、加工修理修配劳务、服务、无形资产和不动产；非正常损失的购进货物，以及相关的加工修理修配劳务和交通运输服务；非正常损失的在产品、产成品所耗用的购进货物（不包括固定资产）、加工修理修配劳务和交通运输服务；非正常损失的不动产，以及该不动产所耗用的购进货物、设计服务和建筑服务；非正常损失的不动产在建工程所耗用的购进货物、设计服务和建筑服务；购进的旅客运输服务、贷款服务、餐饮服务、居民日常服务和娱乐服务；财政部和国家税务总局规定的其他情形。

## 要点：增值税的纳税义务、扣缴义务发生时间

《营业税改征增值税试点实施办法》第五章规定了增值税纳税义务、扣缴义务发生时间。主要要注意以下几个方面：

（1）纳税人发生应税行为并收讫销售款项或者取得索取销售款项凭据的当天。

（2）先开具发票的，纳税义务发生时间为开具发票的当天。

（3）纳税人提供建筑服务、租赁服务采取预收款方式的，其纳税义务发生时间为收到预收款的当天。

（4）增值税扣缴义务发生时间为纳税人增值税纳税义务发生的当天。

## 要点：增值税税收减免的处理

《营业税改征增值税试点实施办法》第六章对税收减免的处理作出相应规定，参照《营业税改征增值税试点过渡政策的规定》规定的项目进行减免，另外对增值税起征点和起征点幅度应注意以下几点：

（1）增值税起征点是对个体工商户的一种优惠方式，但已认定为一般纳税人的个体工商户不能享受。

（2）增值税起征点所称的销售额不包括应纳税额，如果采用销售额和应纳税额合并定价方法的，计算销售额的公式为：

$$销售额＝含税销售额÷（1＋征收率）\qquad\qquad (1-3)$$

（3）起征点不同于免征额，纳税人销售额未达到国务院财政、税务主管部门规定的起征点的，免征增值税；达到起征点的，全额计算缴纳增值税。

## 要点：增值税的抵税凭证

《营业税改征增值税试点实施办法》第二十六章对增值税抵扣凭证的作出相应规定。增值税扣税凭证，是指增值税专用发票、海关进口增值税专用缴款书、农产品收购发票、农产品销售发票和完税凭证。

## 要点：增值税的纳税地点

《营业税改征增值税试点实施办法》第五章规定了增值税的纳税地点，对固定业户、非固定业户以及扣缴义务人的纳税地点进行了明确：

（1）固定业户向其机构所在地或者居住地主管税务机关申报纳税。总机构和分支机构不在同一县（市）的，分别向各自所在地的主管税务机关申报纳税；经有关部门批准的，可以由总机构汇总向总机构所在地的主管税务机关申报纳税。

（2）非固定业户应当向应税行为发生地主管税务机关申报纳税。

（3）其他个人提供建筑服务，销售或者租赁不动产，转让自然资源使用权，应向建筑服务发生地、不动产所在地、自然资源所在地主管税务机关申报纳税。

（4）扣缴义务人应当向其机构所在地或者居住地主管税务机关申报缴纳扣缴的税款。

# 第二章 建筑业"营改增"概述

## 第一节 "营改增"政策解读

### 要点："营改增"政策出台背景

"营改增"是指部分原缴纳营业税的应税劳务改为缴纳增值税。在"十二五"规划之"改革和完善税收制度"中提出，按照优化税制结构、公平税收负担、规范分配关系、完善税权配置的原则，健全税制体系，加强税收法制建设。扩大增值税征收范围，相应调减营业税等税收。"营改增"政策的出台不只是简单的税制转换，更重要的是有利于消除重复征税，平衡行业税负，促进工业转型、服务业发展和商业模式创新、解决分税制弊端、破解混合销售和兼营造成的征管困境。

美国耶鲁大学教授亚当斯1917年提出增值税概念，法国1954年正式开征增值税，增值税自开征以来，因其有效地解决了传统销售税的重复征税问题，迅速被世界其他国家采用。目前，已有170多个国家和地区开征了增值税，征税范围大多覆盖所有货物和劳务。我国现行的财税体制是在1994年分税制改的基础上逐步完善形成的。在我国现行的税制结构中，增值税和营业税是两个最为重要的流转税税种，二者分立许行。随着经济的快速发展，增值税和营业税并立打破了货物和劳务流转课税方式的统一性，进而形成了不公平课税格局。现行财税体制不适应、不完善的问题也日益凸显，已经不利于、不适应经济结构优化的需要。主要体现在：

（1）从税制完善性的角度看，增值税和营业税并行，破坏了增值税的抵扣链条，影响了增值税作用的发挥。增值税具有"中性"的优点，客观上有利于引导和鼓励企业在公平竞争中做大做强，但是要充分发挥增值税的这种中性效应，前提之一就是增值税的税基应尽可能宽广，最好包含所有的商品和服务。现行税制中增值税征税范围不全面，导致经济运行中增值税的抵扣链条被打断，中性效应便大打折扣。

（2）从产业发展和经济结构调整的角度来看，我国大部分第三产业排除在增值税的征税范围之外，对服务业的发展造成了不利影响。"营改增"可进一步解决货物和劳务税制中的重复征税问题，将有效推动第三产业加快发展。当前，我国正处于加快转变经济发展方式的攻坚时期，大力发展第三产业，尤其是现代服务业，对推进经济结构调整和提高国家综合实力具有重要意义。

（3）从税收征管的角度看，两套税制并行造成了税收征管实践中的一些困境。随着多样化经营和新的经济形式不断出现，税收征管也面临着新的难题。比如，在现代市场经济中，商品和服务捆绑销售的行为越来越多，形式越来越复杂，要准确划分商品和服务各自的比例也越来越难，这给两税的划分标准提出了挑战。

针对以上问题，按照建立健全有利于科学发展的财税制度要求，将营业税改征增值税，有利于完善税制，消除重复征税；有利于社会专业化分工，促进三次产业融合；有利于降低企业税收成本，增强企业发展能力；有利于优化投资、消费和出口结构，促进国民经济健康协调发展。而且，在新形势下，逐步将增值税征税范围扩大至全部的商品和服务，以增值税取代营业税，逐步实现对于货物和劳务征收统一的间接税，使增值税覆盖绝大多数货物和劳务，符合国际惯例，是深化我国税制改革的必然选择。

## 要点：实现"营改增"的发展阶段

为进一步完善税收制度，支持现代服务业发展，2011年10月26日国务院常务会议决定开展深化增值税制度改革试点。

按照国家规划，我国"营改增"分为三步走：

（1）在特定的地区选择部分行业进行"营改增"试点。上海作为首个试点城市于2012年1月1日已经正式启动"营改增"，将交通运输业以及部分现代服务业纳入试点范围。

（2）选择部分行业在全国范围内进行试点。经国务院批准，自2013年8月1日起，在全国范围内开展交通运输业和部分现代服务业"营改增"试点。自2014年1月1日起，在全国范围内开展铁路运输和邮政业"营改增"试点。

（3）按照改革部署，力争在2015年在全国范围内全面完成"营改增"，建筑业、房地产业、金融保险业及生活性服务业将纳入"营改增"范围，增值税将取代营业税。

国务院总理李克强在《求是》杂志发表的署名文章《关于深化经济体制改革的若干问题》中指出，系统考虑，"营改增"还有五部曲：

（1）2014年继续实行"营改增"扩大范围；

（2）2015年基本实现"营改增"全覆盖；

（3）进一步完善增值税税制；

（4）完善增值税中央和地方分配体制；

（5）实行增值税立法。

## 要点：财政部关于"营改增"解释

财政部部长楼继伟在新闻发布会上提道：虽然在目前宏观经济环境下，政府致力于减轻税负，但这并不意味着所有企业税负都将降低。在很多情况下，单个企业的税负是减轻还是增加，是受其自身增值税管理情况，以及其与客户、供应商的商业谈判能力影响的。

以下是财政部关于"营改增"政策的部分解释。

问："营改增"试点范围中的"建筑服务"包括哪些内容？

答：按照《财政部国家税务总局关于全面推开营业税改征增值税试点的通知》（财税〔2016〕36号）的规定，建筑服务是指各类建筑物、构筑物及其附属设施的建造、修缮、装饰，线路、管道、设备、设施等的安装以及其他工程作业的业务活动，包括工程服务、安装服务、修缮服务、装饰服务和其他建筑服务。

问："建筑服务"的适用税率和征收率是怎么规定的？

答：按照《财政部国家税务总局关于全面推开营业税改征增值税试点的通知》（财税〔2016〕36号）的规定，一般纳税人适用税率为11％；小规模纳税人提供建筑服务，以及一般纳税人选择简易计税方法的建筑服务，征收率为3％。境内的购买方为境外单位和个人扣缴增值税的，按照适用税率扣缴增值税。

问：试点纳税人提供建筑服务适用简易计税方法的销售额是怎么确定的？

答：根据《财政部国家税务总局关于全面推开营业税改征增值税试点的通知》（财税〔2016〕36号）的规定，试点纳税人提供建筑服务适用简易计税方法的，以取得的全部价款和价外费用扣除支付的分包款后的余额为销售额。

问：一般纳税人以清包工方式提供的建筑服务，能否选择适用简易计税方法计税？

答：根据《财政部国家税务总局关于全面推开营业税改征增值税试点的通知》（财税〔2016〕36号）的规定，一般纳税人以清包工方式提供的建筑服务，可以选择适用简易计税方法计税。

以清包工方式提供建筑服务，是指施工方不采购建筑工程所需的材料或只采购辅助材料，并收取人工费、管理费或者其他费用的建筑服务。

问：一般纳税人为甲供工程提供的建筑服务，能否选择适用简易计税方法计税？

答：根据《财政部国家税务总局关于全面推开营业税改征增值税试点的通知》（财税〔2016〕36号）的规定，一般纳税人为甲供工程提供的建筑服务，可以选择适用简易计税方法计税。

甲供工程，是指全部或部分设备、材料、动力由工程发包方自行采购的建筑工程。

问：一般纳税人为建筑工程老项目提供的建筑服务，能否选择适用简易计税方法计税？

答：根据《财政部国家税务总局关于全面推开营业税改征增值税试点的通知》（财税〔2016〕的36号）的规定，一般纳税人为建筑工程老项目提供的建筑服务，可以选择适用简易计税方法计税。

问：试点纳税人跨县（市、区）提供建筑服务应如何缴纳增值税？

答：试点纳税人跨县（市、区）提供建筑服务，应按照财税〔2016〕36号文件规定的纳税义务发生时间和计税方法，向建筑服务发生地主管国税机关预缴税款，向机构所在地主管国税机关申报纳税。

问：一般纳税人跨县（市、区）提供建筑服务，如何预缴增值税？

答：根据国家税务总局2016年第17号公告规定，一般纳税人跨县（市、区）提供建筑服务，有两种不同的预缴方式。

（1）选择适用一般计税方法计税的，应以取得的全部价款和价外费用为销售额计算应纳税额。纳税人应以取得的全部价款和价外费用扣除支付的分包款后的余额，按照2％的预征率在建筑服务发生地预缴税款。其计算公式为：

$$应预缴税款＝(全部价款和价外费用－支付的分包款)/(1＋11％)×2％ \quad (2-1)$$

（2）选择适用简易计税方法计税的，应以取得的全部价款和价外费用扣除支付的分包款后的余额为销售额，按照3％的征收率计算应纳税额。纳税人应按照上述计税方法在建筑服务发生地预缴税款。其计算公式为：

$$应预缴税款＝(全部价款和价外费用－支付的分包款)/(1＋3％)×3％ \quad (2-2)$$

问：可以扣除分包款的合法有效凭证是什么？

答：根据国家税务总局2016年第17号公告规定，合法有效凭证包括如下。

（1）从分包方取得的2016年4月30日前开具的建筑业营业税发票。上述建筑业营业税发票在 2016 年 6 月 30 日前可作为预缴税款的扣除凭证。

（2）从分包方取得的 2016 年 5 月 1 日后开具的，备注栏注明建筑服务发生地所在县（市、区）、项目名称的增值税发票。

（3）国家税务总局规定的其他凭证。

问：纳税人跨县（市、区）提供建筑服务，预缴的增值税税款当期抵减不完该如何处理？

答：根据国家税务总局 2016 年第 17 号公告规定，纳税人跨县（市、区）提供建筑服务，向建筑服务发生地主管国税机关预缴的增值税税款，可以在当期增值税应纳税额中抵减，抵减不完的，结转下期继续抵减。

问：小规模纳税人跨县（市、区）提供建筑服务，如何预缴增值税？

答：根据国家税务总局 2016 年第 17 号公告规定，小规模纳税人跨县（市、区）提供建筑服务，应以取得的全部价款和价外费用扣除支付的分包款后的余额为销售额，按照 3％的征收率计算应纳税额。纳税人应按照上述计税方法在建筑服务发生地预缴税款后，向机构所在地主管税务机关进行纳税申报。其计算公式为：

$$应预缴税款＝（全部价款和价外费用－支付的分包款)/(1＋3％)×3％ \qquad (2\text{-}3)$$

问：纳税人跨省（自治区、直辖市或者计划单列市）提供建筑服务，申报纳税的增值税额小于已预缴的增值税税额，近期抵减不完该怎么处理？

答：根据《财政部国家税务总局关于全面推开营业税改征增值税试点的通知》（财税〔2016〕36 号）的规定，一般纳税人跨省（自治区、直辖市或者计划单列市）提供建筑服务，在机构所在地申报纳税时，计算的应纳税额小于已预缴税额，且差额较大的，由国家税务总局通知建筑服务发生地省级税务机关，在一定时期内暂停预缴增值税。

问：小规模纳税人跨县（市、区）提供建筑服务如何开具发票？

答：根据国家税务总局 2016 年第 17 号公告规定，小规模纳税人跨县（市、区）提供建筑服务，不能自行开具增值税发票的，可向建筑服务发生地主管国税机关按照其取得的全部价款和价外费用申请代开增值税发票。

问："营改增"试点纳税人中其他个人提供建筑服务的增值税纳税地点该如何确定？

答：按照《财政部国家税务总局关于全面推开营业税改征增值税试点的通知》（财税〔2016〕36 号）的规定，其他个人提供建筑服务，应向建筑服务发生地主管税务机关申报纳税。

问："营改增"试点前后发生的相关业务应如何处理？

答："营改增"试点前后，纳税人发生以下应税行为，可按照《财政部国家税务总局关于全面推开营业税改征增值税试点的通知》（财税〔2016〕36 号）的规定处理。

（1）试点纳税人发生应税行为，按照国家有关营业税政策规定差额征收营业税的，因取得的全部价款和价外费用不足以抵减允许扣除项目金额，截至纳入"营改增"试点之日前尚未扣除的部分，不得在计算试点纳税人增值税应税销售额时抵减，应当向原主管地税机关申请退还营业税。

（2）试点纳税人发生应税行为，在纳入"营改增"试点之日前已缴纳营业税，"营改增"试点后因发生退款减除营业额的，应当向原主管地税机关申请退还已缴纳的营业税。

（3）试点纳税人纳入"营改增"试点之日前发生的应税行为，因税收检查等原因需要补缴税款的，应按照营业税政策规定补缴营业税。

问：小规模纳税人提供建筑服务可以享受什么优惠政策？

答：增值税小规模纳税人提供建筑服务，月销售额不超过 3 万元（按季纳税 9 万元）的，自 2016 年 5 月 1 日起至 2017 年 12 月 31 日，可享受小微企业暂免征收增值税优惠政策。

问：境内建筑企业提供跨境服务享受什么优惠政策？

答：境内的单位和个人销售的下列服务和无形资产免征增值税，但财政部和国家税务总局规定适用增值税零税率的除外。

（1）工程项目在境外的建筑服务。

（2）工程项目在境外的工程监理服务。

（3）工程、矿产资源在境外的工程勘察勘探服务。

# 第二节　建筑业"营改增"基本政策

## 要点：建筑业"营改增"相关政策一览表

与建筑业"营改增"相关政策如表 2-1 所示。

建筑业"营改增"相关政策　　　　　　　　　　　　　　　　表 2-1

| 序号 | 文件名称 | 编号 | 备注 |
|---|---|---|---|
| 1 | 《财政部关于印发企业执行新税收条例有关会计处理规定的通知》 | 财会字〔1993〕第 83 号 | |
| 2 | 《国家税务总局关于印发〈增值税若干具体问题的规定〉的通知》 | 国税发〔1993〕154 号 | 部分失效，失效日期 2006/4/30 |
| 3 | 《全国人民代表大会常务委员会关于惩治虚开、伪造和非法出售增值税专用发票犯罪的决定》 | 中华人民共和国主席令〔1995〕第 57 号 | |
| 4 | 《国家税务总局关于加强增值税征收管理若干问题的通知》 | 国税〔1995〕192 号 | |
| 5 | 《国家税务总局关于企业所属机构间移送货物征收增值税问题的通知》 | 国税发〔1998〕137 号 | |
| 6 | 《国家税务总局关于纳税人善意取得虚开的增值税专用发票处理问题的通知》 | 国税发〔2000〕187 号 | |
| 7 | 《中华人民共和国税收征收管理法》 | 中华人民共和国主席令第 49 号 | |
| 8 | 《成品油零售加油站增值税征收管理办法》 | 国家税务总局令第 2 号 | |
| 9 | 《中华人民共和国税收征收管理法实施细则》 | 中华人民共和国国务院令第 362 号 | |
| 10 | 《国家税务总局关于修订〈增值税专用发票使用规定〉的通知》 | 国税发〔2006〕156 号 | |
| 11 | 《中华人民共和国增值税暂行条例》 | 中华人民共和国国务院令第 538 号 | |

| 序号 | 文件名称 | 编号 | 备注 |
|---|---|---|---|
| 12 | 《中华人民共和国营业税暂行条例》 | 中华人民共和国国务院令第 540 号 | |
| 13 | 《中华人民共和国增值税暂行条例实施细则》 | 财政部　国家税务总局令 50 号 | |
| 14 | 《中华人民共和国营业税暂行条例实施细则》 | 财政部　国家税务总局令 52 号 | |
| 15 | 《财政部　国家税务总局关于全国实施增值税转型改革若干问题的通知》 | 财税〔2008〕170 号 | |
| 16 | 《财政部　国家税务总局关于部分货物适用增值税低税率和简易办法征收增值税政策的通知》 | 财税〔2009〕9 号 | |
| 17 | 《财政部　国家税务总局关于固定资产进项税额抵扣问题的通知》 | 财税〔2009〕113 号 | |
| 18 | 《国家税务总局关于调整增值税扣税凭证抵扣期限有关问题的通知》 | 国税函〔2009〕617 号 | |
| 19 | 《增值税一般纳税人资格认定管理办法》 | 国家税务总局令第 22 号 | 部分失效，失效日期 2015/4/1 |
| 20 | 《国务院关于修改〈中华人民共和国发票管理办法〉的决定》 | 中华人民共和国国务院令第 587 号 | 部分失效，失效日期 2012/7/1 |
| 21 | 《国家税务总局关于逾期增值税扣税凭证抵扣问题的公告》 | 国家税务总局公告 2011 年第 50 号 | |
| 22 | 《财政部　国家税务总局关于印发〈营业税改征增值税试点方案〉的通知》 | 财税〔2011〕110 号 | |
| 23 | 《国家税务总局关于一般纳税人销售自己使用过的固定资产增值税有关问题的公告》 | 国家税务总局 2012 年第 1 号公告 | |
| 24 | 《财政部关于印发〈营业税改征增值税试点有关企业会计处理规定〉的通知》 | 财会〔2012〕13 号 | |
| 25 | 《财政部　国家税务总局关于增值税税控系统专用设备和技术维护费用抵减增值税税额有关政策的通知》 | 财税〔2012〕15 号 | |
| 26 | 《国家税务总局关于纳税人虚开增值税专用发票征补税款问题的公告》 | 国家税务总局公告 2012 年第 33 号 | |
| 27 | 《国家税务总局〈关于纳税人资产重组增值税留底纳税额处理有关问题的公告〉》 | 国家税务总局公告 2012 年第 55 号 | |
| 28 | 《国家税务总局关于在全国开展营业税改征增值税试点有关征收管理问题的公告》 | 国家税务总局公告 2013 年第 39 号 | 部分失效，失效日期 2015/1/1 |
| 29 | 《财政部　国家税务总局关于重新印发〈总分机构试点纳税人增值税计算缴纳暂行办法〉的通知》 | 财税〔2013〕74 号 | |
| 30 | 《财政部　国家税务总局关于将铁路运输和邮政业纳入营业税改征增值税试点的通知》 | 财税〔2013〕106 号 | 失效，失效日期 2016/3/23 |
| 31 | 《财政部　国家税务总局关于铁路运输和邮政业营业税改征增值税试点有关政策的补充通知》 | 财税〔2013〕121 号 | 失效，失效日期 2016/3/23 |
| 32 | 《国家税务总局关于营业税改征增值税试点增值税一般纳税人资格认定有关事项的公告》 | 国家税务总局公告 2013 年第 75 号 | |

| 序号 | 文件名称 | 编号 | 备注 |
|---|---|---|---|
| 33 | 《国家税务总局关于铁路运输和邮政业营业税改征增值税发票及税控系统使用问题的公告》 | 国家税务总局公告2013年第76号 | |
| 34 | 《国家税务总局关于铁路运输和邮政业营业税改征增值税后纳税申报有关事项的公告》 | 国家税务总局公告2014年第7号 | |
| 35 | 《国家税务总局关于发布〈适用增值税零税率应税服务退（免）税管理办法〉的公告》 | 国家税务总局公告2014年第11号 | 部分失效，失效日期2015/4/30 |
| 36 | 《国家税务总局关于简并增值税征收率有关问题的公告》 | 财税〔2014〕36号 | |
| 37 | 《财政部　国家税务总局关于将电信业纳入营业税改征增值税试点的通知》 | 财税〔2014〕43号 | 失效，失效日期2016/3/23 |
| 38 | 《财政部　国家税务总局关于国际水路运输增值税零税率政策的补充通知》 | 财税〔2014〕50号 | 失效，失效日期2016/3/23 |
| 39 | 《国家税务总局关于纳税人对外开具增值税专用发票有关问题的公告》 | 国家税务总局公告〔2014〕39号 | |
| 40 | 《国家税务总局关于调整增值税纳税申报有关事项的公告》 | 国家税务总局公告2014年第58号 | |
| 41 | 《财政部关于实施境外旅客购物离境退税政策的公告》 | 中华人民共和国财政部公告2015年第3号 | |
| 42 | 《财政部　国家税务总局关于创新药后续免费使用有关增值税政策的通知》 | 财税〔2015〕4号 | |
| 43 | 《财政部　国家税务总局关于进入中哈霍尔果斯国际边境合作中心的货物适用增值税退（免）税政策的通知》 | 财税〔2015〕17号 | |
| 44 | 《国家税务总局关于全面推行增值税发票系统升级版工作有关问题的通知》 | 税总发〔2015〕42号 | |
| 45 | 《国家税务总局关于调整增值税一般纳税人管理有关事项的公告》 | 国家税务总局公告2015年第18号 | |
| 46 | 《财政部　国家税务总局关于原油和铁矿石期货保税交割业务增值税政策的通知》 | 财税〔2015〕35号 | |
| 47 | 《国家税务总局关于再次明确不得将不达增值税起征点的小规模纳税人纳入增值税发票系统升级版推行范围的通知》 | 税总函〔2015〕199号 | |
| 48 | 《国家税务总局关于调整增值税纳税申报有关事项的公告》 | 国家税务总局公告2015年第23号 | |
| 49 | 《国家税务总局关于发布增值税发票系统升级版开票软件数据接口规范的公告》 | 国家税务总局公告2015年第36号 | |
| 50 | 《国家税务总局关于明确部分增值税优惠政策审批事项取消后有关管理事项的公告》 | 国家税务总局公告2015年第38号 | |
| 51 | 《国家税务总局关于合理安排有序推行增值税发票系统升级版有关问题的通知》 | 税总函〔2015〕267号 | |
| 52 | 《国家税务总局关于国有粮食购销企业销售粮食免征增值税审批事项取消后有关管理事项的公告》 | 国家税务总局公告2015年第42号 | |

| 序号 | 文件名称 | 编号 | 备注 |
|---|---|---|---|
| 53 | 《财政部　国家税务总局关于航天发射有关增值税政策的通知》 | 财税〔2015〕66 号 | |
| 54 | 《财政部　国家税务总局关于新型墙体材料增值税政策的通知》 | 财税〔2015〕73 号 | |
| 55 | 《财政部　国家税务总局关于风力发电增值税政策的通知》 | 财税〔2015〕74 号 | |
| 56 | 《财政部　国家税务总局关于印发〈资源综合利用产品和劳务增值税优惠目录〉的通知》 | 财税〔2015〕78 号 | |
| 57 | 《国家税务总局关于开展增值税发票系统升级版电子发票试运行工作有关问题的通知》 | 税总函〔2015〕373 号 | |
| 58 | 《国家税务总局关于发布增值税发票系统升级版与电子发票系统数据接口规范的公告》 | 国家税务总局公告 2015 年第 53 号 | |
| 59 | 《关于纳税人认定或登记为一般纳税人前进项税额抵扣问题的公告》 | 国家税务总局公告 2015 年第 59 号 | |
| 60 | 《关于推行通过增值税电子发票系统开具的增值税电子普通发票有关问题的公告》 | 国家税务总局公告 2015 年第 84 号 | |
| 61 | 《关于营业税改征增值税试点期间有关增值税问题的公告》 | 国家税务总局公告 2015 年第 90 号 | |
| 62 | 《关于停止使用货物运输业增值税专用发票有关问题的公告》 | 国家税务总局公告 2015 年第 99 号 | |
| 63 | 《关于纳税信用 A 级纳税人取消增值税发票认证有关问题的公告》 | 国家税务总局公告 2016 年第 7 号 | |
| 64 | 《住房城乡建设部办公厅关于做好建筑业营改增建设工程计价依据调整准备工作的通知》 | 建办标〔2016〕4 号 | |
| 65 | 《财政部　国家税务总局关于全面推开营业税改征增值税试点的通知》 | 财税〔2016〕36 号 | |
| 66 | 《国家税务总局关于全面推开营业税改征增值税试点后增值税纳税申报有关事项的公告》 | 国家税务总局公告 2016 年第 13 号 | |
| 67 | 《国家税务总局关于发布〈纳税人转让不动产增值税征收管理暂行办法〉公告》 | 国家税务总局公告 2016 年第 14 号 | |
| 68 | 《国家税务总局关于〈不动产进项税额分期抵扣暂行办法〉的公告》 | 国家税务总局公告 2016 年第 15 号 | |
| 69 | 《国家税务总局关于〈纳税人提供不动产经营租赁服务增值税征收管理暂行办法〉的公告》 | 国家税务总局公告 2016 年第 16 号 | |
| 70 | 《国家税务总局关于〈纳税人跨县（市、区）提供建筑服务增值税征收管理暂行办法〉的公告》 | 国家税务总局公告 2016 年第 17 号 | |
| 71 | 《国家税务总局关于〈房地产开发企业销售自行开发的房地产项目增值税征收管理暂行办法〉的公告》 | 国家税务总局公告 2016 年第 18 号 | |
| 72 | 《国家税务总局关于营业税改征增值税委托地税机关代征税款和代开增值税发票的公告》 | 国家税务总局公告 2016 年第 19 号 | |

## 要点：建筑业在过渡阶段的政策

对建筑工程在过渡阶段的政策，在《营业税改征增值税试点有关事项的规定》中规定："一般纳税人为建筑工程老项目提供的建筑服务，可以选择适用简易计税方法计税"。

对于建筑工程老项目的定义，该规定也做了具体说明，分为两类：

（1）《建筑工程施工许可证》注明的合同开工日期在 2016 年 4 月 30 日前的建筑工程项目。

（2）未取得《建筑工程施工许可证》的，建筑工程承包合同注明的开工日期在 2016 年 4 月 30 日前的建筑工程项目。

前者是从《建筑工程施工许可证》的角度，后者是从合同的角度。对上述两类项目，可以选择适用简易计税方法计税。

## 要点：建筑业在正式实施阶段的政策

**1. 甲供工程**

对建筑工程中的甲供工程，在《营业税改征增值税试点有关事项的规定》中对甲供工程的计税方式和甲供工程的认定作出了明确规定。

"一般纳税人为甲供工程提供的建筑服务，可以选择适用简易计税方法计税。

甲供工程，是指全部或部分设备、材料、动力由工程发包方自行采购的建筑工程"。

**2. 商品混凝土**

根据《财政部国家税务总局（关于部分货物适用增值税低税率和简易办法在征收增值税政策的通知）》（财税〔2009〕9 号）第二条第三款和《国家税务总局关于简并增值税征收率有关问题的公告》（国家税务总局公告 2014 年第 36 号）规定，一般纳税人销售自产的商品混凝土（仅限于以水泥为原料生产的水泥混凝土），可选择按照简易办法依照 3％征收率计算缴纳增值税。销售外购商品混凝土按照适用税率 17％计算缴纳增值税。

**3. 地材**

根据《国家税务总局关于简并增值税征收率有关问题的公告》（国家税务总局公告 2014 年第 36 号）的相关要求，自 2014 年 7 月 1 日起，地材的相关增值税一般纳税人适用的 6％的征收率统一调整为 3％。对于地材供应商，无论是开具增值税普通发票，还是开具增值税专用发票，其对外销售价格不变的情况下，缴纳的增值税都按照 3％的征收率缴纳，所以地材供应商不会因为提供的发票样式不同而改变价格。

**4. 清包工**

对一般纳税人以清包工方式提供建筑服务的，按照《营业税改征增值税试点有关事项的规定》中规定，可以选择适用简易计税方式计税，其中，对清包工方式定义为："施工方不采购建筑工程所需的材料或只采购辅助材料，并收取人工费、管理费或者其他费用的建筑服务"。

**5. 劳务分包**

按照当前劳务分包的结算方式：

（1）对于以开具发票形式结算的，涉及"营改增"后的劳务定价，在营业税制下，不存在进项税抵扣的问题，建筑企业只要能够取得合法的票据入账，在企业所得税前正常抵扣即可，但在"营改增"后，建筑企业要想进行进项税抵扣，必须取得可抵扣的劳务分包方开具的增值税专用发票或由税务机关代开的增值税专用发票。

（2）对于以代发工资形式结算的，劳务分包单位不开具发票的工程款，实行增值税后，无法取得相应可抵扣的增值税专用发票将会导致建筑企业税负的增加。

**6. 项目所在地预征收**

对建筑项目在项目所在地的预征收，在《营业税改征增值税试点有关事项的规定》中做了规定，分为三种情况：

（1）一般纳税人跨县（市）提供建筑服务，适用一般计税方法计税的，应以取得的全部价款和价外费用为销售额计算应纳税额。纳税人应以取得的全部价款和价外费用扣除支付的分包款后的余额，按照2%的预征率在建筑服务发生地预缴税款后，向机构所在地主管税务机关进行纳税申报。

（2）一般纳税人跨县（市）提供建筑服务，选择适用简易计税方法计税的，应以取得的全部价款和价外费用扣除支付的分包款后的余额为销售额，按照3%的征收率计算应纳税额。纳税人应按照上述计税方法在建筑服务发生地预缴税款后，向机构所在地主管税务机关进行纳税申报。

（3）试点纳税人中的小规模纳税人跨县（市）提供建筑服务，应以取得的全部价款和价外费用扣除支付的分包款后的余额为销售额，按照3%的征收率计算应纳税额。纳税人应按照上述计税方法在建筑服务发生地预缴税款后，向机构所在地主管税务机关进行纳税申报。

**7. 海外工程**

对建筑企业在境外的工程项目，在《跨境应税行为适用增值税零税率和免征政策的规定》中第二条作出了规定：

境内的单位和个人销售的下列服务和无形资产免征增值税，但财政部和国家税务总局规定适用增值税零税率的除外：

（1）工程项目在境外的建筑服务。

（2）工程项目在境外的工程监理服务。

（3）工程、矿产资源在境外的工程勘察勘探服务。

**8. 固定资产**

根据《营业税改征增值税试点有关事项的规定》中关于对按固定资产核算的不动产抵扣的相关规定，适用一般计税方法的试点纳税人，2016年5月1日后取得并在会计制度上按固定资产核算的不动产或者2016年5月1日后取得的不动产在建工程，其进项税额应自取得之日起分2年从销项税额中抵扣，第一年抵扣比例为60%，第二年抵扣比例为40%。

对进口的固定资产，根据《营业税改征增值税试点实施办法》规定，应从海关取得的海关进口增值税专用缴款书上注明的增值税额进行抵扣。

# 第三节　建筑业"营改增"相关规定

**要点：建筑业增值税税率11%的设定**

根据《财政部国家税务总局关于印发〈营业税改征增值税试点方案〉的通知》（财税

[2011] 110 号）规定，建筑业增值税适用税率为 11%，认定即使定为 11%，建筑行业也能减轻税负，但是建筑行业内一致认为"亏大了"。问题的根源在于企业的测算和制定政策部门的测算统计方法和口径都不一样，建筑业总产值的水分很大。

正常情况下，企业把年报按照县、市、省建设行政主管部门逐级汇总上报，统计局系统大多数采用企业电子版直报方式，不论哪一种统计方式，建筑业企业的承包方式（总包、专业分包、劳务分包）都不变，这就带来了重复上报的问题。

由于建筑业资质管理的特殊要求，建筑企业都要有每年完成的业绩，所以在同一个项目上施工的各类企业都必须按规定上报，总产值必然会产生重复上报，重复上报的比例根据工程类型的不同也各不相同，在 10%～30% 的范围内。

按产值利税率来推算，正常情况是：营业税 3%（加上教育费附加及城市维护建设费应为 3.41%）、企业所得税 2%（根据国家有关部门认定的建筑业利润率 8%～20% 计，8% 乘上 25% 应征税率等于 2%）、预征个人所得税 1%。其余零星税费等暂不考虑，也就是建筑企业即使没有利润，企业的产值利税率最少应为 6%，如果加上一般建筑企业 3% 的利润率，则达到 9%。但实际统计数字测算，一个地区建筑业产值利税率低于 4% 的企业大于 50%，有少数地区由于政府领导干预上报的统计数字，产值利税率只有 2%～3%。

$$产值利税率＝[（实现利润＋应交税金）/建筑业总产值]×100\% \qquad (2-4)$$

分子数字基本可控，假定利润为 0（一般不会为 0，分子加大，产值利税率更应该大于 6%），应交税金根据税票统计不可能造假，则产值利税率至少应为 6%，7%～9% 属正常。现在小于 6%，只可能是一种情况：建筑业总产值数字被加大了。

所以，究其原因，主要是因为统计数字不实导致建筑业总产值水分很大，原因有三：

（1）不重视统计工作，统计业务水平下降：企业改制以后，公司负责人不重视统计工作，把统计部门甚至统计人员进行撤并，用财会人员来代替统计人员，统计业务水平整体普遍下降；

（2）企业法人法律意识淡薄，实用主义的填报统计报表：据了解许多建筑企业有三套数字，一套是报上级主管部门和参加评优评先的报表（一般偏大）；一套报税务部门的报表（一般偏小，如建筑业总产值只报实际营业收入，即"到账数"）；一套是企业管理自己用的报表（比较真实）；

（3）部分地区行政命令干预统计数字：一些地区负责人为了自己的"政绩"，用行政命令干预统计数字，弄虚作假，增加水分。

所以，建筑人还是应该认真对待建筑业统计工作，不要胡乱填报统计报表。

## 要点：扣减增值税规定

对自主就业退役士兵从事个体经营的，在 3 年内按每户每年 8000 元为限额依次扣减其当年实际应缴纳的增值税、城市维护建设税、教育费附加、地方教育附加和个人所得税。限额标准最高可上浮 20%，各省、自治区、直辖市人民政府可根据本地区实际情况在此幅度内确定具体限额标准，并报财政部和国家税务总局备案。

纳税人年度应缴纳税款小于上述扣减限额的，以其实际缴纳的税款为限；大于上述扣减限额的，应以上述扣减限额为限。纳税人的实际经营期不足一年的，应当以实际月份换算其减免税限额。换算公式为：

$$减免税限额＝年度减免税限额÷12×实际经营月数 \qquad (2\text{-}5)$$

纳税人在享受税收优惠政策的当月，持《中国人民解放军义务兵退出现役证》或《中国人民解放军士官退出现役证》以及税务机关要求的相关材料向主管税务机关备案。

## 要点：房地产新老项目界定

根据《有关事项的规定》和国家税务总局 2016 年第 18 号公告的规定，房地产老项目是指：

（1）《建筑工程施工许可证》注明的合同开工日期在 2016 年 4 月 30 日前的房地产项目；

（2）《建筑工程施工许可证》未注明合同开工日期或者未取得《建筑工程施工许可证》但建筑工程承包合同注明的开工日期在 2016 年 4 月 30 日前的建筑工程项目。

关于新老项目如何界定一直是各方面关注的焦点，新老项目到底以哪个时点为分界点呢？是取得《政府立项批文》的日期，是取得《国有土地使用权证》的日期，是《建筑工程施工许可证》注明的合同开工日期，还是取得《商品房预售许可证》的日期呢？随着方案的出台，该焦点问题终于尘埃落定，根据《有关事项的规定》，新老项目以《建筑工程施工许可证》注明的合同开工日期为标准来判断，《建筑工程施工许可证》注明的合同开工日期在 2016 年 4 月 30 日及以前的房地产项目属于老项目，《建筑工程施工许可证》注明的合同开工日期在 2016 年 5 月 1 日及以后的房地产项目属于新项目。

根据目前的政策规定，以《建筑工程施工许可证》注明的合同开工日期为新老项目的判断标准比其他判断标准都更具有合理性和可操作性，因为在《建筑工程施工合同》开工之前，房地产企业除了土地成本之外，发生的其他成本很少，不涉及进项发票取得的问题，而土地成本又按照冲减收入处理，所以也不涉及进项发票问题，因此，合同开工日期在 2016 年 5 月 1 日的开发项目完全有条件取得充分的进项发票，也就完全可以采用一般计税方法计算缴纳增值税，而无须采用简易办法征收。

## 要点：建筑工程新老项目界定

根据《有关事项的规定》和国家税务总局 2016 年第 17 号公告的规定，建筑工程老项目有三个判断标准：

（1）《建筑工程施工许可证》注明的合同开工日期在 2016 年 4 月 30 日前的建筑工程项目；

（2）未取得《建筑工程施工许可证》的，建筑工程承包合同注明的开工日期在 2016 年 4 月 30 日前的建筑工程项目；

（3）《建筑工程施工许可证》未注明合同开工日期，但建筑工程承包合同注明的开工日期在 2016 年 4 月 30 日前的建筑工程项目，属于《通知》规定的可以选择简易计税方法计税的建筑工程老项目。

这里需要提醒纳税人注意的是，建筑工程老项目虽然有三个判断标准，但实质内容和房地产老项目判断标准是一样的，只不过房地产老项目将其中两个判断标准合二为一了。

# 第四节 "营改增"对建筑行业的影响

## 要点:"营改增"对国家的影响

优化产业机构:"营改增"有利于第三产业规模扩大和比重提升,打破发展瓶颈,推动产业细分化、专业化。

推动制造业创新升级,加快现代服务业发展:"营改增"通过打通二三产业增值税抵扣链条,更大程度上促进工业领域中的专业化分工,会促进如研发、设计、营销等内部服务环节从主业剥离出来,成为效率更高的创新主体。

促进企业转变经营模式,再造业务流程:"营改增"后,对企业流程提出了更高的要求,鼓励企业实施流程再造,推进固定资产更新,加快技术改造。

扩大就业,加快城市化进程:"营改增"促进了服务业的发展,扩大了就业,加快了城市化进程。

## 要点:"营改增"对地方政府的影响

地方政府调整产业结构的重要动力:地方政府原有依靠投资和出口拉动的经济发展方式及高污染、高能耗、高排放的增长方式已不可持续,而"营改增"全面推广有助于改变经济发展及增长方式、促进服务经济发展,进而促进产业结构调整。

改变地方政府财力增长模式的重要推动力:原属于地方政府第一大税种的营业税即将面临"消失",因而产生了地方政府财政收入减少的预期。在"乱收费"、"土地财政"等不可为继的情况下,地方政府需要寻找地方财力持续增长的新模式。

重新开启中央与地方财力划分的谈判:为顺利推进"营改增"试点,中央和地方的财力划分未做变动,减收的部分同样按比例在中央与地方之间分摊,但这只是权宜之计,今后必将重新开启中央与地方财力划分谈判。

推动税收征管机构的改革:随着中国税制改革的推进,财政体制的进一步调整,国、地税机构分设的弊端逐渐显现出来,"营改增"的全面推广受到了全社会的关注,有利于税收征管机构的改革。

## 要点:"营改增"对建筑企业涉税风险的影响

"营改增"后,会增加企业的涉税风险。增值税是唯一一个进入《刑法》的税种。虚开虚收增值税专用发票,将面临刑法处置,最高量刑为无期徒刑。而虚开虚收发票在建筑业是一件司空见惯的事情。目前很多建筑施工企业购买发票来抵冲成本,项目经理购买发票来套取项目利润的情况,在营业税的环境下问题不是很大,因为很多税务机关对建筑企业的账务稽查不是太严格,税务机关对有些企业甚至采取一定的征收率乘以营业额的方式征收企业所得税,以便减少监管成本。即便稽查出发票、账务有问题,惩罚措施也主要是经济处罚。但在增值税下,情况会完全不同,一是税务机关会加大增值税的稽查力度,二是一旦虚开虚收增值税专用发票被税务机关稽查实,企业法人代表及相关负责人极有可能面临刑法处置,严重的甚至会被判处无期徒刑。

### 要点："营改增"对建筑企业现金流的影响

建筑施工虽在国际上被列入服务贸易范畴，但在我国长期同工业一道被列为第二产业，而且是一个重"资金"的行业。在建筑业实际的交易中，由于项目的合同价款一般比较高，达到几亿，几十亿，甚至几百亿。如果没有恰当合理的税务筹划，按照目前建筑业11％的税率计算，可能将导致企业增加几千万、几亿、几十亿的现金流出，影响十分重大。大多建筑企业为了尽早收到合同款，都是先将发票开具给业主，但业主往往并不是立马付款，会拖上一两个月，甚至几个月。这种情况在营业税环境下，不会对企业当期的税务产生影响，但在增值税下，发票的开具的当期就需要缴纳增值税。虽然最终建筑企业总会获取这笔合同款，不影响企业利润，但会导致企业当期的税负加重，企业资金压力加重。

涉税风险影响、企业利润的影响和现金流的影响必然会对企业目前的经营模式、组织结构、管理制度带来巨大的挑战。经营模式的挑战主要表现在有些经营模式在增值税的模式下存在涉税风险，税负增加，影响利润。例如联营模式、项目经理承包模式，都会存在大量的虚开虚收增值税发票、合同主体与施工主体不一致无法抵扣等情况，导致企业涉嫌偷逃税收风险，税负增加，利润减少；组织结构的挑战主要表现为建筑施工企业的组织层级多，管理链条长，在"营改增"后面临较多的增值税管理风险；管理制度的挑战主要表现为现有的管理制度无法覆盖"营改增"后企业新增加的业务活动或管理活动，或表现为现有的管理制度不能适应"营改增"后原有的业务活动或管理活动。

### 要点："营改增"对建筑企业利润的影响

"营改增"后，建筑企业推行增值税，按照增值税的设计原理，增值税是流转税，按理说不会增加企业税负，也就是说不会影响企业利润。但现实情况是：

（1）由于大多建筑企业管理不规范，项目过程管理严重缺失，导致本该可以抵扣的进项税额无法抵扣；

（2）施工用地材及二三类材料等物资一般都是向小规模纳税人购买或个人工商户购买，无法取得增值税专用发票，导致这部分采购物资无法抵扣，企业税负增加，企业盈利水平下降；

（3）有些企业管理模式或项目的运作方法，如集中采购模式下，合同的签订主体与物资采购的主体不是同一个法人单位，导致增值税抵扣链没有闭环，采购的进项无法抵扣，也会使企业税负增加，利润下降。

### 要点："营改增"对工程造价的影响

在造价环节，由于营业税属于价内税，增值税属于价外税，在营业税制下，我国的工程造价并没有实现价税分离，在营业税下，工程造价的费用项目以含税价款计算。改征增值税后，工程造价实行价税分离，工程造价的费用项目在默认情况下一般不包含税款。

工程造价的变化，主要将对"四流合一"中的"资金流"产生影响。为适应建筑业"营改增"的需要，住房城乡建设部组织开展了建筑业"营改增"对工程造价及计价依据影响的专题研究，并请部分省市进行了测试，形成了工程造价构成各项费用调整和税金计算方法。并于 2016 年 2 月 19 日颁布《关于做好建筑业营改增建设工程计价依据调整准备工作的通知》（建办标〔2016〕4 号）。

《通知》要求：

（1）为保证营改增后工程计价依据的顺利调整，各地区、各部门应重新确定税金的计算方法，做好工程计价定额、价格信息等计价依据调整的准备工作。

（2）按照前期研究和测试的成果，工程造价可按以下公式计算：

$$工程造价 = 税前工程造价 \times (1 + 11\%) \tag{2-6}$$

其中，11% 为建筑业拟征增值税税率，税前工程造价为人工费、材料费、施工机具使用费、企业管理费、利润和规费之和，各费用项目均以不包含增值税可抵扣进项税额的价格计算，相应计价依据按上述方法调整。

（3）有关地区和部门可根据计价依据管理的实际情况，采取满足增值税下工程计价要求的其他调整方法。

## 要点："营改增"对建筑业会计核算的影响

### 1. 对财务人员会计核算水平提出更高要求

"营改增"后，建筑业会计核算方式将发生革命性的变化，需要分别确认收入与销项税额、成本费用与进项税额，同时还需要面临混业经营、视同销售、进项税额转出等多种情况，核算内容及方式都将变得复杂，对建筑业会计核算提出更高要求。

### 2. 对建筑业应交税费核算的影响

建筑企业在执行营业税制时，只需设置"应交营业税"一个二级科目，并且只是在计提和缴纳的环节才进行会计核算。而改征增值税后，则需在二级科目"应交增值税"下设置若干三级科目，进项税额、销项税额、预缴税款、进项税额转出等有关增值税的核算，在日常经营过程中涉及采购、销售、申报缴纳等多个环节。

### 3. 对收入核算的影响

"营改增"后，工程收入将按照价税分离的原则分别确认"价款"和"税款"，以不含税价款确认收入，按照 11% 税率计算分析，不含税收入 = 含税收入 /(1 + 11%)，收入下降幅度为 9.91%。

### 4. 对成本核算的影响

与收入确认一样，工程成本也将按照不含税成本计量。在材料、设备、应税服务等购进过程中，均需按照价税分离的原则进行核算，资产、成本费用等都将由于增值税的分离而有所下降，下降的幅度主要取决于其适用的税率和抵扣凭证的取得情况。

### 5. 对现金流量的影响

建筑工程回款普遍存在滞后性，而增值税的交纳却是刚性要求，加上建筑企业在"营改增"初期可能面对的营业税清理的形势，将导致建筑企业的经营性现金流量支出增加，造成资金紧张的局面。

### 6. 对利润的影响

建筑企业改征增值税后，由于增值税税负的高低与企业管理水平密切相关，且增值税的抵扣情况也会直接影响到企业成本的高低，因此增值税的管理情况成为对企业利润水平高低的一个重要影响因素。改征增值税后，建筑企业利润的变化主要取决于建筑业报价市场水平、建筑企业市场环境、自身管理水平以及价税分离情况等。

## 要点:"营改增"对建筑业税务管理的影响

### 1. 税务管理成本加大

增值税的征管相对营业税要严格很多,工作量也将发生剧增,毫无疑问,建筑企业必须加大人力、设备方面的投入,以满足增值税征管要求,因此企业的税务管理成本将大幅增加。

### 2. 税务管理范围更广

实施增值税后,建筑企业的税务管理范围更为宽泛,企业的投标报价、组织机构、施工生产模式、合同签订、采购方式等都将成为企业税务管理工作的一部分,需要企业在各项工作中贯穿纳税筹划意识,使企业各项涉税行为符合增值税要求,规避税收风险,提高进项抵扣,降低实际税负。

### 3. 流转税税务管理指标重要性凸显

在营业税制下,税款支出基本属于固定支出,缺少筹划空间,而在增值税制下,税负的高低与企业的管理水平存在直接关系,因此,预计企业税务管理的各项指标在企业内部考核、评价中的地位将逐渐凸显。

### 4. 需建立完整的税务管理体系

营业税制下,施工项目在项目所在地缴纳税款,工程项目的税款缴纳较为独立,管理也相对松散,在流转税的管理上,缺少完整的管理系统。实行增值税制后,建筑企业必须建立完整的税务管理系统,从汇总纳税主体到各项目部建立高效的信息传递机制,执行企业统一的管理标准,确保企业整体税负、风险受控。

## 要点:"营改增"对建筑细分行业的影响

建筑业的细分行业包括房屋建筑行业、公路建设行业、铁路建设行业、装饰行业、钢结构行业、园林行业等,"营改增"对细分行业税负影响可以通过静态模型来简单预测一下。

由于每个细分子行业以及单个企业的盈利能力和成本结构都有所不同,这里对细分子行业中的代表企业进行测算,当然,所有的测算都建立在理想及静态的基础上。

### 1. 参数假设

假设"营改增"前企业的毛利率为 $a$,营业成本中可以抵扣增值税进项税的比例是 $b$,期间费用率是 $c$,不考虑资产减值损失、其他经营收益、营业外收入及支出等。税金及附加只包含营业税、增值税、城市维护建设税、教育费附加和地方教育费附加,不包含其他税费,城市维护建设税、教育费附加和地方教育费附加的税费率分别为 7%、3%、2%,企业所得税税率为 25%。假设企业的合同金额为 100,以下是"营改增"前后企业的变化表(表 2-2):

"营改增"前后企业变化表　　　　　　　　　　　　　表 2-2

| | "营改增"前 | "营改增"后 |
|---|---|---|
| 合同金额 | 100 | 100 |
| 营业收入 | 100 | $100/(1+11\%)=90.09$ |

| | "营改增"前 | "营改增"后 |
|---|---|---|
| 营业成本 | $100\times(1-a)$ | $100\times(1-a)[1-b\times17\%/(1+17\%)]=$ $100\times(1-a)\times(1-0.145b)$ |
| 毛利 | $100\times a$ | $90.09-100\times(1-a)\times(1-0.145b)$ |
| 毛利率 | $a$ | $1-1.11\times(1-a)\times(1-0.145b)$ |
| 营业税金及附加 | $100\times3\%(1+12\%)$ | $100\times[9.91\%-0.145b(1-a)]\times12\%$ |
| 营业税 | $100\times3\%$ | — |
| 增值税 | — | $100\times[9.91\%-0.145b(1-a)]$ |
| 增值税—进项税 | — | $100\times(1-a)\times b\times17\%/(1+17\%)$ |
| 增值税—销项税 | — | $100/(1+11\%)\times11\%$ |
| 期间费用 | $100\times c$ | $100\times c$ |
| 利润总额 | $100\times a-3\times1.12-100\times c$ | $88.90-(1-a)\times(100-16.24b)-100\times c$ |
| 所得税 | $(100\times a-3\times1.12-100\times c)\times25\%$ | $[88.90-(1-a)\times(100-16.24b)-100\times c]\times25\%$ |
| 净利润 | $(100\times a-3\times1.12-100\times c)\times75\%$ | $[88.90-(1-a)\times(100-16.24b)-100\times c]\times75\%$ |
| 净利率 | $(1-3\times1.12-c)\times75\%$ | $[88.90-(1-a)\times(100-16.24b)-100\times c]\times75\%/90.09$ |

**2. 成本结构分析**

根据上市公司年报披露的盈利和成本构成等部分数据的平均值，得到各个建筑子行业各项指标，如表 2-3 所示。

建筑子行业盈利情况和成本构成表　　　　　表 2-3

| | 材料 | 人工 | 机械使用 | 其他 | 可抵扣比例 | 毛利率 | 期间费用率 |
|---|---|---|---|---|---|---|---|
| 房屋建设 | 52.63% | 24.51% | 3.39% | 19.47% | 56.02% | 11.98% | 3.28% |
| 钢结构 | 71.82% | 9.67% | — | 23.35% | 71.82% | 15.96% | 11.15% |
| 公路桥梁 | 47.58% | 11.00% | 10.64% | 30.77% | 58.23% | 13.75% | 6.99% |
| 铁路建设 | 40.65% | 19.63% | 8.82% | 30.90% | 49.47% | 10.58% | 5.03% |
| 园林 | 51.98% | 17.76% | 12.06% | 34.96% | 64.04% | 28.63% | 12.32% |
| 专业工程 | 21.19% | 9.87% | 56.18% | 12.76% | 77.37% | 13.15% | 6.87% |
| 化学工程 | 42.82% | — | — | 57.18% | 42.82% | 13.92% | 5.82% |
| 装饰 | 45.89% | 47.82% | — | 6.29% | 45.89% | 17.72% | 5.41% |

**3. "营改增"对细分行业税负的影响**

假设成本中只有材料费和机械使用费可以抵扣，根据"营改增"前后变化表的公式进行计算，得到各个子行业在"营改增"前后指标的变化情况，具体见表 2-4 所示。

"营改增"前后各财务指标变化率表　　　　　表 2-4

| | 营业收入 | 毛利率 | 流转税 | 所得税 | 总税负 | 净利率 |
|---|---|---|---|---|---|---|
| 房屋建设 | −9.91% | −14.57% | −8.50% | 5.02% | −4.65% | 16.57% |
| 钢结构 | −9.91% | 2.95% | −62.00% | 142.21% | −42.11% | 168.85% |
| 公路桥梁 | −9.91% | −10.22% | −12.90% | 12.23% | −7.83% | 24.57% |
| 铁路建设 | −9.91% | −25.67% | 16.08% | −25.39% | 10.27% | −17.18% |
| 园林 | −9.91% | −1.73% | 8.98% | −2.45% | 3.37% | 8.28% |
| 专业工程 | −9.91% | 9.59% | −95.12% | 108.65% | −58.75% | 131.60% |
| 化学工程 | −9.91% | −25.40% | 51.81% | −37.00% | 28.65% | −30.08% |
| 装饰 | −9.91% | −16.78% | 47.46% | −17.97% | 21.30% | −8.94% |

根据计算结果，可以看出：

（1）"营改增"后各子行业的营业收入下降，这是由于两种征税制度决定的，和子行业特性没有任何关系；

（2）毛利率增大的子行业只有钢结构和专业工程板块（可抵扣比例大于68.3％），其他板块毛利率均下降，其中铁路建设板块毛利率下降最多，主要是其毛利率过低；

（3）总税负方面，房屋建设、钢结构、公路桥梁、专业工程板块总税负下降，铁路建设、园林、化学工程、装饰板块总税负增加，主要是由于房屋建设、钢结构、公路桥梁、专业工程板块毛利率低，可抵扣比例大；

（4）净利率方面，房屋建设、钢结构、公路桥梁、园林、专业工程板块净利率变大，主要是成本可抵扣比例大，期间费用率不高导致的；铁路建设、化学工程和装饰板块主要是因为成本可抵扣比例和毛利率低。

# 第三章 "营改增"后的税务管理

## 第一节 增值税的税收优惠政策

**要点：《中华人民共和国增值税暂行条例》规定的免税项目**

（1）农业生产者销售的自产农产品；

农业生产者，包括从事农业生产的单位和个人。

农产品，是指初级农产品，具体范围由财政部、国家税务总局确定。

（2）避孕药品和用具；

（3）古旧图书；

古旧图书，是指向社会收购的古书和旧书。

（4）直接用于科学研究、科学试验和教学的进口仪器、设备；

（5）外国政府、国际组织无偿援助的进口物资和设备；

（6）由残疾人的组织直接进口供残疾人专用的物品；

（7）销售的自己使用过的物品。

自己使用过的物品，是指其他个人自己使用过的物品。

增值税的免税、减税项目由国务院规定。任何地区、部门均不得规定免税、减税项目。

**要点：财政部、国家税务总局规定的增值税免税项目**

### 1. 资源综合利用产品和劳务增值税优惠政策

纳税人销售自产的资源综合利用产品和提供资源综合利用劳务，可享受增值税即征即退政策。具体综合利用的资源名称、综合利用产品和劳务名称、技术标准和相关条件、退税比例等按照表3-1《资源综合利用产品和劳务增值税优惠目录》的相关规定执行。

资源综合利用产品和劳务增值税优惠目录　　　　　　　　　　　　　　　表3-1

| 类别 | 序号 | 综合利用的资源名称 | 综合利用产品和劳务名称 | 技术标准和相关条件 | 退税比例 |
|---|---|---|---|---|---|
| 一、共、伴生矿产资源 | 1.1 | 油母页岩 | 页岩油 | 产品原料95%以上来自所列资源 | 70% |
| | 1.2 | 煤炭开采过程中产生的煤层气（煤矿瓦斯） | 电力 | 产品原料95%以上来自所列资源 | 100% |
| | 1.3 | 油田采油过程中产生的油污泥（浮渣） | 乳化油调和剂、防水卷材辅料产品 | 产品原料70%以上来自所列资源 | 70% |

| 类别 | 序号 | 综合利用的资源名称 | 综合利用产品和劳务名称 | 技术标准和相关条件 | 退税比例 |
|------|------|------|------|------|------|
| 二、废渣、废水（液）、废气 | 2.1 | 废渣 | 砖瓦（不含烧结普通砖）、砌块、陶粒、墙板、管材（管桩）、混凝土、砂浆、道路井盖、道路护栏、防火材料、耐火材料（镁铬砖除外）、保温材料、矿（岩）棉、微晶玻璃、U型玻璃 | 产品原料70%以上来自所列资源 | 70% |
| | 2.2 | 废渣 | 水泥、水泥熟料 | （1）42.5及以上等级水泥的原料20%以上来自所列资源，其他水泥、水泥熟料的原料40%以上来自所列资源<br>（2）纳税人符合《水泥工业大气污染物排放标准》（GB 4915—2013）规定的技术要求 | 70% |
| | 2.3 | 建（构）筑废物、煤矸石 | 建筑砂石骨料 | （1）产品原料90%以上来自所列资源<br>（2）产品以建（构）筑废物为原料的，符合《混凝土用再生粗骨料》（GB/T 25177—2010）或《混凝土和砂浆用再生细骨料》（GB/T 25176—2010）的技术要求；以煤矸石为原料的，符合《建设用砂》（GB/T 14684—2011）或《建筑用卵石、碎石》（GB/T 14685—2011）规定的技术要求 | 50% |
| | 2.4 | 粉煤灰、煤矸石 | 氧化铝、活性硅酸钙、瓷绝缘子、煅烧高岭土 | 氧化铝、活性硅酸钙生产原料25%以上来自所列资源，瓷绝缘子生产原料中煤矸石所占比重30%以上，煅烧高岭土生产原料中煤矸石所占比重90%以上 | 50% |
| | 2.5 | 煤矸石、煤泥、石煤、油母页岩 | 电力、热力 | （1）产品燃料60%以上来自所列资源<br>（2）纳税人符合《火电厂大气污染物排放标准》（GB 13223—2011）和国家发展改革委、环境保护部、工业和信息化部《电力（燃煤发电企业）行业清洁生产评价指标体系》规定的技术要求 | 50% |
| | 2.6 | 氧化铝赤泥、电石渣 | 氧化铁、氢氧化钠溶液、铝酸钠、铝酸三钙、脱硫剂 | （1）产品原料90%以上来自所列资源<br>（2）生产过程中不产生二次废渣 | 50% |
| | 2.7 | 废旧石墨 | 石墨异形件、石墨块、石墨粉、石墨增碳剂 | （1）产品原料90%以上来自所列资源<br>（2）纳税人符合《工业炉窑大气污染物排放标准》（GB 9078—1996）规定的技术要求 | 50% |
| | 2.8 | 垃圾以及利用垃圾发酵产生的沼气 | 电力、热力 | （1）产品燃料80%以上来自所列资源<br>（2）纳税人符合《火电厂大气污染物排放标准》（GB 13223—2011）或《生活垃圾焚烧污染控制标准》（GB 18485—2014）规定的技术要求 | 100% |

| 类别 | 序号 | 综合利用的资源名称 | 综合利用产品和劳务名称 | 技术标准和相关条件 | 退税比例 |
|---|---|---|---|---|---|
| 二、废渣、废水（液）、废气 | 2.9 | 退役军用发射药 | 涂料用硝化棉粉 | 产品原料90%以上来自所列资源 | 50% |
| | 2.10 | 废旧沥青混凝土 | 再生沥青混凝土 | （1）产品燃料30%以上来自所列资源<br>（2）产品符合《再生沥青混凝土》（GB/T 25033—2010）规定的技术要求 | 50% |
| | 2.11 | 蔗渣 | 蔗渣浆、蔗渣刨花板和纸 | （1）产品燃料70%以上来自所列资源<br>（2）生产蔗渣浆及各类纸的纳税人符合国家发展改革委、环境保护部、工业和信息化部《制浆造纸行业清洁生产评价指标体系》规定的技术要求 | 50% |
| | 2.12 | 废矿物油 | 润滑油基础油、汽油、柴油等工业油料 | （1）产品燃料90%以上来自所列资源<br>（2）纳税人符合《废矿物油回收利用污染控制技术规范》（HJ 607—2011）规定的技术要求 | 50% |
| | 2.13 | 环己烷氧化废液 | 环氧环己烷、正戊醇、醇醚溶剂 | （1）产品燃料90%以上来自所列资源<br>（2）纳税人必须通过 ISO 9000、ISO 14000 认证 | 50% |
| | 2.14 | 污水处理厂出水、工业排水（矿井水）、生活污水、垃圾处理厂渗透（滤）液等 | 再生水 | （1）产品燃料100%来自所列资源<br>（2）产品符合《再生水水质标准》（SL 368—2006）规定的技术要求 | 50% |
| | 2.15 | 废弃酒糟和酿酒底锅水，淀粉、粉丝加工废液、废渣 | 蒸汽、活性炭、白炭黑、乳酸、乳酸钙、沼气、饲料、植物蛋白 | 产品燃料80%以上来自所列资源 | 70% |
| | 2.16 | 含油污水、有机废水、污水处理后产生的污泥，油田采油过程中产生的油污泥（浮渣），包括利用上述资源发酵产生的沼气 | 微生物蛋白、干化污泥、燃料、电力、热力 | 产品原料或燃料90%以上来自所列资源，其中利用油田采油过程中产生的油污泥（浮渣）生产燃料的，原料60%以上来自所列资源 | 70% |
| | 2.17 | 煤焦油、荒煤气（焦炉煤气） | 柴油、石脑油 | （1）产品原料95%以上来自所列资源<br>（2）纳税人必须通过 ISO 9000、ISO 14000 认证 | 50% |
| | 2.18 | 燃煤发电厂及各类工业企业生产过程中产生的烟气、高硫天然气 | 石膏、硫酸、硫酸铵、硫黄 | （1）产品原料95%以上来自所列资源<br>（2）石膏的二水硫酸钙含量85%以上，硫酸的浓度15%以上，硫酸铵的总氮含量18%以上 | 50% |
| | 2.19 | 工业废气 | 高纯度二氧化碳、工业氢气、甲烷 | （1）产品原料95%以上来自所列资源<br>（2）高纯度二氧化碳产品符合《食品添加剂 液体二氧化碳》（GB 10621—2006），工业氢气产品符合《氢气 第1部分：工业氢》（GB/T 3634.1—2006），甲烷产品符合《纯甲烷》（HG/T 3633—1999）规定的技术要求 | 70% |
| | 2.20 | 工业生产过程中产生的余热、余压 | 电力、热力 | 产品原料100%来自所列资源 | 100% |

| 类别 | 序号 | 综合利用的资源名称 | 综合利用产品和劳务名称 | 技术标准和相关条件 | 退税比例 |
|---|---|---|---|---|---|
| 三、再生资源 | 3.1 | 废旧电池及其拆解物 | 金属及镍钴锰氢氧化物、镍钴锰酸锂、氯化钴 | （1）产品原料95％以上来自所列资源<br>（2）镍钴锰氢氧化物符合《镍、钴、锰三元素复合氢氧化物》（GB/T 26300—2010）规定的技术要求 | 30％ |
| | 3.2 | 废显（定）影液、废胶片、废相纸、废感光剂等废感光材料 | 银 | （1）产品原料95％以上来自所列资源<br>（2）纳税人必须通过 ISO 9000、ISO 14000 认证 | 30％ |
| | 3.3 | 废旧电机、废旧电线电缆、废铝制易拉罐、报废汽车、报废摩托车、报废船舶、废旧电器电子产品、废旧太阳能光伏器件、废旧灯泡（管），及其拆解物 | 经冶炼、提纯生产的金属及合金（不包括铁及铁合金） | （1）产品原料70％来自所列资源<br>（2）法律、法规或规章对相关废旧产品拆解规定了资质条件的，纳税人应当取得相应的资质 | 30％ |
| | 3.4 | 废催化剂、电解废弃物、电镀废弃物、废旧线路板、烟尘灰、湿法泥、熔炼渣、线路板蚀刻废液、锡箔纸灰 | 经冶炼、提纯或化合生产的金属、合金及金属化合物（不包括铁及铁合金），冰晶石 | （1）产品原料70％来自所列资源<br>（2）纳税人必须通过 ISO 9000、ISO 14000 认证 | 30％ |
| | 3.5 | 报废汽车、报废摩托车、报废船舶、废旧电器电子产品、废旧农机具、报废机器设备、废旧生活用品、工业边角余料、建筑拆解物等产生或拆解出来的废钢铁 | 炼钢炉料 | （1）产品原料95％以上来自所列资源<br>（2）炼钢炉料符合《废钢铁》（GB 4223—2004）规定的技术要求<br>（3）法律、法规或规章对相关废旧产品拆解规定了资质条件的，纳税人应当取得相应的资质<br>（4）纳税人符合工业和信息化部《废钢铁加工行业准入条件》的相关规定<br>（5）炼钢炉料的销售对象应为符合工业和信息化部《钢铁行业规范条件》或《铸造行业准入条件》并公告的钢铁企业或铸造企业 | 30％ |
| | 3.6 | 稀土产品加工废料，废弃稀土产品及拆解物 | 稀土金属及稀土氧化物 | （1）产品原料95％以上来自所列资源<br>（2）纳税人符合国家发展改革委、环境保护部、工业和信息化部《稀土冶炼行业清洁生产评价指标体系》规定的技术要求 | 30％ |

| 类别 | 序号 | 综合利用的资源名称 | 综合利用产品和劳务名称 | 技术标准和相关条件 | 退税比例 |
|---|---|---|---|---|---|
| 三、再生资源 | 3.7 | 废塑料、废旧聚氯乙烯（PVC）制品、废铝塑（纸铝、纸塑）复合纸包装材料 | 汽油、柴油、石油焦、炭黑、再生纸浆、铝粉、塑木（木塑）制品、（汽车、摩托车、家电、管材用）改性再生专用料、化纤用再生聚酯专用料、瓶用再生聚对苯二甲酸乙二醇酯（PET）树脂及再生塑料制品 | （1）产品原料70%以上来自所列资源<br>（2）化纤用再生聚酯专用料杂质含量低于0.5mg/g，水分含量低于1%，瓶用再生对苯二甲酸乙二醇酯（PET）树脂乙醛质量分数小于等于1μg/g<br>（3）纳税人必须通过ISO 9000、ISO 14000认证 | 50% |
| | 3.8 | 废纸、农作物秸秆 | 纸浆、秸秆浆和纸 | （1）产品原料70%以上来自所列资源<br>（2）废水排放符合《制浆造纸工业水污染物排放标准》（GB 3544—2008）规定的技术要求<br>（3）纳税人符合《制浆造纸行业清洁生产评价指标体系》规定的技术要求<br>（4）纳税人必须通过ISO 9000、ISO 14000认证 | 50% |
| | 3.9 | 废旧轮胎、废橡胶制品 | 胶粉、翻新轮胎、再生橡胶 | （1）产品原料95%以上来自所列资源<br>（2）胶粉符合《硫化橡胶粉》（GB/T 19208—2008）规定的技术要求；翻新轮胎符合《载重汽车翻新轮胎》（GB 7037—2007）、《轿车翻新轮胎》（GB 14646—2007）或《工程机械翻新轮胎》（HG/T 3979—2007）规定的技术要求；再生橡胶符合《再生橡胶 通用规范》（GB/T 13460—2016）规定的技术要求<br>（3）纳税人必须通过ISO 9000、ISO 14000认证 | 50% |
| | 3.10 | 废弃天然纤维、化学纤维及其制品 | 纤维纱及织布、无纺布、毡、粘合剂及再生聚酯产品 | 产品原料90%以上来自所列资源 | 50% |
| | 3.11 | 人发 | 档发 | 产品原料90%以上来自所列资源 | 70% |
| | 3.12 | 废玻璃 | 玻璃熟料 | （1）产品原料95%以上来自所列资源<br>（2）产品符合《废玻璃分类》（SB/T 10900—2012）的技术要求<br>（3）纳税人符合《废玻璃回收分拣技术规范》（SB/T 11108—2014）规定的技术要求 | 50% |

| 类别 | 序号 | 综合利用的资源名称 | 综合利用产品和劳务名称 | 技术标准和相关条件 | 退税比例 |
|---|---|---|---|---|---|
| 四、农林剩余物及其他 | 4.1 | 餐厨垃圾、畜禽粪便、稻壳、花生壳、玉米芯、油茶壳、棉籽壳、三剩物、次小薪材、农作物秸秆、蔗渣，以及利用上述资源发酵产生的沼气 | 生物质压块、沼气等燃料，电力、热力 | （1）产品原料或者燃料80%以上来自所列资源<br>（2）纳税人符合《锅炉大气污染物排放标准》（GB 13271—2014）、《火电厂大气污染物排放标准》（GB 13223—2011）或《生活垃圾焚烧污染控制标准》（GB 18485—2014）规定的技术要求 | 100% |
| | 4.2 | 三剩物、次小薪材、农作物秸秆、沙柳 | 纤维板、刨花板、细木工板、生物炭、活性炭、栲胶、水解酒精、纤维素、木质素、木糖、阿拉伯糖、糠醛、箱板纸 | 产品原料95%以上来自所列资源 | 70% |
| | 4.3 | 废弃动物油和植物油 | 生物柴油、工业级混合油 | （1）产品原料70%以上来自所列资源<br>（2）工业级混合油的销售对象须为化工企业 | 70% |
| 五、资源综合利用劳务 | 5.1 | 垃圾处理、污泥处理处置劳务 | | | 70% |
| | 5.2 | 污水处理劳务 | | 污水经加工处理后符合《城镇污水处理厂污染物排放标准》（GB 18918—2002）规定的技术要求或达到相应的国家或地方水污染物排放标准中的直接排放限值 | 70% |
| | 5.3 | 工业废气处理劳务 | | 经治理、处理后符合《煤炭工业污染物排放标准》（GB 20426—2006）规定的技术要求或达到相应的国家或地方水污染物排放标准中的直接排放限值 | 70% |

备注：

1. 概念和定义。

"纳税人"，是指从事表中所列的资源综合利用项目的增值税一般纳税人。

"废渣"，是指采矿选矿废渣、冶炼废渣、化工废渣和其他废渣。其中，采矿选矿废渣，是指在矿产资源开采加工过程中产生的煤矸石、粉末、粉尘和污泥；冶炼废渣，是指转炉渣、电炉渣、铁合金炉渣、氧化铝赤泥和有色金属灰渣，但不包括高炉水渣；化工废渣，是指硫铁矿渣、硫铁矿煅烧渣、硫酸渣、硫石膏、磷石膏、磷矿煅烧渣、含氰废渣、电石渣、磷肥渣、硫黄渣、碱渣、含钡废渣、铬渣、盐泥、总溶剂渣、黄磷渣、柠檬酸渣、脱硫石膏、氟石膏、钛石膏和废石膏模；其他废渣，是指粉煤灰、燃煤炉渣、江河（湖、海、渠）道淤泥、淤沙、建筑垃圾、废玻璃、污水处理厂处理污水产生的污泥。

"蔗渣"，是指以甘蔗为原料的制糖生产过程中产生的含纤维50%左右的固体废弃物。

"再生水"，是指对污水处理厂出水、工业排水（矿井水）、生活污水、垃圾处理厂渗透（滤）液等水源进行回收，经适当处理后达到一定水质标准，并在一定范围内重复利用的水资源。

"冶炼"，是指通过焙烧、熔炼、电解以及使用化学药剂等方法把原料中的金属提取出来，减少金属中所含的杂质或增加金属中某种成分，炼成所需要的金属。冶炼包括火法冶炼、湿法提取或电化学沉积。

"烟尘灰"，是指金属冶炼厂火法冶炼过程中，为保护环境经除尘器（塔）收集的粉灰状及泥状残料物。

"湿法泥"，是指湿法冶炼排出的污泥，经集中环保处置后产生的中和渣，且具有一定回收价值的污泥状废弃物。

"熔炼渣"，是指有色金属火法冶炼过程中，由于比重的差异，金属成分因比重大沉到底形成金属锭，而比重较小的硅、铁、钙等化合物浮在金属表层形成的废渣。

"农作物秸秆"，是指农业生产过程中，收获了粮食作物（指稻谷、小麦、玉米、薯类等）、油料作物（指油菜籽、花生、大豆、葵花籽、芝麻籽、胡麻籽等）、棉花、麻类、糖料、烟叶、药材、花卉、蔬菜和水果等以后残留的茎秆。

"三剩物"，是指采伐剩余物（指枝丫、树梢、树皮、树叶、树根及藤条、灌木等）、造材剩余物（指造材截头）和加工剩余物（指板皮、板条、木竹截头、锯末、碎单板、木芯、刨花、木块、篾黄、边角余料等）。

"次小薪材"，是指次加工材（指材质低于针、阔叶树加工用原木最低等级但具有一定利用价值的次加工原木，按《次加工原木》LY/T1369—2011 标准执行）、小径材（指长度在 2m 以下或径级 8cm 以下的小原木条、松木杆、脚手杆、杂术杆、短原木等）和薪材。

"垃圾"，是指城市生活垃圾、农作物秸秆、树皮废渣、污泥、合成革及化纤废弃物、病死畜禽等养殖废弃物等垃圾。

"垃圾处理"，是指运用填埋、焚烧、综合处理和回收利用等形式，对垃圾进行减量化、资源化和无害化处理处置的业务。

"污水处理"，是指将污水（包括城镇污水和工业废水）处理后达到《城镇污水处理厂污染物排放标准》（GB 18918—2002），或达到相应的国家或地方水污染物排放标准中的直接排放限值的业务。其中，城镇污水是指城镇居民生活污水，机关、学校、医院、商业服务机构及各种公共设施排水，以及允许排入城镇污水收集系统的工业废水和初期雨水。工业废水是指工业生产过程中产生的，不允许排入城镇污水收集系统的废水和废液。

"污泥处理处置"，是指对污水处理后产生的污泥进行稳定化、减量化和无害化处理处置的业务。

2. 综合利用的资源比例计算方式。

（1）综合利用的资源占生产原料或者燃料的比重，以重量比例计算。其中，水泥、水泥熟料原料中掺兑废渣的比重，按以下方法计算：

1）对经生料烧制和熟料研磨阶段生产的水泥，其掺兑废渣比例计算公式为：掺兑废渣比例＝（生料烧制阶段掺兑废渣数量＋熟料研磨阶段掺兑废渣数量）÷（除废渣以外的生料数量＋生料烧制和熟料研磨阶段掺兑废渣数量＋其他材料数量）×100％；

2）对外购水泥熟料采用研磨工艺生产的水泥，其掺兑废渣比例计算公式为：掺兑废渣比例＝熟料研磨阶段掺兑废渣数量÷（熟料数量＋熟料研磨阶段掺兑废渣数量＋其他材料数量）×100％；

3）对生料烧制的水泥熟料，其掺兑废渣比例计算公式为：掺兑废渣比例＝生料烧制阶段掺兑废渣数量÷（除废渣以外的生料数量＋生料烧制阶段掺兑废渣数量＋其他材料数量）×100％。

（2）综合利用的资源为余热、余压的，按其占生产电力、热力消耗的能源比例计算。

3. 表中所列综合利用产品，应当符合相应的国家或行业标准。既有国家标准又有行业标准的，应当符合相对高的标准；没有国家标准或行业标准的，应当符合按规定向质量技术监督部门备案的企业标准。

表中所列各类国家标准、行业标准，如在执行过程中有更新、替换，统一按最新的国家标准、行业标准执行。

4. 表中所称"以上"均含本数。

**2. 新型墙体材料增值税优惠政策**

对纳税人销售自产的列入表 3-2 所附《享受增值税即征即退政策的新型墙体材料目录》的新型墙体材料，实行增值税即征即退 50％的政策。

享受增值税即征即退政策的新型墙体材料目录　　　　　　　　　表 3-2

| 类别 | 目录 |
| --- | --- |
| 砖类 | （1）非黏土烧结多孔砖（符合 GB 13544—2011 技术要求）和非黏土烧结空心砖（符合 GB 13545—2014 技术要求）<br>（2）承重混凝土多孔砖（符合 GB 25779—2010 技术要求）和非承重混凝土空心砖（符合 GB/T 24492—2009 技术要求）<br>（3）蒸压粉煤灰多孔砖（符合 GB 26541—2011 技术要求）、蒸压泡沫混凝土砖（符合 GB/T 29062—2012 技术要求）<br>（4）烧结多孔砖（仅限西部地区，符合 GB 13544—2011 技术要求）和烧结空心砖（仅限西部地区，符合 GB 13545—2014 技术要求） |
| 砌块类 | （1）普通混凝土小型空心砌块（符合 GB/T 8239—2014 技术要求）<br>（2）轻骨料混凝土小型空心砌块（符合 GB/T 15229—2011 技术要求）<br>（3）烧结空心砌块（以煤矸石、江河湖淤泥、建筑垃圾、页岩为原料，符合 GB 13545—2014 技术要求）和烧结多孔砌块（页岩、煤矸石、粉煤灰、江河湖淤泥及其他固体废弃物为原料，符合 GB 13544—2011 技术要求）<br>（4）蒸压加气混凝土砌块（符合 GB 11968—2006 技术要求）、蒸压泡沫混凝土砌块（符合 GB/T 29062—2012 技术要求）<br>（5）石膏砌块（以脱硫石膏、磷石膏等为化学石膏为原料，符合 JC/T 698—2010 技术要求）<br>（6）粉煤灰混凝土小型空心砌块（符合 JC/T 862—2008 技术要求） |

| 类别 | 目录 |
|------|------|
| 板材类 | （1）蒸压加气混凝土板（符合 GB 15762—2008 技术要求）<br>（2）建筑用轻质隔墙条板（符合 GB/T 23451—2009 技术要求）和建筑隔墙用保温条板（符合 GB/T 23450—2009 技术要求）<br>（3）外墙外保温系统用钢丝网架模塑聚苯乙烯板（符合 GB 26540—2011 技术要求）<br>（4）石膏空心条板（符合 JC/T 829—2010 技术要求）<br>（5）玻璃纤维增强水泥轻质多孔隔墙条板（简称 GRC 板，符合 GB/T 19631—2005 技术要求）<br>（6）建筑用金属面绝热夹芯板（符合 GB/T 23932—2009 技术要求）<br>（7）建筑平板。其中：纸面石膏板（符合 GB/T 9775—2008 技术要求）；纤维增强硅酸钙板（符合 JC/T 564.1—2008、JC/T 564.2—2008 技术要求）；纤维增强低碱度水泥建筑平板（符合 JC/T 626—2008 技术要求）；维纶纤维增强水泥平板（符合 JC/T 671—2008 技术要求）；纤维水泥平板（符合 JC/T 412.1—2006、JC/T 412.2—2006 技术要求） |

符合国家标准、行业标准和地方标准的混凝土砖、烧结保温砖（砌块）（以页岩、煤矸石、粉煤灰、江河湖淤泥及其他固体废弃物为原料，加入成孔材料焙烧而成）、中空钢网内模隔墙、复合保温砖（砌块）、预制复合墙板（体）、聚氨酯硬泡复合板及以专用聚氨酯为材料的建筑墙体

### 3. 风力发电增值税优惠政策

自 2015 年 7 月 1 日起，对纳税人销售自产的利用风力生产的电力产品，实行增值税即征即退 50% 的政策。

### 4. 原油和铁矿石期货保税交割业务增值税优惠政策

上海国际能源交易中心股份有限公司的会员和客户通过上海国际能源交易中心股份有限公司交易的原油期货保税交割业务，大连商品交易所的会员和客户通过大连商品交易所交易的铁矿石期货保税交割业务，暂免征收增值税。

### 5. 小微企业免征增值税的增值税优惠政策

增值税小规模纳税人，月销售额不超过 3 万元的，免征增值税。其中，以 1 个季度为纳税期限的增值税小规模纳税人，季度销售额不超过 9 万元的，免征增值税。

### 6. 营业税改征增值税跨境应税服务增值税免税项目

（1）工程、矿产资源在境外的工程勘察勘探服务。

（2）会议展览地点在境外的会议展览服务。

为客户参加在境外举办的会议、展览而提供的组织安排服务，属于会议展览地点在境外的会议展览服务。

（3）存储地点在境外的仓储服务。

（4）标的物在境外使用的有形动产租赁服务。

（5）为出口货物提供的邮政业服务和收派服务。

其中，邮政业服务是指：

1）寄递函件、包裹等邮件出境；

2）向境外发行邮票；

3）出口邮册等邮品；

4）代办收件地在境外的速递物流类业务。

为出口货物提供的收派服务，是指为出境的函件、包裹提供的收件、分拣、派送服务。

纳税人为出口货物提供收派服务，免税销售额为其向寄件人收取的全部价款和价外费用。

境外单位或者个人为出境的函件、包裹在境外提供邮政服务和收派服务，属于《营业税改征增值税试点实施办法》第十条规定的完全在境外消费的应税服务，不征收增值税。

（6）在境外提供的广播影视节目（作品）发行、播映服务。

在境外提供的广播影视节目（作品）发行服务，是指向境外单位或者个人发行广播影视节目（作品）、转让体育赛事等文体活动的报道权或者播映权，且该广播影视节目（作品）、体育赛事等文体活动在境外播映或者报道。

在境外提供的广播影视节目（作品）播映服务，是指在境外的影院、剧院、录像厅及其他场所播映广播影视节目（作品）。

通过境内的电台、电视台、卫星通信、互联网、有线电视等无线或者有线装置向境外播映广播影视节目（作品），不属于在境外提供的广播影视节目（作品）播映服务。

（7）以水路运输方式提供国际运输服务但未取得《国际船舶运输经营许可证》的；以公路运输方式提供国际运输服务但未取得《道路运输经营许可证》或者《国际汽车运输行车许可证》，或者《道路运输经营许可证》的经营范围未包括"国际运输"的；以航空运输方式提供国际运输服务但未取得《公共航空运输企业经营许可证》，或者其经营范围未包括"国际航空客货邮运输业务"的；以航空运输方式提供国际运输服务但未持有《通用航空经营许可证》，或者其经营范围未包括"公务飞行"的。

（8）以公路运输方式提供至香港、澳门的交通运输服务，但未取得《道路运输经营许可证》，或者未具有持有《道路运输证》的直通港澳运输车辆的；以水路运输方式提供至台湾的交通运输服务，但未取得《台湾海峡两岸间水路运输许可证》，或者未具有持有《台湾海峡两岸间船舶营运证》的船舶的；以水路运输方式提供至香港、澳门的交通运输服务，但未具有获得港澳线路运营许可的船舶的；以航空运输方式提供往返香港、澳门、台湾的交通运输服务或者在香港、澳门、台湾提供交通运输服务，但未取得《公共航空运输企业经营许可证》，或者其经营范围未包括"国际、国内（含港澳）航空客货邮运输业务"的；以航空运输方式提供往返香港、澳门、台湾的交通运输服务或者在香港、澳门、台湾提供交通运输服务，但未持有《通用航空经营许可证》，或者其经营范围未包括"公务飞行"的。

（9）适用简易计税方法，或声明放弃适用零税率选择免税的下列应税服务：

1）国际运输服务；

2）往返中国香港、中国澳门、中国台湾的交通运输服务以及在中国香港、中国澳门、中国台湾提供的交通运输服务；

3）航天运输服务；

4）向境外单位提供的研发服务和设计服务，对境内不动产提供的设计服务除外。

（10）向境外单位提供的下列应税服务：

1）电信业服务、技术转让服务、技术咨询服务、合同能源管理服务、软件服务、电路设计及测试服务、信息系统服务、业务流程管理服务、商标著作权转让服务、知识产权服务、物流辅助服务（仓储服务、收派服务除外）、认证服务、鉴证服务、咨询服务、广播影视节目（作品）制作服务、程租服务。

纳税人向境外单位或者个人提供国际语音通话服务、国际短信服务、国际彩信服务，通过境外电信单位结算费用的，服务接受方为境外电信单位，属于向境外单位提供的电信业服务。

境外单位从事国际运输和港澳台运输业务经停我国机场、码头、车站、领空、内河、海域时，纳税人向其提供的航空地面服务、港口码头服务、货运客运站场服务、打捞救助服务、装卸搬运服务，属于向境外单位提供的物流辅助服务。

合同标的物在境内的合同能源管理服务，对境内不动产提供的鉴证咨询服务，以及提供服务时货物实体在境内的鉴证咨询服务，不属于本款规定的向境外单位提供的应税服务。

2）广告投放地在境外的广告服务。

广告投放地在境外的广告服务，是指为在境外发布的广告所提供的广告服务。

**7. 大型水电企业增值税优惠政策**

装机容量超过100万千瓦的水力发电站（含抽水蓄能电站）销售自产电力产品，自2013年1月1日至2015年12月31日，对其增值税实际税负超过8%的部分实行即征即退政策；自2016年1月1日至2017年12月31日，对其增值税实际税负超过12%的部分实行即征即退政策。

**8. 光伏发电增值税优惠政策**

自2013年10月1日至2015年12月31日，对纳税人销售自产的利用太阳能生产的电力产品，实行增值税即征即退50%的政策。

**9. 供热企业增值税优惠政策**

自2011年供暖期至2015年12月31日，对供热企业向居民个人供热而取得的采暖费收入继续免征增值税。向居民供热而取得的采暖费收入，包括供热企业直接向居民收取的、通过其他单位向居民收取的和由单位代居民缴纳的采暖费。

**10. 节能服务产业增值税优惠政策**

节能服务公司实施符合条件的合同能源管理项目，将项目中的增值税应税货物转让给用能企业，暂免征收增值税。

**11. 纳税人既享受增值税即征即退、先征后退政策又享受"免、抵、退"税政策有关问题的处理**

（1）纳税人既有增值税即征即退、先征后退项目，也有出口等其他增值税应税项目的，增值税即征即退和先征后退项目不参与出口项目"免、抵、退"税计算。纳税人应分别核算增值税即征即退、先征后退项目和出口等其他增值税应税项目，分别申请享受增值税即征即退、先征后退和"免、抵、退"税政策。

（2）用于增值税即征即退或者先征后退项目的进项税额无法划分的，按照下列公式计算：

$$\begin{array}{l}\text{无法划分进项税额}\\\text{中用于增值税即征}\\\text{即退或者先征后退}\\\text{项目的部分}\end{array} = \begin{array}{l}\text{当月无法划分的}\\\text{全部进项税额}\end{array} \times \begin{array}{l}\text{当月增值税}\\\text{即征即退或}\\\text{者先征后退}\\\text{项目销售额}\end{array} \div \begin{array}{l}\text{当月全部销售}\\\text{额、营业额合计}\end{array} \qquad (3\text{-}1)$$

## 要点：其他有关减免规定

（1）纳税人兼营免税、减税项目的，应当分别核算免税、减税项目的销售额；未分别核算销售额的，不得免税、减税。

（2）纳税人销售货物或者提供应税劳务和应税服务适用免税规定的，可以放弃免税，依照《增值税暂行条例》的规定缴纳增值税。放弃免税后，36个月内不得再申请免税。

纳税人提供应税服务同时适用免税和零税率规定的，优先适用零税率。

1）生产和销售免征增值税货物或劳务的纳税人要求放弃免税权，应当以书面形式提交放弃免税权声明，报主管税务机关备案。纳税人自提交备案资料的次月起，按照现行有关规定计算缴纳增值税。

2）放弃免税权的纳税人符合一般纳税人认定条件尚未认定为增值税一般纳税人的，应当按现行规定认定为增值税一般纳税人，其销售的货物或劳务可开具增值税专用发票。

3）纳税人一经放弃免税权，其生产销售的全部增值税应税货物或劳务均应按照适用税率征税，不得选择某一免税项目放弃免税权，也不得根据不同的销售对象选择部分货物或劳务放弃免税权。

4）纳税人在免税期内购进用于免税项目的货物或者应税劳务所取得的增值税扣税凭证，一律不得抵扣。

（3）安置残疾人单位既符合促进残疾人就业增值税优惠政策条件，又符合其他增值税优惠政策条件的，可同时享受多项增值税优惠政策，但年度申请退还增值税总额不得超过本年度内应纳增值税总额。

# 第二节　国际贸易业务的增值税处理

## 要点：境外承包工程收入增值税处理

建筑施工企业在境外施工取得的收入，根据《财政部　国家税务总局关于个人金融商品买卖等营业税若干免税政策的通知》（财税〔2009〕111号）第三条规定，对中华人民共和国境内单位或者个人在中华人民共和国境外提供建筑业、文化体育业（除播映）劳务暂免征收营业税。境外工程项目的收入，依据所在国的税法和税制，一般已在当地缴纳相关流转税。在国内不再缴纳营业税，是国家支持建筑企业"走出去"的战略的政策手段之一。所以，作为同属于流转税的增值税来讲，境外承包工程所取得的收入在"营改增"后适用出口增值税零税率政策，用于该工程项目的购进货物、设计服务、分包工程劳务等所负担的增值税进项税额可办理出口退税。

由于境外工程项目取得的收入无须在中国境内缴纳增值税，所以在会计上无需对销项税额进行价税分离核算。确认收入时直接按收入金额借记"应收账款"科目，贷记"工程结算"科目。

## 要点：境外承包工程出口物资、设备增值税处理

### 1. 业务概述

由于国外部分地区物资匮乏，大量机械设备依赖进口，为了工程施工需要，确保境外工程按期完成，降低成本，需要从国内采购大批物资、设备运往国外，在境外工程使用，做好境外承包工程物资设备的出口已成为境外承包工程工作的重要一环。

有境外经济合作经营资格的境外工程承包建筑企业，在购进与境外承包工程相关的设备、原材料、施工机械等出口货物时，凭供货生产企业开立的增值税专用发票以及其他规定的凭证，可向主管税务机关申请办理退税。做好企业的退税工作，对于提高企业的效益和缓解企业的财务压力都具有重要意义。

### 2. 业务处理

由于"营改增"前境外承包工程项下出口物资、设备增值税处理视同贸易企业或生产制造企业进行处理。建筑业营业税改征增值税后，根据《国家税务总局关于发布〈适用增值税零税率应税服务退（免）税管理办法〉的公告》（国家税务总局公告 2014 年第 11 号）规定，中华人民共和国境内的增值税一般纳税人提供适用增值税零税率的应税服务，实行增值税退（免）税办法，即零税率应税服务提供者提供零税率应税服务，免征增值税，相应的进项税额抵减应纳增值税额（不包括适用增值税即征即退、先征后退政策的应纳增值税额），未抵减完的部分予以退还。

参照生产制造企业对出口物资设备增值税处理，境外承包工程项下出口物资、设备增值税处理，增值税业务处理分为增值税免抵退和视同内销增值税处理，具体如下：

（1）免抵退税计算原理。

出口货物零税率：免销项税并退进项税。

如企业同时存在内销外销情况，则按下列方法计税：

外销：销项免征进项退税。

内销：应纳税额＝销项－进项－留抵＞0 时纳税。

可能存在内销需纳税，外销又需要退税的情况，为简化征管手续，可以用退税抵减应纳税，不足抵的部分实际退还纳税人。

（2）"免抵退税"办法。

"免"税，是指免征出口销售的销项税。

"抵"税，是外销应退税额抵减内销应纳税额。

"退"税，是指外销应退进项税超过内销应纳税部分。

由于退税率≤征税率，所以外销负担的进项税不一定全退，应纳税额为负数时才有退税可能性。

1）征退之差＝外销额×（征税率－退税率）

外销应退税额＝外销进项－征退之差

内销应纳税额＝内销销项－内销进项－留抵

内外销综合考虑（外销应退抵减内销应纳）

2）应纳税额＝内销销项－（全部进项－征退之差）－留抵

如应纳税额＞0，则交税。

全部应退税额均已免抵。

免抵＝理论退税额

留抵：0

应纳税额＜0，由于内销进项大于销项或退税额大于内销纳税额形成。

内销进项大于销项，则留抵。退税额大于内销应纳税额，则退税。

3）退税限额＝外销额×退税率

4）比较应纳税额绝对数和退税限额，退较小者。

如应纳税额绝对数＞退税限额　应退税额＝退税限额

免抵＝0

留抵＝应纳绝对数－退税限额

如应纳税额绝对数≤退税限额，应退税额＝应纳税额绝对数

免抵＝退税限额－应纳绝对数

留抵＝0

（3）"免、抵、退"的计算。

$$免抵退税不得免征和抵扣的税额＝离岸价格×外汇牌价×$$
$$（增值税率－出口退税率） \tag{3-2}$$

$$当期应纳税额＝内销的销项税额－（进项税额－免抵退税不得免抵减额）$$
$$－上期末留抵税额 \tag{3-3}$$

$$免抵退税额＝出口货物离岸价×外汇人民币牌价×出口货物的退税率 \tag{3-4}$$

比较确定应退税额，确定免抵税额。

（4）修正公式。如有免税料件情况（国内购进免税料件或进料加工免税进口料件），要在外销额中剔除其组价。

计算公式为：

1）征退之差＝（外销额－免税料件组价）×（征税率－退税率） （3-5）

2）应纳税额＝内销销项－（全部进项－征退之差）－留抵 （3-6）

3）（理论退税额）退税限额＝（外销额－免税料件组价）×退税率 （3-7）

（5）生产企业免抵退税步骤。

1）剔税（相当于进项税额转出，即计算不得免征和抵扣税额）。

$$免抵退税不得免征和抵扣的税额＝出口货物离岸价格×外汇人民币牌价$$
$$×（增值税率－出口退税率） \tag{3-8}$$

2）抵税（即计算当期应纳增值税额）。

$$当期应纳税额＝当期内销的销项税额－（当期进项税额－免抵退税不得免征和抵扣的税额）$$
$$－上期末留抵税额 \tag{3-9}$$

3）算尺度（即计算免抵退税额）。

$$免抵退税额＝出口货物离岸价×外汇人民币牌价×出口退税率 \tag{3-10}$$

4）确定应退税额。

若第二步中当期应纳税额为正值，则本期没有应退税额，即退税额为0。

若当期应纳税额为负值，则比较当期应纳税额的绝对值和免抵退税额的大小，选择较小者为应退税额。

5）确定免抵税额。

$$免抵税额＝免抵退税额－应退税额 \qquad (3-11)$$

（6）免抵退税的会计处理。

1）货物出口，实现销售收入时：

借：应收账款

　　贷：主营业务收入——外销

2）月末，据《免抵退税汇总申报表》算出的"免抵退税不予免征和抵扣的税额"：

借：主营业务成本——外销成本

　　贷：应交税费——应交增值税（进项税额转出）

3）月末，据《免抵退税汇总申报表》算出的"应退税额"：

借：其他应收款——出口退税

　　贷：应交税费——应交增值税（出口退税）

4）月末，据《免抵退税汇总申报表》算出的"免抵税额"：

借：应缴税费——应交增值税（出口抵减内销的应纳税额）

　　贷：应交税费——应交增值税（出口退税）

5）次月，收到退税款时：

借：银行存款

　　贷：其他应收款——出口退税

或者：把3）、4）合并：

借：其他应收款——出口退税

　　应交税费——应交增值税（出口抵减内销的应纳税额）

　　贷：应交税费——应交增值税（出口退税）

## 要点：出口转内销报税所需资料

生产企业应向主管税务机关退税部门报送《出口货物不予退（免）增值税应视同内销征税及抵扣进项税额申报表》（以下简称《视同内销征税申报表》），并申请进行进项税的调整或抵扣，具体办法和报送资料如下：

填写《视同内销征税申报表》、《出口视同内销货物单票对应情况表》及出口视同内销货物的出口货物报关单（出口退税专用）复印件。未作单证收齐申报的出口货物应提供出口货物报关单（出口退税专用）原件。

## 要点：出口转内销的账务处理

生产企业出口货物，逾期没有收齐相关单证的，须视同内销征税。具体账务处理如下：

（1）本年出口货物单证不齐，在本年视同内销征税。冲减出口销售收入，增加内销销售收入时，借记"主营业务收入——出口收入"科目，贷记"主营业务收入——内销收入"科目；按照单证不齐出口销售额乘以征税税率计提销项税额，借记"主营业务成本"科目，贷记"应交税费——应交增值税（销项税额）"科目。

注意事项：

1）对于单证不齐视同内销征税的出口货物，在账务上冲减出口销售收入的同时，应在"出口退税申报系统"中进行负数申报，冲减出口销售收入。

2）对于单证不齐视同内销征税的出口货物已在"出口退税申报系统"中进行负数申报的，由于申报系统在计算"免抵退税不予免征和抵扣税额"时已包含该货物，所以在账务处理上可以不对该货物销售额乘以征退税率之差单独冲减"主营业务成本"，而是在月末将汇总计算的"免抵退税不予免征和抵扣税额"一次性结转至"主营业务成本"中。

（2）上年出口货物单证不齐，在本年视同内销征税。按照单证不齐出口销售额乘以征税税率计提销项税额，借记"以前年度损益调整"科目，贷记"应交税费——应交增值税（销项税额）"科目；按照单证不齐出口销售额乘以征退税率之差冲减进项税额转出，借记"以前年度损益调整（红字）"科目，贷记"应交税费——应交增值税（进项税额转出）（红字）"科目；按照单证不齐出口销售额乘以退税率冲减免抵税额，借记"应交税费——应交增值税（出口抵减内销应纳税额）（红字）"科目，贷记"应交税费——应交增值税（出口退税）（红字）"科目。

注意事项：

1）对于上年出口货物单证不齐，在本年视同内销征税的出口货物，在账务上不进行收入的调整，在"出口退税申报系统"中也不进行调整。

2）在填报《增值税纳税申报表》（附表二）时，不要将上年单证不齐出口货物应冲减的"进项税额转出"与本年出口货物的"免抵退税不予免征和抵扣税额"混在一起，应分别体现。

3）在录入"出口退税申报系统"（增值税申报表项目）中的"不得抵扣税额"时，只录入本年出口货物的"免抵退税不予免征和抵扣税额"，不考虑上年单证不齐出口货物应冲减的"进项税额转出"。

## 要点：外贸企业免退税申报

### 1. 货物免退税申报

企业当月出口的货物须在次月的增值税纳税申报期内，向主管税务机关办理增值税纳税申报，将适用退（免）税政策的出口货物销售额填报在增值税纳税申报表的"免税货物销售额"栏。

企业应在货物报关出口之日次月起至次年4月30日前的各增值税纳税申报期内，收齐有关凭证，向主管税务机关办理出口货物增值税免退税申报。经主管税务机关批准的，企业在增值税纳税申报期以外的其他时间也可办理免退税申报。逾期的，企业不得申报免退税。

申报资料包括：

（1）《外贸企业出口退税汇总申报表》；

（2）《外贸企业出口退税进货明细申报表》；

（3）《外贸企业出口退税出口明细申报表》；

（4）出口货物退（免）税正式申报电子数据；

（5）下列原始凭证：

1）出口货物报关单；

2）增值税专用发票（抵扣联）、出口退税进货分批申报单、海关进口增值税专用缴款书（提供海关进口增值税专用缴款书的，还需同时提供进口货物报关单）；

3）出口收汇核销单（现阶段无须办理出口收汇核销手续）；

4）委托出口的货物，还应提供受托方主管税务机关签发的代理出口货物证明，以及代理出口协议副本；

5）属应税消费品的，还应提供消费税专用缴款书或分割单、海关进口消费税专用缴款书（提供海关进口消费税专用缴款书的，还需同时提供进口货物报关单）；

6）主管税务机关要求提供的其他资料。

用于对外承包工程项目的出口货物，应提供对外承包工程合同；属于分包的，由承接分包的出口企业或其他单位申请退（免）税，申请退（免）税时除提供对外承包合同外，还须提供分包合同（协议）。

**2. 零税率应税服务免退税申报**

实行免退税办法的增值税零税率应税服务提供者，应按照下列要求向主管税务机关办理增值税免退税申报：

（1）填报《外贸企业出口退税汇总申报表》；

（2）填报《外贸企业外购应税服务（研发服务/设计服务）出口明细申报表》；

（3）填列外购对应的研发服务或设计服务取得增值税专用发票情况的《外贸企业出口退税进货明细申报表》；

（4）提供以下原始凭证：

1）提供增值税零税率应税服务所开具的发票；

2）从境内单位或者个人购进研发服务或设计服务出口的，提供应税服务提供方开具的增值税专用发票；

3）从境外单位或者个人购进研发服务或设计服务出口的，提供取得的解缴税款的中华人民共和国税收缴款凭证；

4）对外提供研发服务或设计服务的，需填报《增值税零税率应税服务（研发服务/设计服务）免抵退税申报明细表》，并提供下列资料及原始凭证的原件及复印件：

① 与增值税零税率应税服务收入相对应的《技术出口合同登记证》复印件；

② 与境外单位签订的研发、设计合同；

③ 从与之签订研发、设计合同的境外单位取得收入的收款凭证；

④《向境外单位提供研发服务/设计服务收讫营业款明细清单》；

⑤ 主管税务机关要求提供的其他资料及凭证。

## 要点：外贸企业免退税会计处理

**1. 购进货物时**

借：物资采购

　　应交税费——应交增值税（进项税额）

　　　贷：银行存款

**2. 货物入库时**

借：库存商品

　　　贷：物资采购

**3. 出口报关销售时**

借：应收账款

　　贷：主营业务收入——出口销售收入

**4. 结转商品销售成本**

借：主营业务成本

　　贷：库存商品

**5. 进项税额转出（征税率与退税率差额）**

借：主营业务成本

　　贷：应交税费——应交增值税（进项税额转出）

**6. 计算出口应收增值税退税款**

借：其他应收款——应收出口退税款

　　贷：应交税费——应交增值税（出口退税）

**7. 收到增值税退税款时**

借：银行存款

　　贷：其他应收款——应收出口退税款

**8. 出口转内销时**

借：主营业务收入——出口销售收入

　　贷：主营业务收入——内销收入

　　　　应交税费——应交增值税（销项税额）

借：主营业务成本（红字）

　　贷：应交税费——应交增值税（进项税额转出）（红字）

借：其他应收款——应收出口退税款（红字）

　　贷：应交税费——应交增值税（出口退税）（红字）

## 要点：境外勘察设计税收政策规定

**1. 提供境外勘察服务适用增值税免税**

根据《财政部国家税务总局关于将铁路运输和邮政业纳入营业税改征增值税试点的通知》（财税〔2013〕106号）附件4《应税服务适用增值税零税率和免税政策的规定》规定：……境内的单位和个人提供的下列应税服务免征增值税，但财政部和国家税务总局规定适用增值税零税率的除外：工程、矿产资源在境外的工程勘察勘探服务。

**2. 提供境外设计服务适用增值税零税率**

根据《财政部　国家税务总局关于将铁路运输和邮政业纳入营业税改征增值税试点的通知》（财税〔2013〕106号）附件4《应税服务适用增值税零税率和免税政策的规定》规定：中华人民共和国境内（以下称境内）的单位和个人提供的国际运输服务、向境外单位提供的研发服务和设计服务，适用增值税零税率。……向境外单位提供的设计服务，不包括对境内不动产提供的设计服务。

**3. 提供境外设计服务退税率为6%**

根据《财政部　国家税务总局关于将铁路运输和邮政业纳入营业税改征增值税试点的通知》（财税〔2013〕106号）附件4《应税服务适用增值税零税率和免税政策的规定》规

定：四、……应税服务退税率为其按照《试点实施办法》第十二条第（一）至（三）项规定适用的增值税税率。实行退（免）税办法的研发服务和设计服务，如果主管税务机关认定出口价格偏高的，有权按照核定的出口价格计算退（免）税，核定的出口价格低于外贸企业购进价格的，低于部分对应的进项税额不予退税，转入成本。

根据《财政部　国家税务总局关于将铁路运输和邮政业纳入营业税改征增值税试点的通知》（财税［2013］106 号）附件 1《营业税改征增值税试点实施办法》规定：第十二条　增值税税率：……（三）提供现代服务业服务（有形动产租赁服务除外），税率为 6%。

**4. 收入成本费用的归集确认原则**

（1）收入成本的确认

根据境外勘察设计行业的特征，承揽的项目收入到款后，通过"预收账款"或"应收账款"核算，期末按项目进度对收入成本进行确认。

（2）费用的归集

对勘察设计过程中发生的职工薪酬、材料费、差旅费、交通运输费、资料文印费、折旧费用等通过"劳务成本"进行归集。对发生的不能直接归集到某一具体勘察设计项目的支出，通过"间接费用"，按照当期勘察设计各项目清算收入占清算总收入的百分比为分配标准进行分摊。

## 要点：境外勘察设计免征增值税会计处理

中华人民共和国境内的单位和个人向境外单位提供的研发服务和设计服务，适用增值税零税率。境内的单位和个人提供适用增值税零税率的应税服务，如果属于适用简易计税方法的，实行免征增值税办法。

中华人民共和国境内的单位和个人提供的工程、矿产资源在境外的工程勘察勘探服务免征增值税，但财政部和国家税务总局规定适用增值税零税率的除外。

（1）根据会计期末项目进度确认收入和成本，账务处理如下：

借：应收账款——应收劳务费——××客户
　　贷：主营业务收入——勘察/设计服务

同时

借：主营业务成本——勘察/设计成本
　　贷：劳务成本

（2）收到外汇时，财务部门根据结汇水单，账务处理如下：

借：银行存款
　　汇兑损益
　　贷：应收外汇账款——××客户

## 要点：境外勘察设计免退增值税会计处理

中华人民共和国境内的单位和个人提供适用增值税零税率的应税服务，如果属于适用增值税一般计税方法的，外贸企业外购研发服务和设计服务出口实行免退税办法。其外购的研发服务和设计服务免征增值税，对应的外购应税服务的进项税额予以退还。

（1）购进设计服务时，账务处理如下：

借：管理费用/主营业务成本——设计费用/成本

应交税费——应交增值税（进项税额）

贷：银行存款

（2）按照规定退税率计算应收出口退税款时，账务处理如下：

借：其他应收款——应收退税款（增值税出口退税）

贷：应交税费——应交增值税（出口退税）

（3）收到退回的税款时，账务处理如下：

借：银行存款

贷：其他应收款——应收退税款（增值税出口退税）

（4）按照外购设计服务时取得的增值税专用发票上记载的进项税额或应分摊的进项税额与按照国家规定的退税率计算的应退税额的差额，账务处理如下：

借：管理费用/主营业务成本——设计费用/成本

贷：应交税费——应交增值税（进项税额转出）

## 要点：境外勘察设计免抵增值税会计处理

中华人民共和国境内的单位和个人提供适用增值税零税率的应税服务，如果属于适用增值税一般计税方法的，生产企业实行免抵退税办法，外贸企业自己开发的研发服务和设计服务出口，视同生产企业连同其出口货物统一实行免抵退税办法。

（1）根据企业会计准则的规定，对于实行"免、抵、退"税方法的企业，会计上应当增设如下增值税专栏：

1）"出口抵减内销产品应纳税额"借方专栏；核算按规定的退税率计算的零税率应税服务的当期免抵税额。

2）"出口退税"贷方专栏；核算按规定计算的当期免抵退税额。

3）"进项税额转出"贷方专栏；核算当期"免抵退税不得免征和抵扣税额"。

4）"其他应收款——应收退税款（增值税出口退税）"科目核算"当期应退税额"。

（2）相关会计处理如下：

1）根据税务机关批准"当期免抵税额"：

借：应交税费——应交增值税（出口抵减内销产品应纳税额）

贷：应交税费——应交增值税（出口退税）

2）根据"当期应退税额"：

借：其他应收款——应收退税款（增值税出口退税）

贷：应交税费——应交增值税（出口退税）

3）收到退回的税款时：

借：银行存款

贷：其他应收款——应收退税款（增值税出口退税）

4）办理退税后发生服务中止补交已退回税款的，用红字或负数登记。

（3）适用零税率应税服务增值税"免、抵、退"税额的计算：

1）当期免抵退税额的计算：

$$当期零税率应税服务"免、抵、退"税额 = 当期零税率应税服务"免、抵、退"税计税价格 \times 外汇人民币折合率 \times 零税率应税服务增值税退税率 \quad (3-12)$$

2) 当期应退税额和当期免抵税额的计算：

当期期末留抵税额≤当期"免、抵、退"税额时：

$$当期应退税额 = 当期期末留抵税额 \quad (3-13)$$

$$当期免抵税额 = 当期"免、抵、退"税额 - 当期应退税额 \quad (3-14)$$

当期期末留抵税额＞当期"免、抵、退"税额时：

$$当期应退税额 = 当期"免、抵、退"税额 \quad (3-15)$$

$$当期免抵税额 = 0 \quad (3-16)$$

"当期期末留抵税额"为当期《增值税纳税申报表》的"期末留抵税额"。

# 第三节  发 票 管 理

## 要点：增值税专用发票管理原则

增值税专用发票管理要遵循合法合规、风险可控、统一领导、分级管理的原则。

合法合规原则。增值税发票的领购、保管、开具、取得、传递、作废、缴销等环节严格按照税法相关规定和公司制定的增值税发票管理办法执行。

风险可控原则。程序可控：要求增值税专用发票管理流程严格按增值税发票管理办法执行；人员可控：要求增值税专用发票的领购、保管、开具、取得、传递、作废、缴销应由专人管理；设备可控：严格管理税控相关设备和保管发票相关设施；监督可控：设内部税务审计岗位，对增值税发票的管理定期检查。

统一领导、分级管理原则。增值税专用发票由集团公司、各子公司、分公司统一管理，并根据实际情况对下属各单位进行授权及监督管理。

## 要点：扣税凭证管理原则

**1. 合法合规原则**

纳税人购买货物或不动产、接受应税劳务或服务时，应取得合法有效的增值税专用发票，确保发票真实合法、内容准确完整。

**2. 应抵尽抵原则**

对属于增值税应税范围内且用于可抵扣项目的各类业务，均应取得扣税凭证，实现增值税进项税额的充分抵扣，取得的扣税凭证需符合《税法》相关规定。

**3. 及时抵扣原则**

业务人员应提醒督促供应商按合同约定时间及时提供扣税凭证；取得扣税凭证后，业务人员应在收到发票×日内将扣税凭证传递至扣税凭证管理岗；扣税凭证管理岗收到扣税凭证后在×日内进行认证；未通过认证的扣税凭证原则上不能发起报账。

**4. 业务部门负责原则**

业务部门是扣税凭证的接收部门。在签订涉及增值税业务的合同时，应明确要求对方提供增值税专用发票等扣税凭证；及时获得扣税凭证并负责经手保管，配合扣税凭证管理岗工作。

## 要点：增值税专用发票的日常管理

建筑企业根据《增值税专用发票使用规定》以及主管税务机关的要求，设置增值税专用发票管理专岗，按要求存放、保管专用发票和增值税防伪税控系统及专用设备。

**1. 专人管理**

增值税专用发票和增值税防伪税控系统及相关专用设备应由专人按税务相关要求存放、保管。

专用发票包括未开具的空白增值税专用发票、已开具的增值税专用发票存根联和已开具尚未在本公司范围内传递的增值税专用发票。

增值税防伪税控系统，包括专用设备和通用设备、运用数字密码和电子存储技术管理专用发票的计算机管理系统。其中专用设备，是指金税卡、读卡器或金税盘和报税盘。

**2. 空白增值税专用发票管理**

增值税发票管理岗应全面掌握专用发票领、用、存情况，做到手续齐全、责任清晰。每月对专用发票领、用、存情况进行盘点，登记专用发票盘点表格，并由财务部门指定的负责人复核，复核无误后双方签字确认。

空白专用发票视同现金支票管理，且不得事先加盖发票专用章。财务管理部门负责人是专用发票安全管理的第一责任人。

**3. 增值税专用发票使用规定**

增值税发票使用时不得有以下行为：

（1）转借、转让、介绍他人转让发票、发票监制章和发票防伪专用品。

（2）知道或者应当知道是私自印制、伪造、变造、非法取得或者废止的发票而受让、开具、存放、携带、邮寄、运输。

（3）拆本使用发票。

（4）扩大发票使用范围。

（5）以其他凭证代替发票使用。

（6）不得跨规定的使用区域携带、邮寄、运输空白发票。

**4. 已开具增值税专用发票的保管与传递**

已开具增值税专用发票的记账联（含红字发票）、作废票三联、专用发票登记簿等资料应视同会计凭证进行管理；专用发票纸质资料应及时整理装订成册，保管期限为 30 年。如已实现信息系统管理的，则相关电子信息保管期限同上。

专用发票纸质资料在保存期满后，报经税务机关查验后销毁。销毁前必须编制销毁发票清册，经财务负责人和单位负责人签字盖章。

因传递需要，需邮寄增值税专用发票的，经办人要避开密码区折叠，准确写明收件人地址，并保存好邮寄存根以备查询。若在邮寄过程中发生增值税专用发票丢失，应及时按照规定处理，如处理不及时导致税款损失，相关业务人员及寄件人要承担责任。

**5. 增值税专用发票监管**

纳税人应按照主管税务机关要求定期上报专用发票使用情况，主动接受主管税务部门监管；同时应建立健全专用发票管理监督机制，定期对专用发票管理情况进行检查，确保专用发票管理合法规范。

## 要点：增值税专用发票的开具原则

**1. 增值税专用发票开具以真实交易为基础**

专用发票开具应以真实交易为基础，开具项目应根据税法规定据实填写，其中涉及不同税率的业务按各自适用的税率分别开具，不得开具与实际经营业务不相符的专用发票，严禁虚开专用发票。

**2. 增值税专用发票开具规定**

开具发票应当按照规定的时限、顺序、栏目，全部联次一次性如实开具，并加盖发票专用章。开具发票时必须做到：

（1）项目齐全，与实际交易相符。

（2）字迹清楚，不得压线、错格。

（3）发票联和抵扣联必须加盖发票专用章。

（4）按照增值税纳税义务的发生时间开具。

可汇总应税项目开具专用票。汇总开具专用发票时，应使用防伪税控系统开具《销售货物或者提供应税劳务清单》，并加盖发票专用章。

**3. 严禁为其他单位代开增值税专用发票**

纳税人应严禁用本单位专用发票为其他单位代开，或者让其他单位为本单位代开发票。

**4. 不得开具专用发票的情形**

（1）向消费者个人销售货物、服务、无形资产或不动产。

（2）适用免征增值税规定的应税行为。

（3）销售旧货或者转让使用过的固定资产，按简易办法依 3% 的征收率减按 2% 征收增值税。

（4）实行增值税退（免）税办法的增值税零税率应税服务。

（5）其他按税法规定不得开具增值税专用发票。

## 要点：增值税专用发票的开具流程

建筑企业根据本企业税务管理层级、部门职责和岗位设置情况，制定专用发票的开具流程，主要流程见表 3-3。

增值税专用发票的开具流程　　　　　　　　　　　　　　　　表 3-3

| 流程 | 具体内容 |
| --- | --- |
| 开票申请 | 开票申请人根据要求填写《专用发票开具申请单》（简称《申请单》），《申请单》上应准确填写开票信息、服务内容及金额，开票信息主要包括纳税人名称、纳税人识别号、开户行及银行账号、地址及电话等 |
| 审批开票 | 经财务部门审核人审批后，将《申请单》和开票信息资料传递给开票人，开票人根据上述资开具专用发票，并将开票信息登记在《已开具专用发票登记簿》 |

| 流程 | 具体内容 |
|---|---|
| 已开具发票传递 | 开票申请人到财务管理部门领取其申请开具的发票；已开具的发票，经开票复核人员、申请人复核无误后，在发票登记簿上签字领取发票相应联次 |
| 发票退回 | 对客户拒收发票、开具错误发票和无法认证的发票，业务人员应在不迟于接到拒收通知或收到退回发票后×日内将发票退还至财务管理部门，财务管理部门应在×日重新开具发票 |

## 要点：增值税红字专用发票开具

建筑企业开具增值税专用发票后，发生销货退回、开票有误、应税服务中止等情形但不符合发票作废条件，或者因销货部分退回及发生销售折让，需要开具红字专用发票的，按《国家税务总局关于红字增值税发票开具有关问题的公告》（国家税务总局公告2016年第47号）的要求申请开具红字增值税专用发票。

**1. 取得专用发票已用于申报抵扣**

业主取得专用发票已用于申报抵扣的，业主可在增值税发票管理新系统（以下简称"新系统"）中填开并上传《开具红字增值税专用发票信息表》（以下简称《信息表》），在填开《信息表》时不填写相对应的蓝字专用发票信息。建筑企业依据《信息表》开具红字专用发票。

**2. 取得专用发票未用于申报抵扣**

业主取得专用发票未用于申报抵扣，发票联或抵扣联无法退回的，业主填开《信息表》时应填写相对应的蓝字专用发票信息。

业主未用于申报抵扣，并将发票联及抵扣联退回的，建筑企业可在新系统中填开并上传《信息表》。建筑企业填开《信息表》时应填写相对应的蓝字专用发票信息。

**3. 开具专用发票尚未交付业主**

建筑企业开具专用发票尚未交付业主的，建筑企业可在新系统中填开并上传《信息表》。建筑企业填开《信息表》时应填写相对应的蓝字专用发票信息。

## 要点：增值税专用发票作废

同时具有下列情形的，需要将增值税专用发票作废的，可将已开具的增值税专用发票作废：

（1）收到退回的发票联、抵扣联时间未超过销售方开票当月。

（2）销售方未抄税并且未记账。

（3）购买方未认证或者认证结果为"纳税人识别号认证不符"或"专用发票代码、号码认证不符"的。

满足发票作废条件时，企业应对防伪税控系统中的发票和纸制发票同时进行作废处理。

## 要点：增值税专用发票的丢失处理

**1. 丢失上报的处理**

空白专用发票丢失时，负责保管专用发票的人员应在发现丢失当日，撰写书面报告，报告中应包含丢失专用发票的纳税人名称、发票份数、专用发票号码等情况；应当于发现丢失当日书面报告税务机关，并在报刊等传播媒介上公告声明作废。

发票管理人员应填报《发票丢失被盗登记表》，持报税盘，按照主管税务机关要求办理电子发票退回或作废手续。

**2. 丢失后的补救措施**

丢失已开具专用发票的发票联和抵扣联的处理，丢失情形包括：建筑企业已开具专用发票交付业主前丢失的和业主取得专用发票后丢失的。

如果丢失前已认证相符，业主需凭建筑企业提供的相应专用发票记账联复印件及所在地主管税务机关出具的《丢失增值税专用发票已报税证明单》，经业主方主管税务机关审核同意后，作为增值税进项税额的抵扣凭证。

如果丢失前未认证，业主需凭建筑企业方提供的相应专用发票记账联复印件到主管税务机关进行认证，认证相符的凭该专用发票记账联复印件及建筑企业所在地主管税务机关出具的《丢失增值税专用发票已报税证明单》，经业主方主管税务机关审核同意后，可作为增值税进项税额的抵扣凭证。

## 要点：扣税凭证的取得与提交

（1）建筑企业的业务人员在办理采购货物或接受增值税应税劳务时，应主动向供应商索取增值税扣税凭证，并保证合同流向、货物流向、资金流向和发票流向一致。同时对扣税凭证的以下信息进行初步审核、验证，保证合法、有效：

1）字迹是否清晰，是否有压线、错格。

2）项目填写是否齐全。

3）发票联和抵扣联是否加盖发票专用章。

4）将扣税凭证与合同比对，查看是否符合合同的约定；扣税凭证上显示的开票方是否与合同相对方信息一致。

（2）扣税凭证经手人员应妥善保管扣税凭证，及时传递至扣税凭证管理专岗。

（3）对于应取得而未取得发票的，业务经办人员应要求对方重新开具专用发票；如无法取得专用发票，应做详细说明，并且要追究相关人员的责任。

## 要点：扣税凭证的认证与抵扣

纳税人对收到的扣税凭证应及时完成认证，避免超过 180 天认定抵扣期限。对认证异常且最终无法通过认证的扣税凭证，业务人员应及时换取发票；逾期认证造成抵扣损失的，相关责任人员应承担赔偿责任。

下列项目取得扣税凭证的进项税额不得抵扣：

（1）用于简易计税方法计税项目、免征增值税项目、集体福利或者个人消费的购进货物、加工修理修配劳务、服务、无形资产和不动产。其中涉及的固定资产、无形资产、不动产，仅指专用于上述项目的固定资产、无形资产（不包括其他权益性无形资产）、不动产。纳税人的交际应酬消费属于个人消费。

（2）非正常损失的购进货物，以及相关的加工修理修配劳务和交通运输服务。

（3）非正常损失的在产品、产成品所耗用的购进货物（不包括固定资产）、加工修理修配劳务和交通运输服务。

（4）非正常损失的不动产，以及该不动产所耗用的购进货物、设计服务和建筑服务。

（5）非正常损失的不动产在建工程所耗用的购进货物、设计服务和建筑服务。

（6）购进的旅客运输服务、贷款服务、餐饮服务、居民日常服务和娱乐服务。

（7）向贷款方支付的与该笔贷款直接相关的投融资顾问费、手续费、咨询费等费用。

（8）财政部和国家税务总局规定的其他情形。

## 要点：扣税凭证丢失处理

**1. 丢失增值税专用发票**

（1）丢失前已认证相符

1）丢失发票联和抵扣联

丢失已开具专用发票的发票联和抵扣联，且丢失前已认证相符的，由业务人员负责与供应商联系，取得相应专用发票记账联复印件（加盖发票专用章）及供应商主管税务机关出具的《丢失增值税专用发票已报税证明单》（以下简称《证明单》），作为增值税进项税额的抵扣凭证。专用发票记账联复印件和《证明单》留存备查，按照扣税凭证归档要求进行管理。

2）丢失发票联或抵扣联

丢失已开具专用发票的发票联的，可将专用发票抵扣联作为记账凭证，专用发票抵扣联复印件留存备查。

丢失已开具专用发票的抵扣联的，如果丢失前已认证相符的，可使用专用发票的发票联复印件留存备查。

（2）丢失前未认证相符

1）丢失发票联和抵扣联

丢失已开具专用发票的发票联和抵扣联，如果丢失前未认证的，由业务人员负责协调与供应商联系，取得相应专用发票记账联复印件（加盖发票专用章）及供应商所在地主管税务机关出具的《证明单》，并及时传递给扣税凭证管理岗，扣税凭证管理岗凭销售方提供的相应专用发票记账联复印件进行认证，认证相符的，可凭专用发票记账联复印件及供应商主管税务机关出具的《证明单》，作为增值税进项税额的抵扣凭证。

2）丢失发票联或抵扣联

丢失已开具专用发票的发票联的，可将专用发票抵扣联作为记账凭证，专用发票抵扣联复印件留存备查。

丢失已开具专用发票的抵扣联的，如果丢失前未认证的，可使用专用发票的发票联认证，专用发票的发票联复印件留存备查。

**2. 丢失除增值税外其他扣税凭证**

对于丢失除增值税专用发票外的扣税凭证，应取得对方记账联的复印件并加盖对方发票专用章后，留存备查。

# 第四节　纳 税 申 报

## 要点：纳税申报资料

### 1. 必报资料

纳税申报资料包括纳税申报表及其附列资料和纳税申报其他资料。

纳税申报表及其附列资料如下。

增值税一般纳税人（以下简称一般纳税人）纳税申报表及其附列资料包括：

（1）"增值税纳税申报表（一般纳税人适用）"。

（2）"增值税纳税申报表附列资料（一）"（本期销售情况明细）。

（3）"增值税纳税申报表附列资料（二）"（本期进项税额明细）。

（4）"增值税纳税申报表附列资料（三）"（服务、不动产和无形资产扣除项目明细）。

一般纳税人销售服务、不动产和无形资产，在确定服务、不动产和无形资产销售额时，按照有关规定可以从取得的全部价款和价外费用中扣除价款的，需填报"增值税纳税申报表附列资料（三）"。其他情况不填写该附列资料。

（5）"增值税纳税申报表附列资料（四）"（税额抵减情况表）。

（6）"增值税纳税申报表附列资料（五）"（不动产分期抵扣计算表）。

（7）"固定资产（不含不动产）进项税额抵扣情况表"。

（8）"本期抵扣进项税额结构明细表"。

（9）"增值税减免税申报明细表"。

### 2. 备查资料

（1）已开具的税控机动车销售统一发票和普通发票的存根联。

（2）符合抵扣条件且在本期申报抵扣的增值税专用发票（含税控机动车销售统一发票）的抵扣联。

（3）符合抵扣条件且在本期申报抵扣的海关进口增值税专用缴款书、购进农产品取得的普通发票的复印件。

（4）符合抵扣条件且在本期申报抵扣的税收完税凭证及其清单、书面合同、付款证明和境外单位的对账单或者发票。

（5）已开具的农产品收购凭证的存根联或报查联。

（6）纳税人销售服务、不动产和无形资产，在确定服务、不动产和无形资产销售额时，按照有关规定从取得的全部价款和价外费用中扣除价款的合法凭证及其清单。

（7）主管税务机关规定的其他资料。

### 3. 增值税预缴税款表

纳税人跨县（市）提供建筑服务、房地产开发企业预售自行开发的房地产项目、纳税人出租与机构所在地不在同一县（市）的不动产，按规定需要在项目所在地或不动产所在地主管国税机关预缴税款的，需填写"增值税预缴税款表"。

## 要点：纳税申报步骤

纳税申报步骤见表 3-4。

纳税申报步骤        表 3-4

| 步骤 | 具体内容 |
| --- | --- |
| 发票的认证 | 增值税进项发票的认证在税务机关的认证系统进行，认证通过后，盖上认证相符印章，只有通过认证的发票才能抵扣，在认证通过的次月申报期内申报抵扣进项税额时，未抵扣完的部分可结转至下期继续抵扣，但当期必须进行申报。增值税发票认证期限从开票之日起 180 天内认证，超过 180 天不得认证，只能作为成本发票使用 |
| 抄税 | 抄税是指一般纳税人通过开票系统将上月开票数据抄入 IC 卡的操作。抄税、打印专用发票汇总表，打开"防伪开票"系统，点击工具栏中的"报税处理"，点击"抄税处理"，根据提示单击"确定"。抄税成功后，打印增值税专用发票汇总表（即销项汇总表），单击"状态查询"左边的"发票资料"，在弹出的新窗口中选择专用发票和本月累计，确定打印，这个表就是"专用增值税发票汇总表"，也就是销项汇总表。再查看是否有开普通发票，选择普通发票和本月累计，确定后，在弹出的预览表中查看发票份数，如果为零，则无须打印。单击"确定"后，出现打印预览，直接单击"打印"，完成抄税环节 |
| 报税 | 报税是将已抄至 IC 卡中的开票数据报送给税务机关，网上报税需要填写申报表，并打印申报表。由于之前已经完成了抄税工作，但还未提交数据，即需要申报的数据。在"防伪开票"系统中没有提交报表的功能，需要在"网上申报"系统中提交，需要打开"网上申报"系统。填写增值税纳税申报表主表、附表及资产负债表和利润表等资料，审核确认无误后通过"纳税申报"模块在线提交电子报表，通过网上进行申报，系统显示申报成功后即可 |
| 增值税申报 | 将抄税后的 IC 卡和打印的各种报表资料交至税务机关受理报税的税务工作人员，税务机关根据报税系统的要求给企业报税，也就是读取企业 IC 卡上开票信息，与各种销项报表相核对，进行报税处理 |
| 缴税 | 增值税申报之后，税务机关会开具税款缴纳的单据，税务机关将这些信息传送到开户银行，由银行进行转账处理。也可以到税务机关指定银行进行现金缴纳 |
| 清卡 | 纳税人完成报税，申报表通过税务机关比对后，税务机关将数据反写至 IC 卡中，完成 IC 卡解锁，使纳税人的税控开票系统在申报期后可继续开票 |

## 要点：增值税纳税申报资料的管理

### 1. 增值税纳税申报必报资料

纳税人在纳税申报期内，应及时将全部必报资料的电子数据报送主管税务机关，并在主管税务机关按照税法规定确定的期限内（具体时间由各省级国家税务局确定），将必报资料第 5 条要求报送的纸介资料（具体份数由省一级国家税务局确定）报送主管税务机关，税务机关签收后，一份退还纳税人，其余留存。

### 2. 增值税纳税申报备查资料

纳税人在月度终了后，应将备查资料认真整理并装订成册。

（1）属于整本开具的手工版增值税专用发票及普通发票的存根联，按原顺序装订；开具的电脑版增值税专用发票，包括防伪税控系统开具的增值税专用发票的存根联，应按开票顺序号码每 25 份装订一册，不足 25 份的按实际开具份数装订。

（2）对属于扣税凭证的单证，根据取得的时间顺序，按单证种类每 25 份装订一册，不足 25 份的按实际份数装订。

（3）装订时，必须使用税务机关统一规定的"征税/扣税单证汇总簿封面"（以下简称"封面"），并按规定填写封面内容，由办税人员和财务人员审核签章。启用"封面"后，纳税人可不再填写原增值税专用发票的封面内容。

（4）纳税人当月未使用完的手工版增值税专用发票，暂不加装"封面"，两个月仍未使用完的，应在主管税务机关对其剩余部分剪角作废的当月加装"封面"。纳税人开具的普通发票及收购凭证在其整本使用完毕的当月，加装"封面"。

（5）"封面"的内容包括纳税人单位名称、本册单证份数、金额、税额、本月此种单证总册数及本册单证编号、税款所属时间等，具体格式由各省一级国家税务局制定。

"增值税纳税申报表（适用于增值税一般纳税人）"（主表及附表）由纳税人向主管税务机关购领。

## 要点：增值税的纳税期限

《中华人民共和国税收征收管理法》规定，增值税的纳税期限分别为 1 日、3 日、5 日、10 日、15 日、1 个月或者 1 个季度。纳税人的具体纳税期限，由主管税务机关根据纳税人应纳税额的大小分别核定。以 1 个季度为纳税期限的规定适用于小规模纳税人以及财政部和国家税务总局规定的其他纳税人。不能按照固定期限纳税的，可以按次纳税。

纳税人以 1 个月或者 1 个季度为 1 个纳税期的，自期满之日起 15 日内申报纳税；以 1 日、3 日、5 日、10 日或者 15 日为 1 个纳税期的，自期满之日起 5 日内预缴税款，于次月 1 日起 15 日内申报纳税并结清上月应纳税款。

扣缴义务人解缴税款的期限，按照前两款规定执行。

## 要点：增值税的纳税地点

### 1. 固定业户的纳税地点

（1）固定业户应当向其机构所在地或者居住地主管税务机关申报纳税。总机构和分支机构不在同一县（市）的，应当分别向各自所在地的主管税务机关申报纳税；经财政部和国家税务总局或者其授权的财政和税务机关批准，可以由总机构汇总向总机构所在地的主管税务机关申报纳税。具体审批权限如下：

1）总机构和分支机构不在同一省、自治区、直辖市的，经财政部和国家税务总局批准，可以由总机构汇总向总机构所在地的主管税务机关申报纳税。

2）总机构和分支机构不在同一县（市），但在同一省、自治区、直辖市范围内的，经省、自治区、直辖市财政厅（局）、国家税务局审批同意，可以由总机构汇总向总机构所在地的主管税务机关申报纳税。

（2）固定业户到外县（市）销售货物的，应当向其机构所在地主管税务机关申请开具外出经营活动税收管理证明，向其机构所在地主管税务机关申报纳税。未持有其机构所在地主管税务机关核发的外出经营活动税收管理证明，到外县（市）销售货物或者应税劳务的，应当向销售或劳务发生地主管税务机关申报纳税；未向销售地主管税务机关申报纳税的，由其机构所在地主管税务机关补征税款。

（3）固定业户（指增值税一般纳税人）临时到外省、市销售货物的，必须向经营地税务机关出示《外出经营活动税收管理证明》回原地纳税，需要向购货方开具专用发票的，也回原地补开。

**2. 非固定业户的纳税地点**

非固定业户销售货物或者提供应税劳务和服务，应当向销售地或者劳务和应税服务发生地的主管税务机关申报纳税；未申报纳税的，由其机构所在地或者居住地的主管税务机关补征税款。

**3. 进口货物的纳税地点**

进口货物，应当由进口人或其代理人向报关地海关申报纳税。

**4. 扣缴义务人的纳税地点**

扣缴义务人应当向其机构所在地或者居住地的主管税务机关申报缴纳其扣缴的税款。

## 要点：《增值税纳税申报表（一般纳税人适用）》填写说明

增值税纳税申报表（一般纳税人适用）见表3-5。

**增值税纳税申报表（一般纳税人适用）**　　　　表 3-5

根据国家税收法律法规及增值税相关规定制定本表。纳税人不论有无销售额，均应按税务机关核定的纳税期限填写本表，并向当地税务机关申报。

税款所属时间：自__年__月__日至__年__月__日　　填写日期：__年__月__日　　金额单位：__元至__角__分

纳税人识别号：□□□□□□□□□□□□□□□　　　　所属行业：

| 纳税人名称 | （公章） | 法定代表人姓名 | | 注册地址 | | 生产经营地址 | | |
|---|---|---|---|---|---|---|---|---|
| 开户银行及账号 | | | 登记注册类型 | | | 电话号码 | | |

| 项目 | | 栏次 | 一般项目 | | 即征即退项目 | |
|---|---|---|---|---|---|---|
| | | | 本月数 | 本年累计 | 本月数 | 本年累计 |
| 销售额 | （一）按适用税率计税销售额 | 1 | | | | |
| | 其中：应税货物销售额 | 2 | | | | |
| | 应税劳务销售额 | 3 | | | | |
| | 纳税检查调整的销售额 | 4 | | | | |
| | （二）按简易办法计税销售额 | 5 | | | | |

| 项目 | | 栏次 | 一般项目 | | 即征即退项目 | |
|---|---|---|---|---|---|---|
| | | | 本月数 | 本年累计 | 本月数 | 本年累计 |
| 销售额 | 其中：纳税检查调整的销售额 | 6 | | | | |
| | （三）免、抵、退办法出口销售额 | 7 | | | — | — |
| | （四）免税销售额 | 8 | | | — | — |
| | 其中：免税货物销售额 | 9 | | | — | — |
| | 免税劳务销售额 | 10 | | | — | — |
| 税款计算 | 销项税额 | 11 | | | | |
| | 进项税额 | 12 | | | | |
| | 上期留抵税额 | 13 | | | — | |
| | 进项税额转出 | 14 | | | | |
| | 免、抵、退应退税额 | 15 | | | — | |
| | 按适用税率计算的纳税检查应补缴税额 | 16 | | | — | — |

| 项目 | | 栏次 | 一般项目 | | 即征即退项目 | |
|---|---|---|---|---|---|---|
| | | | 本月数 | 本年累计 | 本月数 | 本年累计 |
| 税款计算 | 应抵扣税额合计 | 17＝12＋13－14－15＋16 | | — | | — |
| | 实际抵扣税额 | 18（如 17＜11，则为 17，否则为 11） | | | | |
| | 应纳税额 | 19＝11－18 | | | | |
| | 期末留抵税额 | 20＝17－18 | | | | — |
| | 简易计税办法计算的应纳税额 | 21 | | | | |
| | 按简易计税办法计算的纳税检查应补缴税额 | 22 | | — | | — |
| | 应纳税额减征额 | 23 | | | | |
| | 应纳税额合计 | 24＝19＋21－23 | | | | |
| 税款缴纳 | 期初未缴税额（多缴为负数） | 25 | | | | |
| | 实收出口开具专用缴款书退税额 | 26 | | — | | — |
| | 本期已缴税额 | 27＝28＋29＋30＋31 | | | | |
| | ① 分次预缴税额 | 28 | | | | |
| | ② 出口开具专用缴款书预缴税额 | 29 | | | | |
| | ③ 本期缴纳上期应纳税额 | 30 | | | | |
| | ④ 本期缴纳欠缴税额 | 31 | | | | |
| | 期末未缴税额（多缴为负数） | 32＝24＋25＋26－27 | | | | |
| | 其中：欠缴税额（≥0） | 33＝25＋26－27 | | — | | — |
| | 本期应补（退）税额 | 34＝24－28－29 | | | | |
| | 即征即退实际退税额 | 35 | — | — | | |
| | 期初未缴查补税额 | 36 | | | — | — |
| | 本期入库查补税额 | 37 | | | — | — |
| | 期末未缴查补税额 | 38＝16＋22＋36－37 | | | | |

| 授权声明 | 如果你已委托代理人申报，请填写下列资料：<br><br>为代理一切税务事宜，现授权_____<br>（地址）_____为本纳税人的代理申报人，任何与本申报表有关的往来文件，都可寄予此人<br><br>授权人签字： | 申报人声明 | 本纳税申报表是根据国家税收法律法规及相关规定填报的，我确定它是真实的、可靠的、完整的<br><br><br>声明人签字： |
|---|---|---|---|

主管税务机关：　　　　　　　　　　接收人：　　　　　　　　　　接收日期：

（1）"税款所属时间"：指纳税人申报的增值税应纳税额的所属时间，应填写具体的起止年、月、日。

（2）"填表日期"：指纳税人填写本表的具体日期。

（3）"纳税人识别号"：填写纳税人的税务登记证件号码。

（4）"所属行业"：按照国民经济行业分类与代码中的小类行业填写。

（5）"纳税人名称"：填写纳税人单位名称全称。

（6）"法定代表人姓名"：填写纳税人法定代表人的姓名。

（7）"注册地址"：填写纳税人税务登记证件所注明的详细地址。

（8）"生产经营地址"：填写纳税人实际生产经营地的详细地址。

（9）"开户银行及账号"：填写纳税人开户银行的名称和纳税人在该银行的结算账户号码。

（10）"登记注册类型"：按纳税人税务登记证件的栏目内容填写。

（11）"电话号码"：填写可联系到纳税人的常用电话号码。

（12）"即征即退项目"列：填写纳税人按规定享受增值税即征即退政策的货物、劳务和服务、不动产、无形资产的征（退）税数据。

（13）"一般项目"列：填写除享受增值税即征即退政策以外的货物、劳务和服务、不动产、无形资产的征（免）税数据。

（14）"本年累计"列：一般填写本年度内各月"本月数"之和。其中，第 13、20、25、32、36、38 栏及第 18 栏"实际抵扣税额""一般项目"列的"本年累计"分别按本填写说明第（27）、（34）、（39）、（46）、（50）、（52）、（32）条要求填写。

（15）第 1 栏"（一）按适用税率计税销售额"：填写纳税人本期按一般计税方法计算缴纳增值税的销售额，包含：在财务上不做销售但按税法规定应缴纳增值税的视同销售和价外费用的销售额；外贸企业作价销售进料加工复出口货物的销售额；税务、财政、审计部门检查后按一般计税方法计算调整的销售额。

营业税改征增值税的纳税人，服务、不动产和无形资产有扣除项目的，本栏应填写扣除之前的不含税销售额。

本栏"一般项目"列"本月数"=《附列资料（一）》第 9 列第 1 至 5 行之和－第 9 列第 6、7 行之和；本栏"即征即退项目"列"本月数"=《附列资料（一）》第 9 列第 6、7 行之和。

（16）第 2 栏"其中：应税货物销售额"：填写纳税人本期按适用税率计算增值税的应税货物的销售额。包含在财务上不做销售但按税法规定应缴纳增值税的视同销售货物和价外费用销售额，以及外贸企业作价销售进料加工复出口货物的销售额。

（17）第 3 栏"应税劳务销售额"：填写纳税人本期按适用税率计算增值税的应税劳务的销售额。

（18）第 4 栏"纳税检查调整的销售额"：填写纳税人因税务、财政、审计部门检查，并按一般计税方法在本期计算调整的销售额。但享受增值税即征即退政策的货物、劳务和服务、不动产、无形资产，经纳税检查属于偷税的，不填入"即征即退项目"列，而应填入"一般项目"列。

营业税改征增值税的纳税人，服务、不动产和无形资产有扣除项目的，本栏应填写扣除之前的不含税销售额。

本栏"一般项目"列"本月数"=《附列资料（一）》第 7 列第 1 至 5 行之和。

（19）第 5 栏"按简易办法计税销售额"：填写纳税人本期按简易计税方法计算增值税的销售额。包含纳税检查调整按简易计税方法计算增值税的销售额。

营业税改征增值税的纳税人，服务、不动产和无形资产有扣除项目的，本栏应填写扣除之前的不含税销售额；服务、不动产和无形资产按规定汇总计算缴纳增值税的分支机构，其当期按预征率计算缴纳增值税的销售额也填入本栏。

本栏"一般项目"列"本月数"≥《附列资料（一）》第9列第8至13b行之和－第9列第14、15行之和；本栏"即征即退项目"列"本月数"≥《附列资料（一）》第9列第14、15行之和。

（20）第6栏"其中：纳税检查调整的销售额"：填写纳税人因税务、财政、审计部门检查，并按简易计税方法在本期计算调整的销售额。但享受增值税即征即退政策的货物、劳务和服务、不动产、无形资产，经纳税检查属于偷税的，不填入"即征即退项目"列，而应填入"一般项目"列。

营业税改征增值税的纳税人，服务、不动产和尤形资产有扣除项目的，本栏应填写扣除之前的不含税销售额。

（21）第7栏"免、抵、退办法出口销售额"：填写纳税人本期适用免、抵、退税办法的出口货物、劳务和服务、无形资产的销售额。

营业税改征增值税的纳税人，服务、无形资产有扣除项目的，本栏应填写扣除之前的销售额。

本栏"一般项目"列"本月数"=《附列资料（一）》第9列第16、17行之和。

（22）第8栏"免税销售额"：填写纳税人本期按照税法规定免征增值税的销售额和适用零税率的销售额，但零税率的销售额中不包括适用免、抵、退税办法的销售额。

营业税改征增值税的纳税人，服务、不动产和无形资产有扣除项目的，本栏应填写扣除之前的免税销售额。

本栏"一般项目"列"本月数"=《附列资料（一）》第9列第18、19行之和。

（23）第9栏"其中：免税货物销售额"：填写纳税人本期按照税法规定免征增值税的货物销售额及适用零税率的货物销售额，但零税率的销售额中不包括适用免、抵、退税办法出口货物的销售额。

（24）第10栏"免税劳务销售额"：填写纳税人本期按照税法规定免征增值税的劳务销售额及适用零税率的劳务销售额，但零税率的销售额中不包括适用免、抵、退税办法的劳务的销售额。

（25）第11栏"销项税额"：填写纳税人本期按一般计税方法计税的货物、劳务和服务、不动产、无形资产的销项税额。

营业税改征增值税的纳税人，服务、不动产和无形资产有扣除项目的，本栏应填写扣除之后的销项税额。

本栏"一般项目"列"本月数"=《附列资料（一）》（第10列第1、3行之和－第10列第6行）＋（第14列第2、4、5行之和-第14列第7行）；

本栏"即征即退项目"列"本月数"=《附列资料（一）》第10列第6行＋第14列第7行。

（26）第12栏"进项税额"：填写纳税人本期申报抵扣的进项税额。

本栏"一般项目"列"本月数"＋"即征即退项目"列"本月数"=《附列资料（二）》第12栏"税额"。

（27）第13栏"上期留抵税额"：

1）上期留抵税额按规定须挂账的纳税人，按以下要求填写本栏的"本月数"和"本年累计"。

上期留抵税额按规定须挂账的纳税人是指试点实施之日前一个税款所属期的申报表第20栏"期末留抵税额""一般货物、劳务和应税服务"列"本月数"大于零，且兼有营业税改征增值税服务、不动产和无形资产的纳税人（下同）。其试点实施之日前一个税款所属期的申报表第20栏"期末留抵税额""一般货物、劳务和应税服务"列"本月数"，以下称为货物和劳务挂账留抵税额。

① 本栏"一般项目"列"本月数"：试点实施之日的税款所属期填写"0"；以后各期按上期申报表第20栏"期末留抵税额""一般项目"列"本月数"填写。

② 本栏"一般项目"列"本年累计"：反映货物和劳务挂账留抵税额本期期初余额。试点实施之日的税款所属期按试点实施之日前一个税款所属期的申报表第20栏"期末留抵税额""一般货物、劳务和应税服务"列"本月数"填写；以后各期按上期申报表第20栏"期末留抵税额""一般项目"列"本年累计"填写。

③ 本栏"即征即退项目"列"本月数"：按上期申报表第20栏"期末留抵税额""即征即退项目"列"本月数"填写。

2）其他纳税人，按以下要求填写本栏"本月数"和"本年累计"。

其他纳税人是指除上期留抵税额按规定须挂账的纳税人之外的纳税人（下同）。

① 本栏"一般项目"列"本月数"：按上期申报表第20栏"期末留抵税额""一般项目"列"本月数"填写。

② 本栏"一般项目"列"本年累计"：填写"0"。

③ 本栏"即征即退项目"列"本月数"：按上期申报表第20栏"期末留抵税额""即征即退项目"列"本月数"填写。

（28）第14栏"进项税额转出"：填写纳税人已经抵扣，但按税法规定本期应转出的进项税额。

本栏"一般项目"列"本月数"＋"即征即退项目"列"本月数"＝《附列资料（二）》第13栏"税额"。

（29）第15栏"免、抵、退应退税额"：反映税务机关退税部门按照出口货物、劳务和服务、无形资产免、抵、退办法审批的增值税应退税额。

（30）第16栏"按适用税率计算的纳税检查应补缴税额"：填写税务、财政、审计部门检查，按一般计税方法计算的纳税检查应补缴的增值税税额。

本栏"一般项目"列"本月数"≤《附列资料（一）》第8列第1至5行之和＋《附列资料（二）》第19栏。

（31）第17栏"应抵扣税额合计"：填写纳税人本期应抵扣进项税额的合计数。按表中所列公式计算填写。

（32）第18栏"实际抵扣税额"：

1）上期留抵税额按规定须挂账的纳税人，按以下要求填写本栏的"本月数"和"本年累计"。

① 本栏"一般项目"列"本月数"：按表中所列公式计算填写。

② 本栏"一般项目"列"本年累计"：填写货物和劳务挂账留抵税额本期实际抵减一般货物和劳务应纳税额的数额。将"货物和劳务挂账留抵税额本期期初余额"与"一般计

税方法的一般货物及劳务应纳税额"两个数据相比较，取二者中小的数据。

其中：货物和劳务挂账留抵税额本期期初余额＝第13栏"上期留抵税额""一般项目"列"本年累计"；

一般计税方法的一般货物及劳务应纳税额＝（第11栏"销项税额""一般项目"列"本月数"－第18栏"实际抵扣税额""一般项目"列"本月数"）×一般货物及劳务销项税额比例；

一般货物及劳务销项税额比例＝（《附列资料（一）》第10列第1、3行之和－第10列第6行）÷第11栏"销项税额""一般项目"列"本月数"×100％。

③ 本栏"即征即退项目"列"本月数"：按表中所列公式计算填写。

2）其他纳税人，按以下要求填写本栏的"本月数"和"本年累计"：

① 本栏"一般项目"列"本月数"：按表中所列公式计算填写。

② 本栏"一般项目"列"本年累计"：填写"0"。

③ 本栏"即征即退项目"列"本月数"：按表中所列公式计算填写。

（33）第19栏"应纳税额"：反映纳税人本期按一般计税方法计算并应缴纳的增值税额。按以下公式计算填写：

1）本栏"一般项目"列"本月数"＝第11栏"销项税额""一般项目"列"本月数"－第18栏"实际抵扣税额""一般项目"列"本月数"－第18栏"实际抵扣税额""一般项目"列"本年累计"。

2）本栏"即征即退项目"列"本月数"＝第11栏"销项税额""即征即退项目"列"本月数"－第18栏"实际抵扣税额""即征即退项目"列"本月数"。

（34）第20栏"期末留抵税额"：

1）上期留抵税额按规定须挂账的纳税人，按以下要求填写本栏的"本月数"和"本年累计"：

① 本栏"一般项目"列"本月数"：反映试点实施以后，货物、劳务和服务、不动产、无形资产共同形成的留抵税额。按表中所列公式计算填写。

② 本栏"一般项目"列"本年累计"：反映货物和劳务挂账留抵税额，在试点实施以后抵减一般货物和劳务应纳税额后的余额。按以下公式计算填写：

本栏"一般项目"列"本年累计"＝第13栏"上期留抵税额""一般项目"列"本年累计"－第18栏"实际抵扣税额""一般项目"列"本年累计"。

③ 本栏"即征即退项目"列"本月数"：按表中所列公式计算填写。

2）其他纳税人，按以下要求填写本栏"本月数"和"本年累计"：

① 本栏"一般项目"列"本月数"：按表中所列公式计算填写。

② 本栏"一般项目"列"本年累计"：填写"0"。

③ 本栏"即征即退项目"列"本月数"：按表中所列公式计算填写。

（35）第21栏"简易计税办法计算的应纳税额"：反映纳税人本期按简易计税方法计算并应缴纳的增值税额，但不包括按简易计税方法计算的纳税检查应补缴税额。按以下公式计算填写：

本栏"一般项目"列"本月数"＝《附列资料（一）》（第10列第8、9a、10、11行之和－第10列第14行）＋（第14列第9b、12、13a、13b行之和－第14列第15行）；

本栏"即征即退项目"列"本月数"=《附列资料（一）》第10列第14行＋第14列第15行。

营业税改征增值税的纳税人，服务、不动产和无形资产按规定汇总计算缴纳增值税的分支机构，应将预征增值税额填入本栏。预征增值税额＝应预征增值税的销售额×预征率。

（36）第22栏"按简易计税办法计算的纳税检查应补缴税额"：填写纳税人本期因税务、财政、审计部门检查并按简易计税方法计算的纳税检查应补缴税额。

（37）第23栏"应纳税额减征额"：填写纳税人本期按照税法规定减征的增值税应纳税额。包含按照规定可在增值税应纳税额中全额抵减的增值税税控系统专用设备费用以及技术维护费。

当本期减征额小于或等于第19栏"应纳税额"与第21栏"简易计税办法计算的应纳税额"之和时，按本期减征额实际填写；当本期减征额大于第19栏"应纳税额"与第21栏"简易计税办法计算的应纳税额"之和时，按本期第19栏与第21栏之和填写。本期减征额不足抵减部分结转下期继续抵减。

（38）第24栏"应纳税额合计"：反映纳税人本期应缴增值税的合计数。按表中所列公式计算填写。

（39）第25栏"期初未缴税额（多缴为负数）"："本月数"按上一税款所属期申报表第32栏"期末未缴税额（多缴为负数）""本月数"填写。"本年累计"按上年度最后一个税款所属期申报表第32栏"期末未缴税额（多缴为负数）""本年累计"填写。

（40）第26栏"实收出口开具专用缴款书退税额"：本栏不填写。

（41）第27栏"本期已缴税额"：反映纳税人本期实际缴纳的增值税额，但不包括本期入库的查补税款。按表中所列公式计算填写。

（42）第28栏"①分次预缴税额"：填写纳税人本期已缴纳的准予在本期增值税应纳税额中抵减的税额。

营业税改征增值税的纳税人，分以下几种情况填写：

1）服务、不动产和无形资产按规定汇总计算缴纳增值税的总机构，其可以从本期增值税应纳税额中抵减的分支机构已缴纳的税款，按当期实际可抵减数填入本栏，不足抵减部分结转下期继续抵减。

2）销售建筑服务并按规定预缴增值税的纳税人，其可以从本期增值税应纳税额中抵减的已缴纳的税款，按当期实际可抵减数填入本栏，不足抵减部分结转下期继续抵减。

3）销售不动产并按规定预缴增值税的纳税人，其可以从本期增值税应纳税额中抵减的已缴纳的税款，按当期实际可抵减数填入本栏，不足抵减部分结转下期继续抵减。

4）出租不动产并按规定预缴增值税的纳税人，其可以从本期增值税应纳税额中抵减的已缴纳的税款，按当期实际可抵减数填入本栏，不足抵减部分结转下期继续抵减。

（43）第29栏"②出口开具专用缴款书预缴税额"：本栏不填写。

（44）第30栏"③本期缴纳上期应纳税额"：填写纳税人本期缴纳上一税款所属期应缴未缴的增值税额。

（45）第31栏"④本期缴纳欠缴税额"：反映纳税人本期实际缴纳和留抵税额抵减的增值税欠税额，但不包括缴纳入库的查补增值税额。

（46）第 32 栏"期末未缴税额（多缴为负数）"："本月数"反映纳税人本期期末应缴未缴的增值税额，但不包括纳税检查应缴未缴的税额。按表中所列公式计算填写。"本年累计"与"本月数"相同。

（47）第 33 栏"其中：欠缴税额（≥0）"：反映纳税人按照税法规定已形成欠税的增值税额。按表中所列公式计算填写。

（48）第 34 栏"本期应补（退）税额"：反映纳税人本期应纳税额中应补缴或应退回的数额。按表中所列公式计算填写。

（49）第 35 栏"即征即退实际退税额"：反映纳税人本期因符合增值税即征即退政策规定，而实际收到的税务机关退回的增值税额。

（50）第 36 栏"期初未缴查补税额"："本月数"按上一税款所属期申报表第 38 栏"期末未缴查补税额""本月数"填写。"本年累计"按上年度最后一个税款所属期申报表第 38 栏"期末未缴查补税额""本年累计"填写。

（51）第 37 栏"本期入库查补税额"：反映纳税人本期因税务、财政、审计部门检查而实际入库的增值税额，包括按一般计税方法计算并实际缴纳的查补增值税额和按简易计税方法计算并实际缴纳的查补增值税额。

（52）第 38 栏"期末未缴查补税额"："本月数"反映纳税人接受纳税检查后应在本期期末缴纳而未缴纳的查补增值税额。按表中所列公式计算填写，"本年累计"与"本月数"相同。

## 要点：《增值税纳税申报表附列资料（一）》（本期销售情况明细）填写说明

增值税纳税申报表附列资料（一）（本期销售情况明细）见表 3-6。

**1."税款所属时间""纳税人名称"的填写**

"税款所属时间""纳税人名称"的填写同主表。

**2.各列说明**

（1）第 1 至 2 列"开具增值税专用发票"：反映本期开具增值税专用发票（含税控机动车销售统一发票，下同）的情况。

（2）第 3 至 4 列"开具其他发票"：反映除增值税专用发票以外本期开具的其他发票的情况。

（3）第 5 至 6 列"未开具发票"：反映本期未开具发票的销售情况。

（4）第 7 至 8 列"纳税检查调整"：反映经税务、财政、审计部门检查并在本期调整的销售情况。

（5）第 9 至 11 列"合计"：按照表中所列公式填写。

营业税改征增值税的纳税人，服务、不动产和无形资产有扣除项目的，第 1 至 11 列应填写扣除之前的征（免）税销售额、销项（应纳）税额和价税合计额。

（6）第 12 列"服务、不动产和无形资产扣除项目本期实际扣除金额"：营业税改征增值税的纳税人，服务、不动产和无形资产有扣除项目的，按《附列资料（三）》第 5 列对应各行次数据填写，其中本列第 5 栏等于《附列资料（三）》第 5 列第 3 行与第 4 行之和；服务、不动产和无形资产无扣除项目的，本列填写"0"。其他纳税人不填写。

营业税改征增值税的纳税人，服务、不动产和无形资产按规定汇总计算缴纳增值税的

## 增值税纳税申报表附列资料（一）（本期销售情况明细）

表3-6

税款所属时间：___年___月___日至___年___月___日

纳税人名称：（公章）

金额单位：___元至___角___分

| 项目及栏次 | | 开具增值税专用发票 销售额 | 开具增值税专用发票 销项（应纳）税额 | 开具其他发票 销售额 | 开具其他发票 销项（应纳）税额 | 未开具发票 销售额 | 未开具发票 销项（应纳）税额 | 纳税检查调整 销售额 | 纳税检查调整 销项（应纳）税额 | 合计 销售额 | 合计 销项（应纳）税额 | 价税合计 | 服务、不动产和无形资产扣除项目本期实际扣除金额 | 扣除后 含税（免税）销售额 | 扣除后 销项（应纳）税额 |
|---|---|---|---|---|---|---|---|---|---|---|---|---|---|---|---|
| | | 1 | 2 | 3 | 4 | 5 | 6 | 7 | 8 | $9=1+3+5+7$ | $10=2+4+6+8$ | $11=9+10$ | 12 | $13=11-12$ | $14=13\div(100\%+税率或征收率)\times税率或征收率$ |
| 一、一般计税方法计税 全部征税项目 17%税率的货物及加工修理修配劳务 | 1 | | | | | | | | | | | | | | |
| 17%税率的服务、不动产和无形资产 | 2 | | | | | | | | | | | | | | |
| 13%税率 | 3 | | | | | | | | | | | | | | |
| 11%税率 | 4 | | | | | | | | | | | | | | |
| 6%税率 | 5 | | | | | | | | | | | | | | |
| 其中：即征即退项目 即征即退货物及加工修理修配劳务 | 6 | | | | | | | | | | | | | | |
| 即征即退服务、不动产和无形资产 | 7 | | | | | | | | | | | | | | |
| 二、简易计税方法计税 全部征税项目 6%征收率 | 8 | | | | | | | | | | | | | | |
| 5%征收率的货物及加工修理修配劳务 | 9a | | | | | | | | | | | | | | |
| 5%征收率的服务、不动产和无形资产 | 9b | | | | | | | | | | | | | | |
| 4%征收率 | 10 | | | | | | | | | | | | | | |
| 3%征收率的货物及加工修理修配劳务 | 11 | | | | | | | | | | | | | | |
| 3%征收率的服务、不动产和无形资产 | 12 | | | | | | | | | | | | | | |
| 预征率% | 13a | | | | | | | | | | | | | | |
| 预征率% | 13b | | | | | | | | | | | | | | |
| 预征率% | 13c | | | | | | | | | | | | | | |
| 其中：即征即退项目 即征即退货物及加工修理修配劳务 | 14 | | | | | | | | | | | | | | |
| 即征即退服务、不动产和无形资产 | 15 | | | | | | | | | | | | | | |

| 项目及栏次 | | 开具增值税专用发票 | | 开具其他发票 | | 未开具发票 | | 纳税检查调整 | | 合计 | | 价税合计 | 服务、不动产和无形资产扣除项目本期实际扣除金额 | 扣除后 | |
|---|---|---|---|---|---|---|---|---|---|---|---|---|---|---|---|
| | | 销售额 | 销项（应纳）税额 | 销售额 | 销项（应纳）税额 | 销售额 | 销项（应纳）税额 | 销售额 | 销项（应纳）税额 | 销售额 | 销项（应纳）税额 | 价税合计 | | 含税（免税）销售额 | 销项（应纳）税额 |
| | | 1 | 2 | 3 | 4 | 5 | 6 | 7 | 8 | 9=1+3+5+7 | 10=2+4+6+8 | 11=9-10 | 12 | 13=11-12 | 14=13÷(100%+税率或征收率)×税率或征收率 |
| 三、免抵退税 | 货物及加工修理修配劳务 16 | | | | | | | | | | | | | | |
| | 服务、不动产和无形资产 17 | | | | | | | | | | | | | | |
| 四、免税 | 货物及加工修理修配劳务 18 | | | | | | | | | | | | | | |
| | 服务、不动产和无形资产 19 | | | | | | | | | | | | | | |

分支机构，当期服务、不动产和无形资产有扣除项目的，填入本列第13行。

（7）第13列"扣除后""含税（免税）销售额"：营业税改征增值税的纳税人，服务、不动产和无形资产有扣除项目的，本列各行次＝第11列对应各行次－第12列对应各行次。其他纳税人不填写。

（8）第14列"扣除后""销项（应纳）税额"：营业税改征增值税的纳税人，服务、不动产和无形资产有扣除项目的，按以下要求填写本列，其他纳税人不填写。

1）服务、不动产和无形资产按照一般计税方法计税：

本列各行次＝第13列÷（100％＋对应行次税率）×对应行次税率

本列第7行"按一般计税方法计税的即征即退服务、不动产和无形资产"不按本列的说明填写。具体填写要求见"各行说明"第（2）条第2）项第③点的说明。

2）服务、不动产和无形资产按照简易计税方法计税：

本列各行次＝第13列÷（100％＋对应行次征收率）×对应行次征收率

本列第13行"预征率％"不按本列的说明填写。具体填写要求见"各行说明"第4条第（2）项。

3）服务、不动产和无形资产实行免抵退税或免税的，本列不填写。

**3. 各行说明**

（1）第1至5行"一、一般计税方法计税""全部征税项目"各行：按不同税率和项目分别填写按一般计税方法计算增值税的全部征税项目。有即征即退征税项目的纳税人，本部分数据中既包括即征即退征税项目，又包括不享受即征即退政策的一般征税项目。

（2）第6至7行"一、一般计税方法计税""其中：即征即退项目"各行：只反映按一般计税方法计算增值税的即征即退项目。按照税法规定不享受即征即退政策的纳税人，不填写本行。即征即退项目是全部征税项目的其中数。

1）第6行"即征即退货物及加工修理修配劳务"：反映按一般计税方法计算增值税且享受即征即退政策的货物和加工修理修配劳务。本行不包括服务、不动产和无形资产的内容。

① 本行第9列"合计""销售额"栏：反映按一般计税方法计算增值税且享受即征即退政策的货物及加工修理修配劳务的不含税销售额。该栏不按第9列所列公式计算，应按照税法规定据实填写。

② 本行第10列"合计""销项（应纳）税额"栏：反映按一般计税方法计算增值税且享受即征即退政策的货物及加工修理修配劳务的销项税额。该栏不按第10列所列公式计算，应按照税法规定据实填写。

2）第7行"即征即退服务、不动产和无形资产"：反映按一般计税方法计算增值税且享受即征即退政策的服务、不动产和无形资产。本行不包括货物及加工修理修配劳务的内容。

① 本行第9列"合计""销售额"栏：反映按一般计税方法计算增值税且享受即征即退政策的服务、不动产和无形资产的不含税销售额。服务、不动产和无形资产有扣除项目的，按扣除之前的不含税销售额填写。该栏不按第9列所列公式计算，应按照税法规定据实填写。

② 本行第10列"合计""销项（应纳）税额"栏：反映按一般计税方法计算增值税

且享受即征即退政策的服务、不动产和无形资产的销项税额。服务、不动产和无形资产有扣除项目的，按扣除之前的销项税额填写。该栏不按第 10 列所列公式计算，应按照税法规定据实填写。

③ 本行第 14 列"扣除后""销项（应纳）税额"栏：反映按一般计税方法征收增值税且享受即征即退政策的服务、不动产和无形资产实际应计提的销项税额。服务、不动产和无形资产有扣除项目的，按扣除之后的销项税额填写；服务、不动产和无形资产无扣除项目的，按本行第 10 列填写。该栏不按第 14 列所列公式计算，应按照税法规定据实填写。

（3）第 8 至 12 行"二、简易计税方法计税""全部征税项目"各行：按不同征收率和项目分别填写按简易计税方法计算增值税的全部征税项目。有即征即退征税项目的纳税人，本部分数据中既包括即征即退项目，也包括不享受即征即退政策的一般征税项目。

（4）第 13a 至 13c 行"二、简易计税方法计税""预征率％"：反映营业税改征增值税的纳税人，服务、不动产和无形资产按规定汇总计算缴纳增值税的分支机构，预征增值税销售额、预征增值税应纳税额。其中，第 13a 行"预征率％"适用于所有实行汇总计算缴纳增值税的分支机构试点纳税人；第 13b、13c 行"预征率％"适用于部分实行汇总计算缴纳增值税的铁路运输试点纳税人。

1）第 13a 至 13c 行第 1 至 6 列按照销售额和销项税额的实际发生数填写。

2）第 13a 至 13c 行第 14 列，纳税人按"应预征缴纳的增值税＝应预征增值税销售额×预征率"公式计算后据实填写。

（5）第 14 至 15 行"二、简易计税方法计税""其中：即征即退项目"各行：只反映按简易计税方法计算增值税的即征即退项目。按照税法规定不享受即征即退政策的纳税人，不填写本行。即征即退项目是全部征税项目的其中数。

1）第 14 行"即征即退货物及加工修理修配劳务"：反映按简易计税方法计算增值税且享受即征即退政策的货物及加工修理修配劳务。本行不包括服务、不动产和无形资产的内容。

① 本行第 9 列"合计""销售额"栏：反映按简易计税方法计算增值税且享受即征即退政策的货物及加工修理修配劳务的不含税销售额。该栏不按第 9 列所列公式计算，应按照税法规定据实填写。

② 本行第 10 列"合计""销项（应纳）税额"栏：反映按简易计税方法计算增值税且享受即征即退政策的货物及加工修理修配劳务的应纳税额。该栏不按第 10 列所列公式计算，应按照税法规定据实填写。

2）第 15 行"即征即退服务、不动产和无形资产"：反映按简易计税方法计算增值税且享受即征即退政策的服务、不动产和无形资产。本行不包括货物及加工修理修配劳务的内容。

① 本行第 9 列"合计""销售额"栏：反映按简易计税方法计算增值税且享受即征即退政策的服务、不动产和无形资产的不含税销售额。服务、不动产和无形资产有扣除项目的，按扣除之前的不含税销售额填写。该栏不按第 9 列所列公式计算，应按照税法规定据实填写。

② 本行第 10 列"合计""销项（应纳）税额"栏：反映按简易计税方法计算增值税

且享受即征即退政策的服务、不动产和无形资产的应纳税额。服务、不动产和无形资产有扣除项目的，按扣除之前的应纳税额填写。该栏不按第10列所列公式计算，应按照税法规定据实填写。

③ 本行第14列"扣除后""销项（应纳）税额"栏：反映按简易计税方法计算增值税且享受即征即退政策的服务、不动产和无形资产实际应计提的应纳税额。服务、不动产和无形资产有扣除项目的，按扣除之后的应纳税额填写；服务、不动产和无形资产无扣除项目的，按本行第10列填写。

（6）第16行"三、免抵退税""货物及加工修理修配劳务"：反映适用免、抵、退税政策的出口货物、加工修理修配劳务。

（7）第17行"三、免抵退税""服务、不动产和无形资产"：反映适用免、抵、退税政策的服务、不动产和无形资产。

（8）第18行"四、免税""货物及加工修理修配劳务"：反映按照税法规定免征增值税的货物及劳务和适用零税率的出口货物及劳务，但零税率的销售额中不包括适用免、抵、退税办法的出口货物及劳务。

（9）第19行"四、免税""服务、不动产和无形资产"：反映按照税法规定免征增值税的服务、不动产、无形资产和适用零税率的服务、不动产、无形资产，但零税率的销售额中不包括适用免、抵、退税办法的服务、不动产和无形资产。

## 要点：《增值税纳税申报表附列资料（二）》（本期进项税额明细）填写说明

增值税纳税申报表附列资料（二）（本期进项税额明细）见表3-7。

增值税纳税申报表附列资料（二）（本期进项税额明细）    表3-7

税款所属时间：＿＿年＿＿月＿＿日至＿＿年＿＿月＿＿日

纳税人名称：（公章）                        金额单位：＿＿元至＿＿角＿＿分

一、申报抵扣的进项税额

| 项目 | 栏次 | 份数 | 金额 | 税额 |
| --- | --- | --- | --- | --- |
| （一）认证相符的增值税专用发票 | 1＝2＋3 | | | |
| 其中：本期认证相符且本期申报抵扣 | 2 | | | |
| 前期认证相符且本期申报抵扣 | 3 | | | |
| （二）其他扣税凭证 | 4＝5＋6＋7＋8 | | | |
| 其中：海关进口增值税专用缴款书 | 5 | | | |
| 农产品收购发票或者销售发票 | 6 | | | |
| 代扣代缴税收缴款凭证 | 7 | | — | |
| 其他 | 8 | | | |
| （三）本期用于购建不动产的扣税凭证 | 9 | | | |
| （四）本期不动产允许抵扣进项税额 | 10 | — | — | |
| （五）外贸企业进项税额抵扣证明 | 11 | — | — | |
| 当期申报抵扣进项税额合计 | 12＝1＋4－9＋10＋11 | | | |

二、进项税额转出额

| 项目 | 栏次 | 税额 |
|---|---|---|
| 本期进项税额转出额 | 13＝14 至 23 之和 | |
| 其中：免税项目用 | 14 | |
| 集体福利、个人消费 | 15 | |
| 非正常损失 | 16 | |
| 简易计税方法征税项目用 | 17 | |
| 免抵退税办法不得抵扣的进项税额 | 18 | |
| 纳税检查调减进项税额 | 19 | |
| 红字专用发票信息表注明的进项税额 | 20 | |
| 上期留抵税额抵减欠税 | 21 | |
| 上期留抵税额退税 | 22 | |
| 其他应作进项税额转出的情形 | 23 | |

三、待抵扣进项税额

| 项目 | 栏次 | 份数 | 金额 | 税额 |
|---|---|---|---|---|
| （一）认证相符的增值税专用发票 | 24 | — | — | — |
| 期初已认证相符但未申报抵扣 | 25 | | | |
| 本期认证相符且本期未申报抵扣 | 26 | | | |
| 期末已认证相符但未申报抵扣 | 27 | | | |
| 其中：按照税法规定不允许抵扣 | 28 | | | |
| （二）其他扣税凭证 | 29＝30 至 33 之和 | | | |
| 其中：海关进口增值税专用缴款书 | 30 | | | |
| 农产品收购发票或者销售发票 | 31 | | | |
| 代扣代缴税收缴款凭证 | 32 | — | | |
| 其他 | 33 | | | |
| | 34 | | | |

四、其他

| 项目 | 栏次 | 份数 | 金额 | 税额 |
|---|---|---|---|---|
| 本期认证相符的增值税专用发票 | 35 | | | |
| 代扣代缴税额 | 36 | — | — | |

**1. "税款所属时间""纳税人名称"的填写**

"税款所属时间""纳税人名称"的填写同主表。

**2. 第 1 至 12 栏"一、申报抵扣的进项税额"**

第 1 至 12 栏"一、申报抵扣的进项税额"：分别反映纳税人按税法规定符合抵扣条件，在本期申报抵扣的进项税额。

（1）第 1 栏"（一）认证相符的增值税专用发票"：反映纳税人取得的认证相符本期申报抵扣的增值税专用发票情况。该栏应等于第 2 栏"本期认证相符且本期申报抵扣"与第 3 栏"前期认证相符且本期申报抵扣"数据之和。

（2）第 2 栏"其中：本期认证相符且本期申报抵扣"：反映本期认证相符且本期申报抵扣的增值税专用发票的情况。本栏是第 1 栏的其中数，本栏只填写本期认证相符且本期申报抵扣的部分。

适用取消增值税发票认证规定的纳税人，当期申报抵扣的增值税发票数据，也填报在本栏中。

（3）第 3 栏"前期认证相符且本期申报抵扣"：反映前期认证相符且本期申报抵扣的增值税专用发票的情况。

辅导期纳税人依据税务机关告知的稽核比对结果通知书及明细清单注明的稽核相符的增值税专用发票填写本栏。本栏是第 1 栏的其中数，只填写前期认证相符且本期申报抵扣的部分。

（4）第 4 栏"（二）其他扣税凭证"：反映本期申报抵扣的除增值税专用发票之外的其他扣税凭证的情况。具体包括：海关进口增值税专用缴款书、农产品收购发票或者销售发票（含农产品核定扣除的进项税额）、代扣代缴税收完税凭证和其他符合政策规定的抵扣凭证。该栏应等于第 5 至 8 栏之和。

（5）第 5 栏"海关进口增值税专用缴款书"：反映本期申报抵扣的海关进口增值税专用缴款书的情况。按规定执行海关进口增值税专用缴款书先比对后抵扣的，纳税人需依据税务机关告知的稽核比对结果通知书及明细清单注明的稽核相符的海关进口增值税专用缴款书填写本栏。

（6）第 6 栏"农产品收购发票或者销售发票"：反映本期申报抵扣的农产品收购发票和农产品销售普通发票的情况。执行农产品增值税进项税额核定扣除办法的，填写当期允许抵扣的农产品增值税进项税额，不填写"份数""金额"。

（7）第 7 栏"代扣代缴税收缴款凭证"：填写本期按规定准予抵扣的完税凭证上注明的增值税额。

（8）第 8 栏"其他"：反映按规定本期可以申报抵扣的其他扣税凭证情况。

纳税人按照规定不得抵扣且未抵扣进项税额的固定资产、无形资产、不动产，发生用途改变，用于允许抵扣进项税额的应税项目，可在用途改变的次月将按公式计算出的可以抵扣的进项税额，填入"税额"栏。增值税一般纳税人支付道路、桥、闸通行费，按照政策规定，以取得的通行费发票（不含财政票据）上注明的收费金额计算的可抵扣进项税额，填入此栏。

（9）第 9 栏"（三）本期用于购建不动产的扣税凭证"：反映按规定本期用于购建不动产并适用分 2 年抵扣规定的扣税凭证上注明的金额和税额。购建不动产是指纳税人 2016 年 5 月 1 日后取得并在会计制度上按固定资产核算的不动产或者 2016 年 5 月 1 日后取得的不动产在建工程。

取得不动产，包括以直接购买、接受捐赠、接受投资入股、自建以及抵债等各种形式取得不动产，不包括房地产开发企业自行开发的房地产项目。

本栏次包括第 1 栏中本期用于购建不动产的增值税专用发票和第 4 栏中本期用于购建不动产的其他扣税凭证。

本栏"金额""税额"＜第 1 栏＋第 4 栏且本栏"金额""税额"≥0。

纳税人按照规定不得抵扣且未抵扣进项税额的不动产，发生用途改变，用于允许抵扣进项税额的应税项目，可在用途改变的次月将按公式计算出的可以抵扣的进项税额，填入"税额"栏。

本栏"税额"列＝《附列资料（五）》第 2 列"本期不动产进项税额增加额"。

（10）第 10 栏"（四）本期不动产允许抵扣进项税额"：反映按规定本期实际申报抵扣

的不动产进项税额。

本栏"税额"列＝《附列资料（五）》第3列"本期可抵扣不动产进项税额"。

（11）第11栏"（五）外贸企业进项税额抵扣证明"：填写本期申报抵扣的税务机关出口退税部门开具的《出口货物转内销证明》列明允许抵扣的进项税额。

（12）第12栏"当期申报抵扣进项税额合计"：反映本期申报抵扣进项税额的合计数。按表中所列公式计算填写。

**3. 第13至23栏"二、进项税额转出额"各栏**

第13至23栏"二、进项税额转出额"各栏分别反映纳税人已经抵扣但按规定应在本期转出的进项税额明细情况。

（1）第13栏"本期进项税额转出额"：反映已经抵扣但按规定应在本期转出的进项税额合计数。按表中所列公式计算填写。

（2）第14栏"免税项目用"：反映用于免征增值税项目，按规定应在本期转出的进项税额。

（3）第15栏"集体福利、个人消费"：反映用于集体福利或者个人消费，按规定应在本期转出的进项税额。

（4）第16栏"非正常损失"：反映纳税人发生非正常损失，按规定应在本期转出的进项税额。

（5）第17栏"简易计税方法征税项目用"：反映用于按简易计税方法征税项目，按规定应在本期转出的进项税额。

营业税改征增值税的纳税人，服务、不动产和无形资产按规定汇总计算缴纳增值税的分支机构，当期应由总机构汇总的进项税额也填入本栏。

（6）第18栏"免抵退税办法不得抵扣的进项税额"：反映按照免、抵、退税办法的规定，由于征税税率与退税税率存在税率差，在本期应转出的进项税额。

（7）第19栏"纳税检查调减进项税额"：反映税务、财政、审计部门检查后而调减的进项税额。

（8）第20栏"红字专用发票信息表注明的进项税额"：填写主管税务机关开具的《开具红字增值税专用发票信息表》注明的在本期应转出的进项税额。

（9）第21栏"上期留抵税额抵减欠税"：填写本期经税务机关同意，使用上期留抵税额抵减欠税的数额。

（10）第22栏"上期留抵税额退税"：填写本期经税务机关批准的上期留抵税额退税额。

（11）第23栏"其他应作进项税额转出的情形"：反映除上述进项税额转出情形外，其他应在本期转出的进项税额。

**4. 第24至34栏"三、待抵扣进项税额"各栏**

第24至34栏"三、待抵扣进项税额"各栏：分别反映纳税人已经取得，但按税法规定不符合抵扣条件，暂不予在本期申报抵扣的进项税额情况及按税法规定不允许抵扣的进项税额情况。

（1）第24至28栏均为增值税专用发票的情况。

（2）第25栏"期初已认证相符但未申报抵扣"：反映前期认证相符，但按照税法规定暂不予抵扣及不允许抵扣，结存至本期的增值税专用发票情况。辅导期纳税人填写认证相符但未收到稽核比对结果的增值税专用发票期初情况。

（3）第 26 栏"本期认证相符且本期未申报抵扣"：反映本期认证相符，但按税法规定暂不予抵扣及不允许抵扣，而未申报抵扣的增值税专用发票情况。辅导期纳税人填写本期认证相符但未收到稽核比对结果的增值税专用发票情况。

（4）第 27 栏"期末已认证相符但未申报抵扣"：反映截至本期期末，按照税法规定仍暂不予抵扣及不允许抵扣且已认证相符的增值税专用发票情况。辅导期纳税人填写截至本期期末已认证相符但未收到稽核比对结果的增值税专用发票期末情况。

（5）第 28 栏"其中：按照税法规定不允许抵扣"：反映截至本期期末已认证相符但未申报抵扣的增值税专用发票中，按照税法规定不允许抵扣的增值税专用发票情况。

（6）第 29 栏"（二）其他扣税凭证"：反映截至本期期末仍未申报抵扣的除增值税专用发票之外的其他扣税凭证情况。具体包括：海关进口增值税专用缴款书、农产品收购发票或者销售发票、代扣代缴税收完税凭证和其他符合政策规定的抵扣凭证。该栏应等于第 30 至 33 栏之和。

（7）第 30 栏"海关进口增值税专用缴款书"：反映已取得但截至本期期末仍未申报抵扣的海关进口增值税专用缴款书情况，包括纳税人未收到稽核比对结果的海关进口增值税专用缴款书情况。

（8）第 31 栏"农产品收购发票或者销售发票"：反映已取得但截至本期期末仍未申报抵扣的农产品收购发票和农产品销售普通发票情况。

（9）第 32 栏"代扣代缴税收缴款凭证"：反映已取得但截至本期期末仍未申报抵扣的代扣代缴税收完税凭证情况。

（10）第 33 栏"其他"：反映已取得但截至本期期末仍未申报抵扣的其他扣税凭证的情况。

**5. 第 35 至 36 栏"四、其他"各栏**

（1）第 35 栏"本期认证相符的增值税专用发票"：反映本期认证相符的增值税专用发票的情况。

（2）第 36 栏"代扣代缴税额"：填写纳税人根据《中华人民共和国增值税暂行条例》第十八条扣缴的应税劳务增值税税额与根据营业税改征增值税有关政策规定扣缴的服务、不动产和无形资产增值税税额之和。

## 要点：《增值税纳税申报表附列资料（三）》（服务、不动产和无形资产扣除项目明细）填写说明

增值税纳税申报表附列资料（三）（服务、不动产和无形资产扣除项目明细）见表 3-8。

增值税纳税申报表附列资料（三）（服务、不动产和无形资产扣除项目明细）　表 3-8

税款所属时间：＿＿＿年＿＿＿月＿＿＿日至＿＿＿年＿＿＿月＿＿＿日

纳税人名称：（公章）　　　　　　　　　　　　　　　　金额单位：＿＿＿元至＿＿＿角＿＿＿分

| 项目及栏次 | | 本期服务、不动产和无形资产价税合计额（免税销售额） | 服务、不动产和无形资产扣除项目 | | | | |
|---|---|---|---|---|---|---|---|
| | | | 期初余额 | 本期发生额 | 本期应扣除金额 | 本期实际扣除金额 | 期末余额 |
| | | 1 | 2 | 3 | 4＝2+3 | 5（5≤1 且 5≤4） | 6＝4−5 |
| 17%税率的项目 | 1 | | | | | | |
| 11%税率的项目 | 2 | | | | | | |

| 项目及栏次 | | 本期服务、不动产和无形资产价税合计额（免税销售额） | 服务、不动产和无形资产扣除项目 | | | | |
|---|---|---|---|---|---|---|---|
| | | | 期初余额 | 本期发生额 | 本期应扣除金额 | 本期实际扣除金额 | 期末余额 |
| | | 1 | 2 | 3 | 4=2+3 | 5(5≤1且5≤4) | 6=4-5 |
| 6%税率的项目（不含金融商品转让） | 3 | | | | | | |
| 6%税率的金融商品转让 | 4 | | | | | | |
| 5%征收率的项目 | 5 | | | | | | |
| 3%征收率的项目 | 6 | | | | | | |
| 免抵退税的项目 | 7 | | | | | | |
| 免税的项目 | 8 | | | | | | |

（1）本表由服务、不动产和无形资产有扣除项目的营业税改征增值税纳税人填写。其他纳税人不填写。

（2）"税款所属时间""纳税人名称"的填写同主表。

（3）第1列"本期服务、不动产和无形资产价税合计额（免税销售额）"：营业税改征增值税的服务、不动产和无形资产属于征税项目的，填写扣除之前的本期服务、不动产和无形资产价税合计额；营业税改征增值税的服务、不动产和无形资产属于免抵退税或免税项目的，填写扣除之前的本期服务、不动产和无形资产免税销售额。本列各行次等于《附列资料（一）》第11列对应行次，其中本列第3行和第4行之和等于《附列资料（一）》第11列第5栏。

营业税改征增值税的纳税人，服务、不动产和无形资产按规定汇总计算缴纳增值税的分支机构，本列各行次之和等于《附列资料（一）》第11列第13a、13b行之和。

（4）第2列"服务、不动产和无形资产扣除项目""期初余额"：填写服务、不动产和无形资产扣除项目上期期末结存的金额，试点实施之日的税款所属期填写"0"。本列各行次等于上期《附列资料（三）》第6列对应行次。

本列第4行"6%税率的金融商品转让项目""期初余额"年初首期填报时应填"0"。

（5）第3列"服务、不动产和无形资产扣除项目""本期发生额"：填写本期取得的按税法规定准予扣除的服务、不动产和无形资产扣除项目金额。

（6）第4列"服务、不动产和无形资产扣除项目""本期应扣除金额"：填写服务、不动产和无形资产扣除项目本期应扣除的金额。

本列各行次=第2列对应各行次+第3列对应各行次

（7）第5列"服务、不动产和无形资产扣除项目""本期实际扣除金额"：填写服务、不动产和无形资产扣除项目本期实际扣除的金额。

本列各行次≤第4列对应各行次且本列各行次≤第1列对应各行次。

（8）第6列"服务、不动产和无形资产扣除项目""期末余额"：填写服务、不动产和无形资产扣除项目本期期末结存的金额。

本列各行次=第4列对应各行次-第5列对应各行次

## 要点：《增值税纳税申报表附列资料（四）》（税额抵减情况表）填写说明

增值税纳税申报表附列资料（四）（税额抵减情况表）见表3-9。

税款所属时间：____年____月____日至____年____月___日

纳税人名称：（公章）　　　　　　　　　　　　　　　　金额单位：____元至____角____分

| 序号 | 抵减项目 | 期初余额 | 本期发生额 | 本期应抵减税额 | 本期实际抵减税额 | 期末余额 |
|---|---|---|---|---|---|---|
| | | 1 | 2 | 3＝1＋2 | 4≤3 | 5＝3－4 |
| 1 | 增值税税控系统专用设备费及技术维护费 | | | | | |
| 2 | 分支机构预征缴纳税款 | | | | | |
| 3 | 建筑服务预征缴纳税款 | | | | | |
| 4 | 销售不动产预征缴纳税款 | | | | | |
| 5 | 出租不动产预征缴纳税款 | | | | | |

本表第 1 行由发生增值税税控系统专用设备费用和技术维护费的纳税人填写，反映纳税人增值税税控系统专用设备费及技术维护费按规定抵减增值税应纳税额的情况。

本表第 2 行由营业税改征增值税纳税人，服务、不动产和无形资产按规定汇总计算缴纳增值税的总机构填写，反映其分支机构预征缴纳税款抵减总机构应纳增值税税额的情况。

本表第 3 行由销售建筑服务并按规定预缴增值税的纳税人填写，反映其销售建筑服务预征缴纳税款抵减应纳增值税税额的情况。

本表第 4 行由销售不动产并按规定预缴增值税的纳税人填写，反映其销售不动产预征缴纳税款抵减应纳增值税税额的情况。

本表第 5 行由出租不动产并按规定预缴增值税的纳税人填写，反映其出租不动产预征缴纳税款抵减应纳增值税税额的情况。

未发生上述业务的纳税人不填写本表。

## 要点：《增值税纳税申报表附列资料（五）》（不动产分期抵扣计算表）填写说明

增值税纳税申报表附列资料（五）（不动产分期抵扣计算表）见表 3-10。

增值税纳税申报表附列资料（五）（不动产分期抵扣计算表）　　　　表 3-10

税款所属时间：____年____月____日至____年____月___日

纳税人名称：（公章）　　　　　　　　　　　　　　　　金额单位：____元至____角____分

| 期初待抵扣不动产进项税额 | 本期不动产进项税额增加额 | 本期可抵扣不动产进项税额 | 本期转入的待抵扣不动产进项税额 | 本期转出的待抵扣不动产进项税额 | 期末待抵扣不动产进项税额 |
|---|---|---|---|---|---|
| 1 | 2 | 3≤1＋2＋4 | 4 | 5≤1＋4 | 6＝1＋2－3＋4－5 |
| | | | | | |

（1）本表由分期抵扣不动产进项税额的纳税人填写。

（2）"税款所属时间""纳税人名称"的填写同主表。

（3）第 1 列"期初待抵扣不动产进项税额"：填写纳税人上期期末待抵扣不动产进项税额。

（4）第 2 列"本期不动产进项税额增加额"：填写本期取得的符合税法规定的不动产进项税额。

（5）第 3 列"本期可抵扣不动产进项税额"：填写符合税法规定可以在本期抵扣的不动产进项税额。

（6）第 4 列"本期转入的待抵扣不动产进项税额"：填写按照税法规定本期应转入的待抵扣不动产进项税额。

本列数≤《附列资料（二）》第 23 栏"税额"。

（7）第 5 列"本期转出的待抵扣不动产进项税额"：填写按照税法规定本期应转出的待抵扣不动产进项税额。

（8）第 6 列"期末待抵扣不动产进项税额"：填写本期期末尚未抵扣的不动产进项税额，按表中公式填写。

## 要点：《固定资产（不含不动产）进项税额抵扣情况表》填写说明

固定资产（不含不动产）进项税额抵扣情况表见表 3-11。

固定资产（不含不动产）进项税额抵扣情况表　　　　　　　表 3-11

纳税人名称：（公章）　　　　填表日期：＿＿＿年＿＿＿月＿＿＿日　　　金额单位：＿＿＿元至＿＿＿角＿＿＿分

| 项目 | 当期申报抵扣的固定资产进项税额 | 申报抵扣的固定资产进项税额累计 |
| --- | --- | --- |
| 增值税专用发票 | | |
| 海关进口增值税专用缴款书 | | |
| 合计 | | |

本表反映纳税人在《附列资料（二）》"一、申报抵扣的进项税额"中固定资产的进项税额。本表按增值税专用发票、海关进口增值税专用缴款书分别填写。

## 要点：《本期抵扣进项税额结构明细表》填写说明

本期抵扣进项税额结构明细表见表 3-12。

本期抵扣进项税额结构明细表　　　　　　　表 3-12

税款所属时间：＿＿＿年＿＿＿月＿＿＿日至＿＿＿年＿＿＿月＿＿＿日

纳税人名称：（公章）　　　　　　　　　　　　　　　　　　金额单位：＿＿＿元至＿＿＿角＿＿＿分

| 项目 | 栏次 | 金额 | 税额 |
| --- | --- | --- | --- |
| 合计 | 1＝2＋4＋5＋10＋13＋15＋17＋18＋19 | | |
| 17%税率的进项 | 2 | | |
| 其中：有形动产租赁的进项 | 3 | | |
| 13%税率的进项 | 4 | | |
| 11%税率的进项 | 5 | | |
| 其中：货物运输服务的进项 | 6 | | |
| 建筑安装服务的进项 | 7 | | |
| 不动产租赁服务的进项 | 8 | | |
| 购入不动产的进项 | 9 | | |

| 项目 | 栏次 | 金额 | 税额 |
|---|---|---|---|
| 6%税率的进项 | 10 | | |
| 其中：直接收费金融服务的进项 | 11 | | |
| 财产保险的进项 | 12 | | |
| 5%征收率的进项 | 13 | | |
| 其中：购入不动产的进项 | 14 | | |
| 3%征收率的进项 | 15 | | |
| 其中：建筑安装服务的进项 | 16 | | |
| 1.5%征收率的进项 | 17 | | |
| 农产品核定扣除进项 | 18 | | |
| 外贸企业进项税额抵扣证明注明的进项 | 19 | | |
| | 20 | | |
| | 21 | | |

（1）"税款所属时间""纳税人名称"的填写同主表。

（2）第1栏"合计"按表中所列公式计算填写。

本栏与《增值税纳税申报表附列资料（二）》（本期进项税额明细，以下简称《附列资料（二）》）相关栏次勾稽关系如下：

本栏"税额"列=《附列资料（二）》第12栏"税额"列—《附列资料（二）》第10栏"税额"列—《附列资料（二）》第11栏"税额"列。

（3）第2至27栏"一、按税率或征收率归集（不包括购建不动产、通行费）的进项"各栏：反映纳税人按税法规定符合抵扣条件，在本期申报抵扣的不同税率（或征收率）的进项税额，不包括用于购建不动产的允许一次性抵扣和分期抵扣的进项税额，以及纳税人支付的道路、桥、闸通行费，取得的增值税扣税凭证上注明或计算的进项税额。

其中，第27栏反映纳税人租入个人住房，本期申报抵扣的减按1.5%征收率的进项税额。

纳税人执行农产品增值税进项税额核定扣除办法的，按照农产品增值税进项税额扣除率所对应的税率，将计算抵扣的进项税额填入相应栏次。

纳税人取得通过增值税发票管理新系统中差额征税开票功能开具的增值税专用发票，按照实际购买的服务、不动产或无形资产对应的税率或征收率，将扣税凭证上注明的税额填入对应栏次。

（4）第29至30栏"二、按抵扣项目归集的进项"各栏：反映纳税人按税法规定符合抵扣条件，在本期申报抵扣的不同抵扣项目的进项税额。

1）第29栏反映纳税人用于购建不动产允许一次性抵扣的进项税额。

购建不动产允许一次性抵扣的进项税额，是指纳税人用于购建不动产时，发生的允许抵扣且不适用分期抵扣政策的进项税额。

2）第30栏反映纳税人支付道路、桥、闸通行费，取得的增值税扣税凭证上注明或计算的进项税额。

（5）本表内各栏间逻辑关系如下：

第1栏表内公式为1=2+4+5+11+16+18+27+29+30；

第 2 栏≥第 3 栏；

第 5 栏≥第 6 栏＋第 7 栏＋第 8 栏＋第 9 栏＋第 10 栏；

第 11 栏≥第 12 栏＋第 13 栏＋第 14 栏＋第 15 栏；

第 16 栏≥第 17 栏；

第 18 栏≥第 19 栏＋第 20 栏＋第 21 栏＋第 22 栏＋第 23 栏＋第 24 栏＋第 25 栏＋第 26 栏。

## 要点：《增值税减免税申报明细表》填写说明

增值税减免税申报明细表见表 3-13。

增值税减免税申报明细表　　　　　　　　　　　表 3-13

税款所属时间：＿＿＿年＿＿＿月＿＿＿日至＿＿＿年＿＿＿月＿＿＿日

纳税人名称：（公章）　　　　　　　　　　　金额单位：＿＿＿元至＿＿＿角＿＿＿分

| 一、减税项目 | | | | | |
|---|---|---|---|---|---|
| 减税性质代码及名称 | 栏次 | 期初余额 | 本期发生额 | 本期应抵减税额 | 本期实际抵减税额 | 期末余额 |
| | | 1 | 2 | 3＝1＋2 | 4≤3 | 5＝3－4 |
| 合计 | 1 | | | | | |
| | 2 | | | | | |
| | 3 | | | | | |
| | 4 | | | | | |
| | 5 | | | | | |
| | 6 | | | | | |

| 二、免税项目 | | | | | |
|---|---|---|---|---|---|
| 免税性质代码及名称 | 栏次 | 免征增值税项目销售额 | 免税销售额扣除项目本期实际扣除金额 | 扣除后免税销售额 | 免税销售额对应的进项税额 | 免税额 |
| | | 1 | 2 | 3＝1－2 | 4 | 5 |
| 合计 | 7 | | | | | |
| 出口免税 | 8 | | — | — | — | — |
| 其中：跨境服务 | 9 | | — | — | — | — |
| | 10 | | | | | |
| | 11 | | | | | |
| | 12 | | | | | |
| | 13 | | | | | |
| | 14 | | | | | |
| | 15 | | | | | |
| | 16 | | | | | |

（1）本表由享受增值税减免税优惠政策的增值税一般纳税人和小规模纳税人填写。仅享受月销售额不超过 3 万元（按季纳税 9 万元）免征增值税政策或未达起征点的增值税小规模纳税人不需填报本表，即小规模纳税人当期增值税纳税申报表主表第 12 栏"其他免税销售额""本期数"和第 16 栏"本期应纳税额减征额""本期数"均无数据时，不需填报本表。

（2）"税款所属时间""纳税人名称"的填写同增值税纳税申报表主表（以下简称主表）。

（3）"一、减税项目"由本期按照税收法律、法规及国家有关税收规定享受减征（包含税额式减征、税率式减征）增值税优惠的纳税人填写。

1）"减税性质代码及名称"：根据国家税务总局最新发布的《减免性质及分类表》所列减免性质代码、项目名称填写。同时有多个减征项目的，应分别填写。

2）第1列"期初余额"：填写应纳税额减征项目上期"期末余额"，为对应项目上期应抵减而不足抵减的余额。

3）第2列"本期发生额"：填写本期发生的按照规定准予抵减增值税应纳税额的金额。

4）第3列"本期应抵减税额"：填写本期应抵减增值税应纳税额的金额。本列按表中所列公式填写。

5）第4列"本期实际抵减税额"：填写本期实际抵减增值税应纳税额的金额。本列各行≤第3列对应各行。

一般纳税人填写时，第1行"合计"本列数＝主表第23行"一般项目"列"本月数"。

小规模纳税人填写时，第1行"合计"本列数＝主表第16行"本期应纳税额减征额""本期数"。

6）第5列"期末余额"：按表中所列公式填写。

（4）"二、免税项目"由本期按照税收法律、法规及国家有关税收规定免征增值税的纳税人填写。仅享受小微企业免征增值税政策或未达起征点的小规模纳税人不需填写，即小规模纳税人申报表主表第12栏"其他免税销售额""本期数"无数据时，不需填写本栏。

1）"免税性质代码及名称"：根据国家税务总局最新发布的《减免性质及分类表》所列减免性质代码、项目名称填写。同时有多个免税项目的，应分别填写。

2）"出口免税"填写纳税人本期按照税法规定出口免征增值税的销售额，但不包括适用免、抵、退税办法出口的销售额。小规模纳税人不填写本栏。

3）第1列"免征增值税项目销售额"：填写纳税人免税项目的销售额。免税销售额按照有关规定允许从取得的全部价款和价外费用中扣除价款的，应填写扣除之前的销售额。

一般纳税人填写时，本列"合计"等于主表第8行"一般项目"列"本月数"。

小规模纳税人填写时，本列"合计"等于主表第12行"其他免税销售额""本期数"。

4）第2列"免税销售额扣除项目本期实际扣除金额"：免税销售额按照有关规定允许从取得的全部价款和价外费用中扣除价款的，据实填写扣除金额；无扣除项目的，本列填写"0"。

5）第3列"扣除后免税销售额"：按表中所列公式填写。

6）第4列"免税销售额对应的进项税额"：本期用于增值税免税项目的进项税额。小规模纳税人不填写本列，一般纳税人按下列情况填写：

① 纳税人兼营应税和免税项目的，按当期免税销售额对应的进项税额填写；

② 纳税人本期销售收入全部为免税项目，且当期取得合法扣税凭证的，按当期取得的合法扣税凭证注明或计算的进项税额填写；

③ 当期未取得合法扣税凭证的，纳税人可根据实际情况自行计算免税项目对应的进项税额；无法计算的，本栏次填"0"。

7）第 5 列"免税额"：一般纳税人和小规模纳税人分别按下列公式计算填写，且本列各行数应大于或等于 0。

一般纳税人公式：第 5 列"免税额"≤第 3 列"扣除后免税销售额"×适用税率－第 4 列"免税销售额对应的进项税额"。

小规模纳税人公式：第 5 列"免税额"＝第 3 列"扣除后免税销售额"×征收率。

## 要点：《增值税纳税申报表（小规模纳税人适用)》填写说明

增值税纳税申报表（小规模纳税人适用）见表 3-14。

增值税纳税申报表（小规模纳税人适用）  表 3-14

纳税人识别号：□□□□□□□□□□□□□□□□□□

纳税人名称：（公章）  金额单位：___元至___角___分

税款所属时间：___年___月___日至___年___月___日  填写日期：___年___月___日

| 项目 | | 栏次 | 本期数 | | 本年累计 | |
|---|---|---|---|---|---|---|
| | | | 货物及劳务 | 服务、不动产和无形资产 | 货物及劳务 | 服务、不动产和无形资产 |
| 一、计税依据 | （一）应征增值税不含税销售额 | 1 | | | | |
| | 税务机关代开的增值税专用发票不含税销售额 | 2 | | | | |
| | 税控器具开具的普通发票不含税销售额 | 3 | | | | |
| | （二）销售、出租不动产不含税销售额 | 4 | — | | — | |
| | 税务机关代开的增值税专用发票不含税销售额 | 5 | — | | — | |
| | 税控器具开具的普通发票不含税销售额 | 6 | — | | — | |
| | （三）销售使用过的固定资产不含税销售额 | 7(7≥8) | | — | | — |
| | 其中：税控器具开具的普通发票不含税销售额 | 8 | | — | | — |
| | （四）免税销售额 | 9=10+11+12 | | | | |
| | 其中：小微企业免税销售额 | 10 | | | | |
| | 未达起征点销售额 | 11 | | | | |
| | 其他免税销售额 | 12 | | | | |
| | （五）出口免税销售额 | 13(13≥14) | | | | |
| | 其中：税控器具开具的普通发票销售额 | 14 | | | | |
| 二、税款计算 | 本期应纳税额 | 15 | | | | |
| | 本期应纳税额减征额 | 16 | | | | |
| | 本期免税额 | 17 | | | | |
| | 其中：小微企业免税额 | 18 | | | | |
| | 未达起征点免税额 | 19 | | | | |
| | 应纳税额合计 | 20=15−16 | | | | |
| | 本期预缴税额 | 21 | | | — | — |
| | 本期应补（退）税额 | 22=20−21 | | | — | — |

| 项目 | 栏次 | 本期数 | | 本年累计 | |
|---|---|---|---|---|---|
| | | 货物及劳务 | 服务、不动产和无形资产 | 货物及劳务 | 服务、不动产和无形资产 |
| 纳税人或代理人声明 | 如纳税人填报，由纳税人填写以下各栏： | | | | |
| 本纳税申报表是根据国家税收法律法规及相关规定填报的，我确定它是真实的、可靠的、完整的 | 办税人员：　　　　财务负责人：<br>法定代表人：　　　　联系电话： | | | | |
| | 如委托代理人填报，由代理人填写以下各栏： | | | | |
| | 代理人名称（公章）：　　　经办人：<br>　　　　　　　　　　　联系电话： | | | | |

主管税务机关：　　　　　　　接收人：　　　　　　　　接收日期：

本表"货物及劳务"与"服务、不动产和无形资产"各项目应分别填写。

（1）"税款所属期"是指纳税人申报的增值税应纳税额的所属时间，应填写具体的起止年、月、日。

（2）"纳税人识别号"栏，填写纳税人的税务登记证件号码。

（3）"纳税人名称"栏，填写纳税人名称全称。

（4）第1栏"应征增值税不含税销售额"：填写本期销售货物及劳务、服务和无形资产的不含税销售额，不包括销售、出租不动产、销售使用过的固定资产和销售旧货的不含税销售额、免税销售额、出口免税销售额、查补销售额。

服务有扣除项目的纳税人，本栏填写扣除后的不含税销售额，与当期《增值税纳税申报表（小规模纳税人适用）附列资料》第8栏数据一致。

（5）第2栏"税务机关代开的增值税专用发票不含税销售额"：填写税务机关代开的增值税专用发票销售额合计。

（6）第3栏"税控器具开具的普通发票不含税销售额"：填写税控器具开具的货物及劳务、服务和无形资产的普通发票金额换算的不含税销售额。

（7）第4栏"销售、出租不动产不含税销售额"：填写销售、出租不动产的不含税销售额，销售额＝含税销售额/（1＋5％）。销售不动产有扣除项目的纳税人，本栏填写扣除后的不含税销售额。

（8）第5栏"税务机关代开的增值税专用发票不含税销售额"：填写税务机关代开的增值税专用发票销售额合计。

（9）第6栏"税控器具开具的普通发票不含税销售额"：填写税控器具开具的销售、出租不动产的普通发票金额换算的不含税销售额。

（10）第7栏。销售使用过的固定资产不含税销售额"：填写销售自己使用过的固定资产（不含不动产，下同）和销售旧货的不含税销售额，销售额＝含税销售额/（1＋3％）。

（11）第8栏"税控器具开具的普通发票不含税销售额"：填写税控器具开具的销售自己使用过的固定资产和销售旧货的普通发票金额换算的不含税销售额。

（12）第9栏"免税销售额"：填写销售免征增值税的货物及劳务、服务、不动产和无形资产的销售额，不包括出口免税销售额。

服务、不动产有扣除项目的纳税人，填写扣除之前的销售额。

（13）第10栏"小微企业免税销售额"：填写符合小微企业免征增值税政策的免税销

售额，不包括符合其他增值税免税政策的销售额。个体工商户和其他个人不填写本栏次。

（14）第 11 栏"未达起征点销售额"：填写个体工商户和其他个人未达起征点（含支持小微企业免征增值税政策）的免税销售额，不包括符合其他增值税免税政策的销售额。本栏次由个体工商户和其他个人填写。

（15）第 12 栏"其他免税销售额"：填写销售免征增值税的货物及劳务、服务、不动产和无形资产的销售额，不包括符合小微企业免征增值税和未达起征点政策的免税销售额。

（16）第 13 栏"出口免税销售额"：填写出口免征增值税货物及劳务、出口免征增值税服务、无形资产的销售额。

服务有扣除项目的纳税人，填写扣除之前的销售额。

（17）第 14 栏"税控器具开具的普通发票销售额"：填写税控器具开具的出口免征增值税货物及劳务、出口免征增值税服务、无形资产的普通发票销售额。

（18）第 15 栏"本期应纳税额"：填写本期按征收率计算缴纳的应纳税额。

（19）第 16 栏"本期应纳税额减征额"：填写纳税人本期按照税法规定减征的增值税应纳税额。包含可在增值税应纳税额中全额抵减的增值税税控系统专用设备费用以及技术维护费，可在增值税应纳税额中抵免的购置税控收款机的增值税税额。

当本期减征额小于或等于第 15 栏"本期应纳税额"时，按本期减征额实际填写；当本期减征额大于第 15 栏"本期应纳税额"时，按本期第 15 栏填写，本期减征额不足抵减部分结转下期继续抵减。

（20）第 17 栏"本期免税额"：填写纳税人本期增值税免税额，免税额根据第 9 栏"免税销售额"和征收率计算。

（21）第 18 栏"小微企业免税额"：填写符合小微企业免征增值税政策的增值税免税额，免税额根据第 10 栏"小微企业免税销售额"和征收率计算。

（22）第 19 栏"未达起征点免税额"：填写个体工商户和其他个人未达起征点（含支持小微企业免征增值税政策）的增值税免税额，免税额根据第 11 栏"未达起征点销售额"和征收率计算。

（23）第 21 栏"本期预缴税额"：填写纳税人本期预缴的增值税额，但不包括查补缴纳的增值税额。

## 要点：《增值税纳税申报表（小规模纳税人适用)》附列资料填写说明

增值税纳税申报表（小规模纳税人适用）附列资料见表 3-15。

**增值税纳税申报表（小规模纳税人适用）附列资料**　　　　　　表 3-15

税款所属期：＿＿＿年＿＿＿月＿＿＿日至＿＿＿年＿＿＿月＿＿＿日　　　填表日期：＿＿＿年＿＿＿月＿＿＿日

纳税人名称：（公章）　　　　　　　　　　　　　　　　　　　　金额单位：＿＿＿元至＿＿＿角＿＿＿分

| 服务扣除额计算 | | | |
| --- | --- | --- | --- |
| 期初余额 | 本期发生额 | 本期扣除额 | 期末余额 |
| 1 | 2 | 3（3≤1+2 之和，且 3≤5） | 4＝1+2-3 |
| 计税销售额计算 | | | |
| 全部含税收入 | 本期扣除额 | 含税销售额 | 不含税销售额 |
| 5 | 6＝3 | 7＝5-6 | 8＝7÷1.03 |

本附列资料由销售服务有扣除项目的纳税人填写，各栏次均不包含免征增值税项目的金额。

（1）"税款所属期"是指纳税人申报的增值税应纳税额的所属时间，应填写具体的起止年、月、日。

（2）"纳税人名称"栏，填写纳税人名称全称。

（3）第1栏"期初余额"：填写服务扣除项目上期期末结存的金额，试点实施之日的税款所属期填写"0"。

（4）第2栏"本期发生额"：填写本期取得的按税法规定准予扣除的服务扣除项目金额。

（5）第3栏"本期扣除额"：填写服务扣除项目本期实际扣除的金额。

第3栏"本期扣除额"≤第1栏"期初余额"＋第2栏"本期发生额"之和，且第3栏"本期扣除额"≤5栏"全部含税收入"。

（6）第4栏"期末余额"：填写服务扣除项目本期期末结存的金额。

（7）第5栏"全部含税收入"：填写纳税人销售服务、无形资产取得的全部价款和价外费用数额。

（8）第6栏"本期扣除额"：填写本附列资料第3项"本期扣除额"栏数据。

第6栏"本期扣除额"＝第3栏"本期扣除额"

（9）第7栏"含税销售额"：填写服务、无形资产的含税销售额。

第7栏"含税销售额"＝第5栏"全部含税收入"－第6栏"本期扣除额"

（10）第8栏"不含税销售额"：填写服务、无形资产的不含税销售额。

第8栏"不含税销售额"＝第7栏"含税销售额"÷1.03，与《增值税纳税申报表（小规模纳税人适用)》第1栏"应征增值税不含税销售额""本期数""服务、不动产和无形资产"栏数据一致。

## 要点：《增值税预缴税款表》填写说明

增值税预缴税款表见表3-16。

增值税预缴税款表 表 3-16

税款所属时间：＿＿＿年＿＿＿月＿＿＿日至＿＿＿年＿＿＿月＿＿＿日

纳税人识别号：□□□□□□□□□□□□□□□□□□□□　　　　　　是否适用一般计税方法　是□ 否□

| 纳税人名称：（公章） | | | | 金额单位：元（列至角分） | |
| --- | --- | --- | --- | --- | --- |
| 项目编号 | | | 项目名称 | | |
| 项目地址 | | | | | |
| 预征项目和栏次 | | 销售额 | 扣除金额 | 预征率 | 预征税额 |
| | | 1 | 2 | 3 | 4 |
| 建筑服务 | 1 | | | | |
| 销售不动产 | 2 | | | | |
| 出租不动产 | 3 | | | | |
| | 4 | | | | |
| | 5 | | | | |
| 合计 | 6 | | | | |

| 授权声明 | 如果你已委托代理人填报,请填写下列资料:<br>为代理一切税务事宜,现授权＿＿＿＿＿＿＿<br>(地址)＿＿＿＿＿＿＿＿＿＿＿为本次纳税人的代理<br>填报人,任何与本表有关的往来文件,都可寄予<br>此人<br><br>授权人签字: | 填表人申明 | 以上内容是真实的、可靠的、完整的<br><br><br><br>纳税人签字: |
|---|---|---|---|

(1) 本表适用于纳税人发生以下情形按规定在国税机关预缴增值税时填写。

1) 纳税人(不含其他个人)跨县(市)提供建筑服务。

2) 房地产开发企业预售自行开发的房地产项目。

3) 纳税人(不含其他个人)出租与机构所在地不在同一县(市)的不动产。

(2) 基础信息填写说明:

1) "税款所属时间":指纳税人申报的增值税预缴税额的所属时间,应填写具体的起止年、月、日。

2) "纳税人识别号":填写纳税人的税务登记证件号码;纳税人为未办理过税务登记证的非企业性单位的,填写其组织机构代码证号码。

3) "纳税人名称":填写纳税人名称全称。

4) "是否适用一般计税方法":该项目适用一般计税方法的纳税人在该项目后的"□"中打"√",适用简易计税方法的纳税人在该项目后的"□"中打"×"。

5) "项目编号":由异地提供建筑服务的纳税人和房地产开发企业填写《建筑工程施工许可证》上的编号,根据相关规定不需要申请《建筑工程施工许可证》的建筑服务项目或不动产开发项目,不需要填写。出租不动产业务无需填写。

6) "项目名称":填写建筑服务或者房地产项目的名称。出租不动产业务不需要填写。

7) "项目地址":填写建筑服务项目、房地产项目或出租不动产的具体地址。

(3) 具体栏次填表说明:

1) 纳税人异地提供建筑服务

纳税人在"预征项目和栏次"部分的第1栏"建筑服务"行次填写相关信息:

① 第1列"销售额":填写纳税人跨县(市)提供建筑服务取得的全部价款和价外费用(含税)。

② 第2列"扣除金额":填写跨县(市)提供建筑服务项目按照规定准予从全部价款和价外费用中扣除的金额(含税)。

③ 第3列"预征率":填写跨县(市)提供建筑服务项目对应的预征率或者征收率。

④ 第4列"预征税额":填写按照规定计算的应预缴税额。

2) 房地产开发企业预售自行开发的房地产项目

纳税人在"预征项目和栏次"部分的第2栏"销售不动产"行次填写相关信息:

① 第1列"销售额":填写本期收取的预收款(含税),包括在取得预收款当月或主管国税机关确定的预缴期取得的全部预收价款和价外费用。

② 第2列"扣除金额":房地产开发企业不需填写。

③ 第3列"预征率":房地产开发企业预征率为3%。

④ 第4列"预征税额"：填写按照规定计算的应预缴税额。

3）纳税人出租不动产

纳税人在"预征项目和栏次"部分的第3栏"出租不动产"行次填写相关信息：

① 第1列"销售额"：填写纳税人出租不动产取得全部价款和价外费用（含税）；

② 第2列"扣除金额"无须填写；

③ 第3列"预征率"：填写纳税人预缴增值税适用的预征率或者征收率；

④ 第4列"预征税额"：填写按照规定计算的应预缴税额。

# 第五节 风 险 管 控

## 要点：纳税风险关键点预警系统

建筑企业要充分利用信息化手段。建筑企业应利用信息化技术，推动企业向"智通型"和"管理型"的企业管理模式发展，加强分散项目与企业之间的联系，实现企业人、财、物、资金等资源的宏观调配，防范企业整体纳税风险。建筑企业还应加强信息系统建设，加强增值税及其专用发票开具、认证、抵扣等关键环节的税收风险控制。

建筑企业应该构建纳税关键点风险预警系统，用以加强信息技术应用对税务核算、数据统计、数据分析、数据稽核、纳税评估、政策发布、涉税风险点控制等各涉税管理环节的支撑和保障作用。该纳税风险预警系统由 ERP 系统以及财务管控模块两部分组成。ERP 系统主要包括了财务模块、物资模块、项目模块、人资模块。通过财务与人资、物资、项目等模块进行集成，实现大部分的业务由前端业务部门发起，自动生成会计凭证，规范涉税业务处理。财务管控模块系统主要包括报表管理、税费管理、分析评估、发票管理、税务政策库。两套系统相互融合，各有侧重，为规范建筑企业税务管理提供技术支撑。为保障该系统的顺利运行，要注意以下事项：

**1. 建立健全的内部管理制度**

企业的财务管理制度要到位，确保发票、合同、交易凭证准确、完整；人员的分工要明确，责任到人，避免相互推诿、责任不清、职权不明；要建立相互制约和监督机制。

**2. 加强购进环节的发票管理**

要对交易对方的经营范围、经营规模、企业资质等相关情况有所了解，对其有一个总体的评价，并评估相应的风险。一旦发现交易对方有异常情况，应当引起警惕，做进一步的追查，并考虑是否继续进行交易。采购环节是防范虚开增值税专用发票风险的关键点。在购进货物时，一定要提高防范意识，从思想上重视虚开发票问题，积极主动地采取一些必要措施，有意识地审查取得发票的真实性。

**3. 确立合法合规的关联交易**

密切的关联方关系，更容易发生交易不规范、增值税专用发票开具违法的现象。企业如果存在关联交易，要保证交易环节、凭证、现金流和发票的合法合规，规避税务风险。

**4. 区分能够抵扣的和不能够抵扣的业务范围**

取得进项专用发票后，必须在规定的时间里到税务机关认证。做好应税事项与非应税事项共同负担进项税额的处理和进项税额转出的处理工作。

**5. 防范优惠政策的执行风险**

在享受增值税优惠政策优惠时，要准确理解政策的含义，避免在税收优惠的政策执行方面产生风险。企业要从改变经营安排入手，不能简单采取一些账务处理技巧去靠近政策规定。应该从以下方面把握增值税优惠政策的执行风险。

（1）符合税收优惠规定情形，必须按照主管税务机关的规定和业务流程履行必要的程序和备案手续，对应税项目和免税项目进行准确地核算。

（2）要处理好免税项目与增值税专用发票之间的关系。

（3）不得抵扣进项税额的业务和认证逾期的进项税发票，不能抵扣进项税额。

## 要点：纳税风险应急系统

成立专门的纳税风险检查小组对内部增值税预警系统中发生的风险事件进行及时审查，判断事件性质，及时给出处理意见，上报纳税风险管控委员会。

建筑企业增值税纳税应急系统如图 3-1 所示。

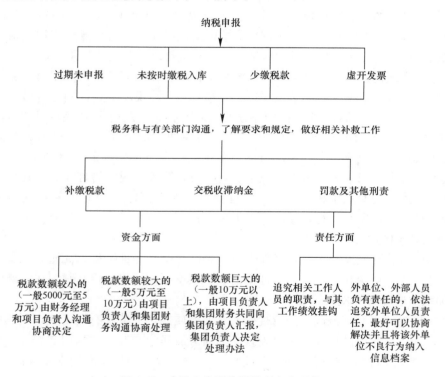

图 3-1 建筑企业增值税纳税应急系统

## 要点：纳税风险考核系统

每年度结束时对在建项目进行增值税风险评价，根据纳税风险点和流程表单设计增值税风险评分表，由风险管控委员会组建评分小组对各个项目进行风险评估，并采取一定的奖励与惩罚措施，以强化项目人员的增值税风险管控意识，逐步提高项目人员的增值税风险管理积极性。

对各个部门实行统一管理，考核结果由部门负责人承担（与部门负责人、部门总业绩挂钩），部门负责人再将考核结果根据部门各个成员在考核期间的税务风险管理表现实现到部门各个成员的业绩考核中。具体的考核办法可以通过公司制度规定的增值税管理职能流程设置具体指标和考核流程。

# 第六节  纳 税 筹 划

## 要点：纳税筹划基本原则

### 1. 守法原则

纳税筹划是在不违反税法的前提下，为建筑施工企业筹划如何降低税负，实现经济纳税，即违反税法的筹划方案不属于税务筹划范畴。

### 2. 保护性原则

这是守法原则的延伸，遵循守法原则是实现自我保护的前提。为实现自我保护，建筑施工企业应做到：增强法制观念，树立税法遵从意识；熟知税法等相关法规；熟知财务会计准则、制度，正确理解税会差异。

### 3. 整体性原则

在进行某一税种的纳税筹划时，要全面考虑与之有关的其他税种对建筑施工企业造成的税负效应，时刻关注国家的整体筹划、综合衡量，以求整体税负最轻，长期税负最轻，避免顾此失彼、前轻后重。

### 4. 时效性原则

纳税筹划是在一定法律环境下，在特定纳税人既定的经营范围、经营方式下进行的，具有明显的针对性、特定性。

## 要点：业务流程的纳税筹划

企业纳税行为产生于企业的各项业务活动，不同的业务流程会影响着企业纳税的性质和税负的高低，因此，进行纳税筹划，需将企业的业务流程和现行的税收政策相结合，必要时通过流程再造改变税收，实现增值税下企业税负最小化目标。流程再造是对企业业务流程的一种颠覆性再设计，会对企业组织机构、企业战略等产生重大影响，流程再造对企业来说意味着一切从零开始，从头开始。

企业进行纳税筹划，必须站在企业的角度，梳理企业的涉税事项和涉税环节，全面评估工程项目管理、劳务分包管理、物资设备采购管理、物资集中管理、经营开发管理和投资管理等建筑业核心业务流程中"营改增"后易造成企业税负增加的关键环节，探索符合增值税"三流一致、应抵尽抵"原则的备选商业模式及业务组织方案，固化各方案相应的业务流程，实现增值税下企业税负最小化目标。

### 1. 细化预制构件和钢结构制作，对其进行流程再造

建筑企业大量使用预制构件或钢结构，在营业税下有时会采取专业分包的方式，将预制构件和钢结构的制作安装分包给有资质的分包方，双方签订专业分包合同，总包方取得分包方开具的建筑业发票，实现按差额缴纳营业税。

建筑业"营改增"后，如果仍采取专业分包方式，则提供预制构件和钢结构的分包方应按建筑业缴纳增值税，适用11％税率，总包方取得建筑业增值税专用发票相应抵扣11％的进项税。

根据增值税和"营改增"政策规定，建筑业适用11％的税率，而货物销售适用17％的税率，因此，货物采购的进项税抵扣率高于接受建筑服务的进项税抵扣率，为了获得较大的进项税抵扣，建筑企业可以考虑将预制构件和钢结构的分包业务进行拆分，分解为货物采购和劳务分包两项业务，并分别与预制构件和钢结构的采购供应商和劳务分包商签订采购合同和劳务分包合同，分别取得税率为17％和11％的增值税专用发票，充分抵扣进项税。

如果预制构件和钢结构的采购供应商和劳务分包商为同一家企业，则建筑企业应与其分签两个合同，即采购合同和劳务分包合同；如果只签订一个合同，则应在合同中分别约定预制构件和钢结构的采购条款和安装、搭建劳务的分包条款，分别约定采购价款和分包价款，以便分别开具17％和11％的增值税专用发票。

**2. 合理选择老设备租赁的计税方法**

根据《关于将铁路运输和邮政业纳入营业税改征增值税试点的通知》（财税〔2013〕106号）相关决定，提供有形动产租赁服务，税率为17％。试点纳税人中的一般纳税人，以该地区试点实施之日之前的购进或者自制的有形动产标的物提供的经营租赁服务，试点期间可以选择按照简易计税方法计算缴纳增值税，但一经选择，36个月内不得变更。

这里的"老设备"即指一般纳税人在该地区有形动产租赁服务"营改增"试点实施前购进或自制的设备。

在建筑业"营改增"之前，由于承租方不涉及进项税抵扣，建筑企业内部的设备租赁单位对于出租老设备一般都会选择增值税税负较低的简易计税方法。

从销项税角度来看，建筑业"营改增"后，建筑企业内部的设备租赁单位对集团内部单位提供的设备租赁服务，无论适用一般计税方法还是简易计税方法，设备租赁单位产生的销项税，在承租方均可作为进项税抵扣。因此，在不考虑资金时间价值的情形下，从足够长期的角度考虑，不同计税方法产生的不同销项对集团的整体税负不再产生影响。但结合各单位的进项税留抵情形，考虑到资金的时间价值因素，则可产生较大的纳税筹划空间。

从进项税角度来看，根据"营改增"政策规定，用于简易计税方法计税项目的购进货物、接受加工修理修配劳务或者应税服务，其进项税不得从销项税额中抵扣。因此，在建筑业"营改增"后，如果内部租赁单位对老设备的出租仍然采用简易计税方法，则用于老设备的成本费用支出，如维修材料、替换零部件、修理费等，均无法抵扣进项税；如果采用一般计税方法，则相关成本费用支出的进项税可实现抵扣。

结合上述两个角度的分析，建筑企业内部的设备租赁单位应结合老设备租赁的成本费用形成进项税情况、下游向集团内、外部客户出租老设备的情况以及销项税在集团内客户的抵扣情况，合理选择适用一般计税方法或者简易计税方法。

如果设备租赁单位主要面对集团内客户，并且设备租赁单位形成的销项税均可在下游关联企业实现全额抵扣（即下游企业应交增值税较大），则设备租赁单位应选择一般计税方法，在其销项税不增加集团整体税负的前提下，更多的抵扣自身的进项税，使集团整体税负降低。

## 要点：采购价格的纳税筹划

### 1. 筹划背景

材料采购成本一般包含：购买价款、相关税费、运杂费以及其他可归属于采购成本的费用，其中购买价款以及运杂费均为包含增值税的材料价格和运输价格。采购定价原则即为通过综合考虑上述费用来计算得出材料采购价格。

建筑业"营改增"后，材料采购定价原则以及供应商选择均会受到影响，相应的采购价格的比较工作也将变得更为复杂。具体表现为以下两方面：

（1）在进行采购定价时，材料价格及运输费用所对应的增值税额将不再包含在采购成本中。

（2）在选择供应商时需考虑因素更为多元，受进项税抵扣和城建税及教育费附加等因素的影响，单纯比较含税价格已不能准确选择最佳供应商。

### 2. 筹划思路

建筑业"营改增"后，一方面，增值税为价外税，如供应商能开具增值税专用发票，则该增值税可用于抵扣，采购成本为不含税价格；如供应商不能开具增值税专用发票，则该增值税不能用于抵扣，需全部计入采购成本，采购成本为含税价格。另一方面，以应交增值税作为计税依据的城建税及教育费附加仍然为价内税，进项税能否抵扣直接影响应交纳的增值税额，从而影响计入损益的城建税及教育费附加的金额。因此，在确定采购定价和选择供应商时，应以"综合采购成本最低，利润最大化"为总体原则，合理确定采购价格和供应商。为了便于理解，这里引入"综合采购成本"这一概念。所谓"综合采购成本"是指与采购相关的成本及税费支出的总和，包括计入采购成本的材料价款、运杂费和不可抵扣的增值税进项税，减去因可抵扣进项税带来的城建税及教育费附加减少。

为便于比价分析，建筑企业可以"采购成本"作为比价基础。这里的"采购成本"暂不考虑采购相关运杂费，仅指含税采购价格中计入采购成本的部分，包括不含税价格和不可抵扣的增值税，不包括可以抵扣的增值税。

针对不同类型的供应商及其适用计税方法、开具发票种类的不同，采购成本的具体构成及计算方法不同，具体如表 3-17 所示。

不同供应商的发票种类、税率（征收率）、采购成本　　　　　　　表 3-17

| 供应商类型 | 计税方法 | 提供发票种类 | 税率（征收率） | 采购成本 |
|---|---|---|---|---|
| 一般纳税人 | 一般计税方法 | 增值税专用发票 | 适用税率 | 采购成本＝不含税价格＝含税价格÷（1＋适用税率） |
| | 简易计税方法 | 增值税专用发票 | 3% | 采购成本＝不含税价格＝含税价格÷（1＋3%） |
| | — | 增值税普通发票 | — | 采购成本＝不含税价格＝含税价格 |
| 小规模纳税人 | 简易计税方法 | 税务局代开增值税专用发票 | 3% | 采购成本＝不含税价格＝含税价格÷（1＋3%） |
| | 简易计税方法 | 增值税专用发票 | 3% | 采购成本＝不含税价格＋增值税＝含税价格 |

根据表 3-17 可知，在供应商可提供增值税专用发票的情况下，采购成本即为不含税报价；在供应商不能提供增值税专用发票的情况下，采购成本即为含税报价。

为了准确判断采购成本的构成，建筑企业的采购部门应在采购招标文件或报价邀请函中明确要求，供应商的报价应按照"价税分离"的原则，分别体现不含税价格和增值税，并说明是否可开具增值税专用发票。

很显然，在采购成本相同的情形下，建筑企业应当选择可抵扣进项税最多的采购价格及供应商，即优先选择能提供增值税专用发票并且适用税率最高的一般纳税人供应商。

但是，在采购成本不同的情况下，由于采购相关进项税的抵扣直接影响计入损益的成本、城建税及教育费附加，最终对利润产生影响。因此，在各类供应商报价的采购成本不同的情况下，不能仅通过比较采购成本的高低来确定供应商，而应该比较综合采购成本。

为便于比价，采购方可通过测算各类供应商之间的报价平衡点，以便选择综合采购成本最低、利润最大的采购报价及供应商。

## 要点：融资方式的纳税筹划

### 1. 筹划背景

建筑企业通常资金紧缺，一般会通过金融机构贷款来购买金额较大的施工专用设备，因而产生大量的利息支出。就目前所获知的政策信息，金融保险也将按照 6％ 的税率征收增值税但并不允许下游行业抵扣，这对建筑行业这种资产负债率高、资金密集型企业来说影响非常重大。

### 2. 筹划思路

基于以上原因，建筑企业在购买大型专用设备时，可考虑以融资租赁的方式替代原贷款后直接采购的方式，以使相关利息支出可以取得增值税专用发票，增加进项税额的抵扣。具体筹划思路如下：建筑企业首先确定需要采购的专用设备供应商，再联系融资租赁公司进行价格协商，由融资租赁公司先购买该专用设备，再通过融资租赁方式提供给建筑企业，使建筑企业在合理价格范围内采取融资租赁方式完成设备的采购。现融资租赁已属于增值税范围，融资租赁公司可按租金全额开具税率为 17％ 的增值税专用发票给建筑企业，从而将利息支出转换为租金支出增加相关进项税额的抵扣。

## 要点：交易方式的纳税筹划

### 1. 建筑企业集团内合理调整关联交易价格

（1）筹划背景

通常情况下，大型建筑企业集团内部存在大量的关联交易，交易类型涉及内部工程总分包、内部购销、内部租赁及内部发生的其他各类劳务、服务等。

例如：二级单位将承包的工程分包给三级单位；二级单位集中采购物资设备后，再销售给三级单位；设备租赁公司将机械租赁设备出租给集团内各单位的项目部使用；三级单位的项目. 部为其他三级单位的项目部制造销售预制构件等。

建筑企业集团内部关联交易的主体类型通常涉及施工单位、专业公司、物贸公司、租赁公司等，由于承接的项目类型不同或主营业务类型不同，各单位的收入及成本的构成存在差异，增值税负也不同。因此，集团内通常会有增值税进销不平衡情形，即有的单位进项税额较大而销项税额较小，可能形成大额的进项税留抵额，并可能最终无法实现抵扣；而有的单位销项税较大而进项税抵扣不足，需要缴纳大额的增值税。各单位的增值税进销不平衡，将导致集团整体增值税税负较高。

（2）筹划思路

为平衡各关联单位之间的增值税税负，建筑单位应以合理商业目的和独立交易原则为前提，合理调整关联交易价格，在不引起关联交易纳税风险的基础上，尽可能降低集团整体增值税税负。具体筹划思路如下：

1）如果销售方、劳务或服务的提供方（以下统称"销售方"）的进项税留抵额较大，而采购方、劳务或服务的接收方（以下统称"采购方"）的应交增值税较大，则应提高关联交易价格，一方面增加销售方的销项税以消耗其留抵进项税，另一方面增加采购方的进项税抵扣以减少应交增值税，最终实现增值税负从采购方向销售方的转移，降低整体增值税负。

2）相反，如果销售方的应交增值税较大，而采购方的进项税留抵额较大，则应降低交易价格，实现增值税税负从销售方向采购方的转移，整体降低增值税负。

**2. 关于外部租赁设备租赁方式的纳税筹划**

（1）筹划背景

众所周知，建筑业所面临的外部租赁市场混乱，在"营改增"之前，有形动产租赁业的营业税税率为5%，建筑业很难取得合规的租赁业发票，"营改增"之后，有形动产租赁业的增值税税率为17%，更加增加了建筑企业的取票难度，即使勉强取得，由于租赁方的税负增加，很可能会将增加的税负转嫁给建筑企业，或者仅仅提供3%抵扣率的代开的增值税专用发票，使得建筑企业的租赁成本相应提高。

（2）筹划思路

2012年12月深圳市国家税务局发布了《关于商请研究界定建筑机械设备企业适用增值税率的复函》（深国税函［2012］353号）文件，文件中针对当时深圳市住房和建设局提出的"建筑机械设备租赁服务适用的增值税率"问题进行了回复：为建筑工地提供拖车、吊车，同时提供操作人员服务的属于"建筑业"，不纳入本次试点范围，对只提供专用车辆租赁服务的应按"有形动产租赁服务"，纳入本次试点范围。

参照上述深圳市国家税务局相关界定，对于以"设备＋人"方式进行租赁的施工方式，可鼓励设备出租方积极与主管税务机关沟通，考虑比照远洋运输的程租、期租业务，航空运输的湿租业务的增值税有关认定，对于出租设备同时配备操作人员行为作为建筑施工，签订相关的工程施工合同，按建筑业11%开具增值税专用发票进行缴纳增值税。这样出租方可以从提供有形动产租赁变为提供建筑业服务，税率从17%降至11%，通过减少设备出租方税负增加的压力，降低承租方取票难度，有利于承租方增值税专用发票的取得，从而使作为建筑企业的承租方能够更顺利地取得增值税专用发票进行相关进项税抵扣。

**3. BT业务模式的纳税筹划**

在营业税制下，财政部、国家税务总局对BT业务的计税方法并未出台全国统一的政策，有的省市对BT业务出台了地方政策，但是存在按"建筑业"、"建筑业＋代理业"、"建筑业＋金融业"、"销售不动产"等多种计税方法，导致BT项目公司的营业税缴纳情况较混乱。建筑业"营改增"后，BT项目公司就取得的回购价款（包括总承包价款和投资回报）如何纳税，目前政策动向并不明确。

目前，建筑企业作为投资方承接的BT项目主要有两种移交模式：一是"项目资产移交"模式，即投资方组建BT项目公司负责融资及建设，工程完工后，BT项目公司直接将项目资产移交业主，业主出资回购；二是"股权移交"模式，即投资方组建BT项目公司负责融资及建设，工程完工后，投资方将BT项目公司股权转让给业主，转让价款即为业主支付的BT项目回购价款。

根据《财政部 国家税务总局关于股权转让有关营业税问题的通知股权转让》（财税〔2002〕191号）第二条规定，对股权转让不征收营业税。同样，股权转让也不属于增值税的征税范围，预计"营改增"后这一政策仍会延续。

综上所述，"营改增"后，在条件允许的前提下，企业的BT项目尽量采取股权转让而非资产转让将为企业节约很大一笔税费负担。

# 第四章 "营改增"后的财务管理

## 第一节 "营改增"后的财务管理对策

### 要点："营改增"对企业财务管理的影响

**1. 计税方法和税率的改变**

"营改增"后，缴税人的计税方法都是以不含税的销售价格进行计算的，"营改增"之前，大多数建筑企业的营业税税率是 3%，而且计税方式为营业额乘以 3%的税率；施行"营改增'"后增值税税率为 11%，且计费基数为除税工程造价。

**2. 对企业财务管理中报表的影响**

"营改增"后，企业财务管理中财务报表也发生了一定的变化，其中企业固定资产的入账金额和折旧金额都会有所下降，同时企业的利润、资产结构以及规模都会发生一定的变化。这样一来就在一定程度上增加了企业的资产和负债金额，但是就企业的长远发展来看，"营改增"后，企业的资产总值和负债综合都会有所提升。

**3. 对企业财务人员的影响**

"营改增"后，企业的会计核算方法和财务报表编制方法都有所改变，同时对增值税发票的管理也提出了更高的要求。这样一来就需要企业的财务人员更加专业化，职业技能和职业素养都需要有所提高，而且需要其能够掌握最新的税收优惠政策和企业的实际经营情况，以确保企业税收筹划工作的高效开展，所以说，"营改增"后，企业的财务人员将面临更大的压力和挑战。

**4. 增值税专用发票与营业税服务业地税普通发票的对比**

"营改增"后，税务部门管理和稽查更加严格，因为其直接影响企业对外提供服务产生的销项税额和企业日常采购商品、接受服务环节产生的进项税额，进而直接影响企业增值税的缴纳金额。因此增值税发票的开具、使用和管理上各个环节都非常严格，我国《刑法》对增值税专用发票的虚开、伪造和非法出售与违规使用增值税发票行为的处罚措施都做了专门的规定。

### 要点：针对"营改增"企业财务管理的对策

通过上述的分析和研究显示，"营改增"的落实确实是为了降低企业的税务压力，促进企业实现更好更快的发展。但从短期的执行效果来看，确实给企业带来了一定的不利影响，所以为在"营改增"环境下有效地降低企业的税务压力，现就"营改增"企业财务管理影响的改进措施进行了如下分析：

（1）加强会计人才建设

建设一支高素质的会计人才队伍，使得企业财务管理人员的综合素质得到有效地提高，是在"营改增"环境下完善企业财务管理工作的基础和前提。

为了提高会计人才素质，企业管理层首先要加强对"营改增"的重视程度，以身作则，做好相关的宣传和引导工作，使得更多的财务工作者加强对纳税工作的重视程度；其次鼓励财务人员树立终身学习的意识，不断地提高自身的财务管理能力进而提高职业素养；再次可以聘请该地区中有名的税务专家对"营改增"的相关知识进行宣讲，采用"请进来"和"走出去"的方式不断提高企业财务人员的综合素质；最后加强财务人员纳税筹划的意识，在保证合理、合法的前提下，不管采取任何措施和方法尽量将企业的税务降到最低。

（2）重视增值税发票管理

"营改增"后，企业进行低效税款时最重要的依据就是增值税发票，所以加强对增值税发票的管理显得尤为重要。

增值税发票与普通发票不同，不仅具有反映经济业务发生的作用，由于实行凭发票注明税款扣税，使得它同时具有完税凭证的作用。更重要的是，增值税专用发票将产品的最初生产到最终消费之间各环节联系起来，保持了税负的连续性，体现了增值税的作用。因此发票的获得、真伪鉴别、开具、管理、传递和作废都区别于普通发票。例如，发票遗失处理方法比较复杂，需要到税务机关进行备案和处理；重复开票、退票也不像普通发票那样简单。

因此对于增值税发票的使用和管理，不仅需要财务部门重视，在开具和传递等各个环节的参与者，也都更应高度重视。

（3）企业财务报表变化

财务报表列报方式的改变对于"营改增"环境下企业财务管理能力的提高也有着一定的促进作用，所以企业首先要意识到传统财务业务中与现代税收环境不相适宜的地方；其次要改变企业报表的编制计划，完善企业财务报表的编制流程，增加其实用性和适用性；最后要加大信息技术的投入和使用力度，例如 OA、ERP 等现代化的信息系统，简化财务报表编制的程序，减少人为因素造成的失误和损失，提高财务报表编制工作的效率和效果。

（4）需要建立增值税明细账，准确记录和生成增值税明细账

在日常销售和采购环节，按照增值税专用发票计提税额，在账务处理上注意与原收入和成本费用记账核算的不同。考虑到"营改增"对财务管理的影响，对于目前按完工进度确认收入是否缴纳增值税，这种情况是否会同开具增值税发票时重复缴税的问题，以及部分客户要求退票重开增值税发票的问题，目前没有明确的、具体的过渡政策。

因此要求企业实时关注最新的动态和实施条例、过渡政策，保持与税务部门的密切联系。

（5）纳税人选择

"营改增"环境下，对于一般纳税人和小规模纳税人有着不同的纳税标准，所以对于可以自主选择纳税人认定的企业来说，谨慎选择确认为一般纳税人还是小规模纳税人对于企业财务管理能力提高有着十分重要的作用。在这个过程中对于没有大量进项，成本项

又难以取得增值税专用发票的企业来说选择为小规模纳税人比较合适，而对于规模正在扩大，准备大量购进设备，又有足够的进项税可以抵扣，而且在经营过程中能够取得正规增值税发票的企业来说选择为一般纳税人是十分有利的。

（6）由于"营改增"的目的之一是降低行业整体税负，但不是每一个企业都会降低税负，在税改过程中可能会出现部分企业税负增加的情况。"营改增"后实际税负是增加或降低，除了与企业自身的发展阶段、所处的市场地位等因素有关外，还取决于是否可能享受的税收优惠政策等相关一系列配套措施。

因此，要求企业认真做好财务管理工作和整体的业务统筹工作，一旦增值税税收优惠的条件明确，就要尽早准备申请优惠政策所需的相关材料，争取通过税收优惠来降低对企业的税负影响。

# 第二节　建筑企业财务管理制度

## 要点：税务部门和专业人员配置

根据"营改增"模拟运转企业的实践经验，建筑企业为保证"营改增"正常有效运转，一定要提前抓好增值税管理的基础条件建设。其中，最主要的是研究、确定税管部门和专业人员配备问题。

（1）建筑企业要根据自身的生产经营规模、管理体制、运行机制现状，实事求是地配备企业内部税管部门和专业人员。例如，成立隶属或独立于财务部门的税务部门或税管中心。如果不设税管机构，就必须设立专职或兼职的税务专管员。"营改增"实施后，主要负责税务日常管理、涉税服务、纳税筹划、风险评估及法规政策的学习和宣贯。"营改增"实施前，主要研究"营改增"政策，指导"营改增"模拟运转，做好"营改增"前期的准备、政策衔接和实施等工作。

（2）从目前情况看，有些大型建筑企业集团，以其总部财务部门为企业自身内部的税务管理机构，统筹负责增值税管理工作，制订增值税管理目标与方案，完善增值税管理制度与流程，负责总部增值税日常管理，服务、指导及监督下属单位的增值税管理工作。

（3）企业下属二级单位财务部门设税务管理中心，配备税务管理中心主任，选配专职税务人员，设置税务制度岗、税务核算岗、发票管理岗、税务综合岗等。严格执行公司增值税管理制度，负责编制本单位增值税税务手册与流程，负责本单位增值税日常管理，服务、指导和监督下属单位增值税管理工作。

（4）三级及以下单位设税务主管，配专职税务人员。有条件的可设税务管理中心，配税务管理中心主任。

（5）项目部财务人员兼职项目税务管理人员（大项目可根据实际情况设专职税务人员）的，也要在其岗位中单独明确负责增值税日常管理工作的职责。

## 要点：业务部门的职责

大型建筑企业集团一般均拥有数量众多的子、分公司及项目机构，管理上呈现多个层级，且内部层层分包的情况普遍存在。应按照"谁签订合同，谁是纳税主体"的原则，划清本企业总机构（法人总部）及所属分支机构和项目部之间增值税管理的部门职责分工。

（1）不单独设立税务管理部门的企业，财务部门是增值税管理专业机构，统筹增值税管理工作，具体负责增值税管理制度与流程的制定，增值税发票的开具、购买和保管，增值税税款的核算、申报及缴纳，增值税税务争议的解决。

（2）资金管理部门负责总机构与分支机构、项目增值税款的资金往来清算。

（3）法律事务部门负责审核各类合同条款中价格标准（含税价或不含税价）、发票取得、付款方式及时间等涉税重要事项。

（4）市场与客户管理部门负责组织招标投标报价的税负测算，负责合同有关税务条款的审核、审定。

（5）商务部门负责规范分包商库，原则上必须具有一般纳税人资格；负责取得有关分包工程的增值税进项发票，并确保发票走向与资金走向和合同一致；负责工程项目增值税税务预算。

（6）物资采购部门负责规范材料采购商库，原则上必须具有一般纳税人资格；取得有关采购物资的增值税进项发票，并确保发票走向与资金走向和合同一致。

（7）其他部门负责本部门生产经营业务增值税涉税管理，积极配合财务部门做好相关工作。

## 要点：相关人员的岗位责任

**1. 企业负责人**

企业负责人作为建筑企业的领头人，其职责主要有：认真执行国家增值税法律、法规和制度；批准年度增值税管理方案；批准增值税相关管理制度；批准增值税应急处理方案；按照本单位的审批权限，批准增值税专用发票的开具；按照本单位的审批权限，批准增值税税款的缴纳。

**2. 财务负责人**

财务负责人作为建筑企业财务部门直接负责人，其主要职责有：审核增值税管理方案；审核增值税相关管理制度；审核年度增值税工作目标和计划；按照本单位的审批权限，批准增值税专用发票的开具；审核增值税相关报表和资料。

**3. 税务负责人**

税务负责人主要职责有：制订增值税管理方案；制定增值税相关管理制度与流程；制订年度增值税工作目标和计划；负责日常增值税管理工作。

**4. 税务经办人**

税务经办人主要职责有：负责申办增值税一般纳税人或小规模纳税人资格，安转增值税防伪税控系统；负责增值税专用发票的领取、开具、审核、保管等事项；对取得的增值税进项发票的审核、认证，按月编制增值税进项税额抵扣统计表；按月计算增值税税款，进行单位总机构与分支机构、项目的增值税款的清算，并及时进行增值税纳税申报；负责做好增值税的会计核算；配合完成税务部门安排的各种检查及其他工作；及时搜集、研究国家增值税法律法规，并定期向管理层提供税务管理建议。

## 要点：企业财务会面临的风险

（1）会计核算不健全，不得抵扣进项税额。

（2）提供不同税率或征收率应税服务，兼营未分别核算应从高适用税率。

（3）兼营免税、减税项目，未分别核算，不得免税和减税。

（4）服务与货物混合销售，处理不当无法将税法与业务流程结合。

（5）三种计税基础异常的应税行为，税务机关有权确定销售额。

（6）视同销售行为，未按规定确认收入申报纳税。

（7）销售开票未将价款和折扣额分别注明，销售额不得扣减折扣额。

（8）专用发票开具不符合要求，购买方有权拒收。

（9）13种特定应税行为，不得开具增值税专用发票。

（10）取得的增值税扣税凭证不符合规定，其进项税额不得抵扣。

（11）未按照规定开具红字专用发票，不得扣减销项税额或者销售额。

# 第五章  增值税的会计核算

## 第一节  会计核算原则

### 要点：会计核算层级

在会计核算上，建筑企业的项目部通常为独立核算主体，分别设置独立的账套进行会计核算，期末向总机构上报项目部会计报表，由总机构汇总出具建筑企业会计报表。因此，建筑企业的核算层级也分为两个层级"项目部独立核算＋机构汇总"，基本与增值税纳税申报体系相对应。

### 要点：建筑服务具体范围

建筑服务是指各类建筑物、构筑物及其附属设施的建造、修缮、装饰，线路、管道、设备、设施等的安装以及其他工程作业的业务活动。包括工程服务、安装服务、修缮服务、装饰服务和其他建筑服务，见表5-1。

建筑服务具体范围 表5-1

| 服务范围 | 定义 |
|---|---|
| 工程服务 | 指新建、改建各种建筑物、构筑物的工程作业，包括与建筑物相连的各种设备或者支柱、操作平台的安装或者装设工程作业，以及各种窑炉和金属结构工程作业 |
| 安装服务 | 指生产设备、动力设备、起重设备、运输设备、传动设备、医疗实验设备以及其他各种设备、设施的装配、安置工程作业，包括与被安装设备相连的工作台、梯子、栏杆的装设工程作业，以及被安装设备的绝缘、防腐、保温、油漆等工程作业<br>固定电话、有线电视、宽带、水、电、燃气、暖气等经营者向用户收取的安装费、初装费、开户费、扩容费以及类似收费，按照安装服务缴纳增值税 |
| 修缮服务 | 指对建筑物、构筑物进行修补、加固、养护、改善，使之恢复原来的使用价值或者延长其使用期限的工程作业 |
| 装饰服务 | 指对建筑物、构筑物进行修饰装修，使之美观或者具有特定用途的工程作业 |
| 其他建筑服务 | 指上述工程作业之外的各种工程作业服务，如钻井（打井）、拆除建筑物或者构筑物、平整土地、园林绿化、疏浚（不包括航道疏浚）、建筑物平移、搭脚手架、爆破、矿山穿孔、表面附着物（包括岩层、土层、沙层等）剥离和清理等工程作业 |

### 要点：增值税会计核算的总体原则

营业税是价内税，增值税是价外税，由于价内税与价外税的转换，改变了收入、成本及税金的确认原则及核算内容。在增值税下，建筑企业应遵循以下两个原则进行会计核算：

**1. 价税分离的总体原则**

涉及增值税的各项销售业务及支出业务均应按照价税分离的原则进行会计核算，相关销售收入、资产价值、成本费用均应按照不含税金额进行确认。

**2. 增值税确认的总体原则**

增值税的纳税义务应按照税收法规规定的纳税义务发生时间进行确认；涉及进项税的，应按照可抵扣项目所取得扣税凭证上注明的税额进行确认。

## 要点：一般计税方法下的具体核算原则

**1. 价税分离原则**

在一般计税方法下，增值税按照销项税额减去进项税额计算应纳税额。因此，增值税相关销售业务及支出业务均需要进行价税分离，确认销售业务相关的不含税收入、支出业务相关的不含税资产价值及成本费用。

对于建筑企业提供建筑服务，由于其会计核算执行《建造合同准则》，因此建造合同相关的合同预计总收入、合同预计总成本及相应的工程结算、工程施工、工程收入、工程成本等项目均涉及价税分离。

（1）合同预计总收入、工程结算及工程收入

合同预计总收入及工程结算均按适用税率11%计算价税分离，按不含税金额进行确认；工程收入直接按照价税分离后的合同预计总收入乘以完工百分比计算确认。计算公式如下：

$$合同预计总收入＝合同总金额÷（1＋11\%） \tag{5-1}$$
$$工程结算＝业主确认结算金额÷（1＋11\%） \tag{5-2}$$

（2）合同预计总成本、工程施工及工程成本

合同预计总成本按照扣除预计可抵扣进项税额的预算总成本进行确认；工程施工中，对于可抵扣支出项目，按照所取得的扣税凭证上记载的金额及税额进行价税分离，按不含税金额进行确认；工程成本直接按照实际发生的工程施工金额确认。

**2. 增值税确认原则**

在一般计税方法下，增值税销项税额应按照增值税的纳税义务发生时间进行确认；进项税额应按照所取得的扣税凭证上注明的增值税额进行确认。

## 要点：简易计税方法下的具体核算原则

**1. 价税分离原则**

在简易计税方法下，增值税按照适用征收率计算应纳税额，相应的进项税额不允许抵扣。因此，仅需要对增值税相关销售业务进行价税分离，确认为不含税收入。

对于建筑企业提供建筑服务，建造合同相关的合同预计总收入及相应的工程结算、工程收入均按适用征收率3%计算价税分离，按不含税金额进行确认；合同预计总成本及相应的工程施工、工程成本均按含税金额进行确认。计算公式如下：

$$合同预计总收入＝合同总金额÷（1＋3\%） \tag{5-3}$$
$$工程结算＝业主计量结算款÷（1＋3\%） \tag{5-4}$$

对于涉及工程分包的，分包价款可按规定抵减应纳税额，在实际操作中，对于可抵减

的应纳税额，建筑企业可采取增加收入或减少成本两种方法进行会计核算，在不同的核算方法下，建筑企业应相应调整合同预计总收入或合同预计总成本。

$$合同预计总收入＝合同总金额÷(1＋3％)＋分包抵减税额 \qquad (5-5)$$

或

$$合同预计总成本＝含税预算总成本－分包抵减税额 \qquad (5-6)$$

**2. 增值税确认原则**

在简易计税方法下，增值税应纳税额应按照增值税纳税义务发生时间进行确认。涉及分包抵税的，抵扣税额应按照所取得的分包发票注明的价税合计金额和3％征收率计算冲减应缴纳的增值税。分包抵税的计算公式如下：

$$分包抵减税额＝含税分包金额÷(1＋3％)×3％ \qquad (5-7)$$

# 第二节　会计科目设置

## 要点：增值税会计科目设置原则

**1. 同时满足两种计税方法下的会计核算**

建筑企业提供建筑服务可能同时涉及一般计税方法和简易计税方法，因此，其增值税会计科目设置应同时满足一般计税方法下的会计核算和简易计税方法下的会计核算。

**2. 满足增值税纳税申报表的数据需求**

配套财税〔2016〕36号文营改增的全面推开，国家税务总局发布了一系列纳税申报相关的表类资料。其中，一般纳税人建筑企业涉及填报的表类申报资料包括：

（1）《增值税纳税申报表（一般纳税人适用）》及其附列资料，包括1张主表、8张附表。

（2）《增值税预缴税款表》。

（3）《营改增税负分析测算明细表》。

上述申报表所需数据量大且数据关系复杂，为便于归集申报数据，确保数据准确性，建筑企业的增值税会计科目设置应尽量满足增值税纳税申报表的数据需求。

## 要点："应交增值税"科目设置

"应交增值税"科目核算一般纳税人的增值税应交、抵扣、转出、已交、退税、减免等情况。

"应交增值税"科目借方发生额主要反映企业购进货物、加工修理修配劳务（以下简称"劳务"）、服务、无形资产和不动产支付的进项税额、差额纳税抵减的销项税额、已交的增值税、减免的增值税、转出未交增值税等；贷方发生额主要反映销售货物、劳务、服务、不动产和无形资产等应收取的增值税、出口货物退税、进项税转出、转出多交增值税等。

"应交增值税"科目下设"销项税额"、"进项税额"、"进项税额转出"、"销项税额抵减"、"已交税金"、"出口抵减内销产品应纳税额"、"出口退税"、"简易计税"、"减免税款"、"项目部结转"、"转出未交增值税"、"转出多交增值税"十二个三级明细科目。

### 1. 销项税额

"销项税额"科目核算企业销售货物、劳务、服务、无形资产或者不动产应收取的增值税额,以及从境外单位或个人购进服务、无形资产或不动产应扣缴的增值税额。企业销售货物、劳务、服务、无形资产或者不动产应收取的销项税额,在贷方蓝字登记;因销售折让、中止或者退回而退还给购买方的增值税额,应冲销当期的销项税额,在贷方红字登记。

"销项税额"科目下可结合纳税申报表的数据需求,分别按税率和服务类型分别设置四级明细科目和五级明细科目(或辅助核算项目,下同)。具体如表5-2所示。

销项税额下级明细科目设置　　　　　　　　　　　　　　表5-2

| 三级科目 | 四级科目 | 五级科目 |
|---|---|---|
| 销项税额 | 17%税率 | 货物 |
| | | 加工、修理修配劳务 |
| | | 服务、不动产和无形资产 |
| | 13%税率 | — |
| | 11%税率 | — |
| | 6%税率 | — |

### 2. 进项税额

"进项税额"科目核算企业购进货物、劳务、服务、无形资产或者不动产而支付或负担的、准予从销项税额中抵扣的增值税额。企业购进货物、服务、无形资产或者不动产支付或负担的进项税额,在借方蓝字登记;因销售折让、中止或者退回而收回的增值税额,应冲销当期的进项税额,在借方红字登记。

"进项税额"科目下可结合纳税申报表的数据需求,按税率或征收率和服务类型分别设置四级明细科目和五级明细科目。具体如表5-3所示。

进项税额下级明细科目设置　　　　　　　　　　　　　　表5-3

| 三级科目 | 四级科目 | 五级科目 | 备注 |
|---|---|---|---|
| 进项税额 | 17%税率 | 固定资产 | 按税率或征收率归集的进项税额中不含用于购建不动产的允许一次性抵扣和分期抵扣的进项税额 |
| | | 有形动产租赁服务 | |
| | | 其他 | |
| | 13%税率 | — | |
| | 11%税率 | 运输服务 | |
| | | 电信服务 | |
| | | 建筑安装服务 | |
| | | 不动产租赁服务 | |
| | | 受让土地使用权 | |
| | | 通行费 | |
| | | 其他 | |
| | 6%税率 | 电信服务 | |
| | | 金融保险服务 | |
| | | 生活服务 | |

| 三级科目 | 四级科目 | 五级科目 | 备注 |
|---|---|---|---|
| 进项税额 | 6%税率 | 取得无形资产 | 按税率或征收率归集的进项税额中不含用于购建不动产的允许一次性抵扣和分期抵扣的进项税额 |
| | | 其他 | |
| | 5%征收率 | 不动产租赁服务 | |
| | | 通行费 | |
| | | 其他 | |
| | 3%征收率 | 固定资产 | |
| | | 其他货物及加工、修理修配劳务 | |
| | | 运输服务 | |
| | | 电信服务 | |
| | | 建筑安装服务 | |
| | | 金融保险服务 | |
| | | 有形动产租赁服务 | |
| | | 生活服务 | |
| | | 取得无形资产 | |
| | | 通行费 | |
| | | 其他 | |
| | 减按1.5%征收率 | 向个人租房 | |
| | 用于购建不动产 | 一次性抵扣 | |
| | | 分期抵扣 | |

### 3. 进项税额转出

"进项税额转出"科目核算企业购进货物、劳务、服务、无形资产或者不动产等发生非正常损失以及其他原因(如用途改变等)而不应从销项税额中抵扣，按规定转出的进项税额，在贷方蓝字登记。

"进项税额转出"科目下可结合纳税申报表的数据需求，按涉及进项税转出的项目设置四级明细科目。具体如表5-4所示。

进项税额转出下级明细科目设置 表5-4

| 三级科目 | 四级科目 |
|---|---|
| 进项税转出 | 免税项目用 |
| | 集体福利、个人消费 |
| | 非正常损失 |
| | 简易计税方法征税项目用 |
| | 免抵退税办法不得抵扣的进项税额 |
| | 纳税检查调减进项税额 |
| | 红字专用发票信息表注明的进项税额 |
| | 上期留抵税额抵减欠税 |
| | 上期留抵税额退税 |
| | 其他 |

各四级明细科目的核算内容具体如下：

（1）"免税项目用"科目核算用于免征增值税项目的购进货物、劳务、服务、无形资产或者不动产已抵扣进项税额的转出。

（2）"集体福利、个人消费"科目核算用于集体福利或者个人消费的购进货物、劳务、服务、无形资产或者不动产已抵扣进项税额的转出。

（3）"非正常损失"科目核算以下非正常损失情形涉及的已抵扣进项税额的转出：

1）非正常损失的购进货物及其相关加工修理修配劳务和交通运输服务；

2）非正常损失的不动产及其耗用的购进货物、设计服务和建筑服务；

3）非正常损失的不动产在建工程所耗用的购进货物、设计服务和建筑服务。

非正常损失，是指因管理不善造成货物被盗、丢失、霉烂变质，以及因违反法律法规造成货物或者不动产被依法没收、销毁、拆除的情形。

（4）"简易计税方法征税项目用"科目核算用于简易计税方法计税项目的购进货物、劳务、服务、无形资产或者不动产已抵扣进项税额的转出。

（5）"免抵退税办法不得抵扣的进项税额"科目核算适用"免、抵、退"税办法的出口货物按征税税率与退税税率的税率差计算不得免征和抵扣的进项税额的转出。

（6）"纳税检查调减进项税额"科目核算税务、财政、审计部门检查后而调减进项税额的转出。

（7）"红字专用发票信息表注明的进项税额"科目核算收到红字增值税专用发票上对应进项税额的转出。

（8）"上期留抵税额抵减欠税"科目核算经税务机关同意，使用上期留抵税额抵减欠税的金额。

（9）"上期留抵税额退税"科目适用于一般出口退税业务，核算实际收到上期留抵税额的退税额。

（10）"其他"科目核算企业以上明细科目之外的进项税额需转出的情形。例如：购进时已全额抵扣进项税额的货物和服务，转用于不动产在建工程的，其已抵扣进项税额的40％部分，应于转用的当期从进项税额中扣减，即在本科目作进项税额转出。

**4. 销项税额抵减**

"销项税额抵减"科目核算一般计税方法下企业按照现行增值税制度规定因扣减销售额而减少的销项税额，在借方蓝字登记。

**5. 已交税金**

"已交税金"科目核算企业当期已交纳的当期应交增值税额，如未到征期但需先行缴纳入库的增值税，在借方蓝字登记。

建筑企业很少涉及使用本科目，一般仅在向境外单位支付费用涉及代扣代缴增值税的，于当期解缴当期代扣代缴的增值税，在本科目核算。

**6. 出口抵减内销产品应纳税额**

"出口抵减内销产品应纳税额"科目核算企业出口适用"免、抵、退"税办法的货物后，向税务机关办理免抵退税申报，按规定计算的应免抵税额，在借方蓝字登记，即借记本科目，贷记"出口退税"科目。

**7. 出口退税**

"出口退税"科目核算企业出口适用零税率的货物，向海关办理报关出口手续后，凭出口报关单等有关凭证，向税务机关申报办理出口退税而收到的退回的税款。出口货物退回的增值税额，在贷方蓝字登记；进口货物办理退税后发生退货或者退关而补缴已退的税款，在贷方红字登记。企业按规定计算的应免抵税额，在贷方蓝字登记，即借记"出口抵减内销产品应纳税额"科目，贷记本科目。

**8. 简易计税**

"简易计税"科目核算企业采用简易计税方法应交纳的增值税额，包括简易计税方法下应纳税额的计提和抵减情况。

"简易计税"科目下设"5％征收率"和"3％征收率"两个四级明细科目。

（1）5％征收率

"5％征收率"科目核算适用5％征收率的简易计税方法计税项目的增值税应纳税额的计提情况。如企业销售或出租其在2016年4月30日前取得的不动产并选择简易计税方法计税的业务等。

（2）3％征收率

"3％征收率"科目核算适用3％征收率的简易计税方法计税项目的增值税应纳税额的计提和抵减情况。如企业提供建筑服务符合并选择简易计税方法以及企业处置营改增前购进的固定资产等业务。

"3％征收率"科目下设"应纳税额计提"、"应纳税额抵减"两个五级明细科目。

"应纳税额计提"科目核算企业按销售额和3％征收率计提的增值税应纳税额。

"应纳税额抵减"科目核算企业提供建筑服务涉及工程分包的情况下，根据差额征税规定按扣除项目计算抵减的增值税额。

**9. 减免税款**

"减免税款"科目核算企业现行增值税制度规定准予减免的增值税额，在借方蓝字登记。

企业初次购买增值税税控系统专用设备（包括分开票机）支付的费用及缴纳的技术维护费，按价税合计金额抵减的增值税应纳税额，借记本科目，贷记"管理费用"等科目。增值税税控系统专用设备作为固定资产核算的，则贷记"递延收益"科目；在后续固定资产折旧期间，借记"递延收益"科目，贷记"管理费用"等科目。

企业处置使用过的动产类固定资产选择适用3％征收率减按2％征收，按抵减的增值税应纳税额，借记本科目，贷记"营业外收入"等科目。

**10. 项目部结转**

"项目部结转"科目核算建筑企业的项目部期末向总机构结转其"应交增值税"科目余额的情况。

"项目部结转"科目下设"一般计税"、"简易计税"、"减免税款"三个四级明细科目。

（1）一般计税

"一般计税"科目核算项目部期末向总机构结转其"应交增值税"下一般计税相关明细科目的余额的情况，包括"销项税额"、"进项税额"、"进项税额转出"、"销项税额抵减"、"已交税金"、"出口抵减内销产品应纳税额"、"出口退税"等科目。

上述科目中的贷方余额之和减去借方余额之和后为贷方余额时，项目部借记本科目，贷记"内部往来——总机构"科目；总机构借记"内部往来——项目部"科目，贷记本科目。

上述科目中的贷方余额之和减去借方余额之和后为借方余额时，项目部借记"内部往来——总机构"科目，贷记本科目；总机构借记本科目，贷记"内部往来——项目部"科目。

（2）简易计税

"简易计税"科目核算项目部期末向总机构结转其"应交增值税——简易计税"科目余额的情况。

期末"应交增值税——简易计税"科目为贷方余额时，项目部借记本科目，贷记"内部往来——总机构"科目；总机构借记"内部往来——项目部"科目，贷记本科目。

期末"应交增值税——简易计税"科目为借方余额时，项目部借记"内部往来——总机构"科目，贷记本科目；总机构借记本科目，贷记"内部往来——项目部"科目。

（3）减免税款

"减免税款"科目核算项目部期末向总机构结转其"应交增值税——减免税款"科目余额的情况。

按照期末"应交增值税——减免税款"科目余额，项目部借记"内部往来——总机构"科目，贷记本科目；总机构借记本科目，贷记"内部往来——项目部"科目。

**11. 转出未交增值税**

"转出未交增值税"科目核算企业期末转出当期应交未交的增值税额。建筑企业仅总机构涉及本科目。

建筑企业总机构的"应交税费——应交增值税"科目涉及一般计税、简易计税及减免税款相关科目，同时还涉及项目部结转的数据。因此，建议按照以下三步判断是否转出以及如何转出应交未交增值税。

（1）判断一般计税相关科目余额情况

总机构的"应交增值税"科目下的一般计税相关明细科目包括"销项税额"、"进项税额"、"进项税额转出"、"销项税额抵减"、"已交税金"、"出口抵减内销产品应纳税额"、"出口退税"、"项目部结转——一般计税"等科目。

上述科目中的贷方余额之和减去借方余额之和后，如为借方余额，则属于一般计税方法下的留抵税额（建筑企业基本不涉及已交税金），不作转出，也不参与转出应交未交增值税的计算；如为贷方余额，则参与转出应交未交增值税的计算。

（2）判断简易计税相关科目余额情况

总机构的"应交增值税"科目下的简易计税相关明细科目包括"简易计税"和"项目部结转——简易计税"等科目。

上述科目中的贷方余额之和减去借方余额之和后，如为借方余额，则属于简易计税方法下的留抵税额，不作转出，也不参与转出应交未交增值税的计算；如为贷方余额，则参与转出应交未交增值税的计算。

（3）计算转出应交未交增值税

将第一步及第二步中参与转出应交未交增值税计算的贷方余额加总，减去"减免税款"和"项目部结转——减免税款"科目之和后，如为借方余额，则属于留待下期抵减的减免税额，不作转出；如为贷方余额，则借记本科目，贷记"应交增值税——未交增值税"。

**12. 转出多交增值税**

"转出多交增值税"科目核算企业期末转出当期多交的增值税额。由于建筑企业一般不涉及使用"已交税金"科目，因此，也基本不涉及本科目。

## 要点："未交增值税"科目设置

"未交增值税"科目核算企业期末从"应交增值税"或"预缴增值税"明细科目转入当期应交未交、多交或预缴的增值税额，以及当期交纳以前期间未交的增值税额。

**1. 结转应交未交或多交增值税**

期末对"应交税费——应交增值税"科目结转的应交未交增值税，借记"应交税费——应交增值税——转出未交增值税"，贷记本科目；对"应交税费——应交增值税"科目结转的多交增值税，借记本科目，贷记"应交税费——应交增值税——转出多交增值税"。

**2. 结转预缴增值税**

按照期末"应交税费——预缴增值税"科目的借方余额，借记本科目，贷记"应交税费——预缴增值税——转出预缴增值税"科目。

**3. 交纳以前期间未交增值税**

交纳以前期间未交的增值税额，如建筑企业总机构在征期内向主管国税机关申报交纳的增值税，在借方蓝字登记。

## 要点："预缴增值税"科目设置

"预缴增值税"科目核算企业提供建筑服务、转让不动产、提供不动产经营租赁服务、采用预收款方式销售自行开发的房地产项目等，按现行增值税制度规定应预缴的增值税额。

"预缴增值税"科目下设"预缴税款"、"项目部结转"、"转出预缴增值税"三个三级明细科目。

**1. 预缴税款**

"预缴税款"科目核算企业按税法规定在项目所在地预缴的增值税，包括：跨县（市、区）提供建筑服务按规定向项目所在地主管国税机关预缴税款；企业销售不动产按规定向不动产所在地主管地税机关预缴税款；企业出租与机构所在地不在同一县（市、区）的不动产按规定向不动产所在地主管国税机关预缴税款等情形，在借方蓝字登记。

**2. 项目部结转**

"项目部结转"科目核算建筑企业的项目部期末向总机构结转其"预缴增值税"科目余额的情况。

"项目部结转"科目下设"一般计税"、"简易计税"两个四级明细科目。

（1）一般计税

"一般计税"科目核算采用一般计税的项目部期末向总机构结转其"预缴增值税"科目余额的情况。

按照项目部期末"预缴增值税"科目的借方余额，项目部借记"内部往来——总机构"科目，贷记本科目；总机构借记本科目，贷记"内部往来——项目部"。

（2）简易计税

"简易计税"科目核算采用简易计税的项目部期末向总机构结转其"预缴增值税"科目余额的情况。

按照项目部期末"预缴增值税"科目的借方余额，项目部借记"内部往来——总机构"科目，贷记本科目；总机构借记本科目，贷记"内部往来——项目部"。

**3. 转出预缴增值税**

"转出预缴增值税"科目企业期末转出当期预缴的增值税额。建筑企业仅总机构涉及本科目。

按照期末"应交税费——预缴增值税"科目的借方余额，借记"应交税费——未交增值税"科目，贷记本科目。

## 要点："待抵扣进项税额"科目设置

"待抵扣进项税额"科目核算企业已取得增值税扣税凭证并经税务机关认证，按照现行增值税制度规定准予以后期间从销项税额中抵扣的进项税额。包括：企业取得海关进口增值税专用缴款书，但尚未通过稽核比对的进项税额；企业自 2016 年 5 月 1 日后取得并按固定资产核算的不动产或者 2016 年 5 月 1 日后取得的不动产在建工程，按现行增值税制度规定准予以后期间从销项税额中抵扣的进项税额；实行纳税辅导期管理的企业取得的尚未交叉稽核比对的增值税扣税凭证上注明或计算的进项税额。

"待抵扣进项税额"科目下设"海关专用缴款书"、"不动产 40％"、"辅导期发票"三个三级明细科目。

**1. 海关专用缴款书**

"海关专用缴款书"科目核算企业已取得海关进口增值税专用缴款书，但尚未通过稽核比对的进项税额，在借方蓝字登记；在税务稽核比对通过后转入"进项税额"科目，在贷方蓝字登记。

**2. 不动产 40％**

"不动产 40％"科目核算，即企业用于购建不动产、需分期抵扣的进项税额中，尚未到抵扣期间的 40％部分，在借方蓝字登记；在取得扣税凭证当月起第 13 个月转入"进项税额"科目，在贷方蓝字登记。

**3. 辅导期发票**

"辅导期发票"科目核算企业在实行纳税辅导期管理的期限内收到增值税专用发票，但尚未交叉稽核比对的进项税额，在借方蓝字登记；交叉稽核比对无误的进项税额，转入"进项税额"科目，在贷方蓝字登记；经核实不得抵扣的进项税额，从本科目冲销，在借方红字登记。

建筑企业一般不存在辅导期，因此基本不涉及本科目。

## 要点："待认证增值税额"科目设置

"待认证增值税额"科目下设"一般计税"、"简易计税"两个三级明细科目。

**1. 一般计税**

"一般计税"科目核算企业在一般计税方法下由于未取得增值税扣税凭证或未经税务

机关认证而不得从当期销项税额中抵扣的进项税额。

"一般计税"科目下设"已取得发票"、"未取得发票"两个五级科目。

（1）已取得发票

"已取得发票"科目核算企业已取得增值税扣税凭证，按照现行增值税制度规定准予从销项税额中抵扣，但尚未经税务机关认证的进项税额，在借方蓝字登记；在经税务机关认证后转入"应交税费——应交增值税——进项税额"科目，在贷方蓝字登记。

（2）未取得发票

"未取得发票"科目核算企业取得货物等已入账，但由于尚未收到相关增值税扣税凭证而不得从当期销项税额中抵扣的进项税额，在借方蓝字登记；在取得相关增值税扣税凭证并经税务机关认证后转入"应交税费——应交增值税——进项税额"科目，在贷方蓝字登记。

**2. 简易计税**

"简易计税"科目核算企业在简易计税方法下由于未取得分包发票或未进行申报而不得从当期应纳税额中抵减的增值税额。

"简易计税"科目下设"已取得发票"、"未取得发票"两个五级科目。

（1）已取得发票

"已取得发票"科目核算企业已取得分包发票，按照现行增值税制度规定准予通过扣减销售额而减少应纳税额，但尚不能向税务机关申报抵减的增值税额，在借方蓝字登记；在确定可向税务机关申报抵税时转入"应交税费——应交增值税——简易计税——应纳税额抵减"科目，在贷方蓝字登记。

（2）未取得发票

"未取得发票"科目核算企业分包成本已入账，但由于尚未收到相关分包发票而不得从通过扣减销售额而从当期应纳税额中抵减的增值税额，在借方蓝字登记；在取得分包发票并确定可向税务机关申报抵转入"应交税费——应交增值税——简易计税——应纳税额抵减"科目，在贷方蓝字登记。

## 要点："待结转增值税额"科目设置

"待结转增值税额"科目核算企业销售货物、劳务、服务、无形资产或不动产，已确认相关收入（或利得）但尚未发生增值税纳税义务而需于以后期间确认为销项税额或应纳税额的增值税额，在贷方蓝字登记；或者尚未确认相关收入（或利得）但已发生增值税纳税义务而需要提前确认为销项税额或应纳税额的增值税额，在借方蓝字登记。

"待结转增值税额"科目下设"一般计税"和"简易计税"两个三级明细科目。

**1. 一般计税**

"一般计税"科目核算企业一般计税方法下的销售业务，包括销售货物、劳务、服务、无形资产或不动产，已确认相关收入（或利得）但尚未发生增值税纳税义务而需于以后期间确认为销项税额的增值税额，在贷方蓝字登记；或者尚未确认相关收入（或利得）但已发生增值税纳税义务而需要提前确认为销项税额的增值税额，在借方蓝字登记。

确认收入（或利得）但尚未发生增值税纳税义务发生时间时计提增值税，借记相关资产科目，贷记本科目；到纳税义务发生时间时，借记本科目，贷记"应交税费——应交增值税——销项税额"科目。

尚未确认相关收入（或利得）但已发生增值税纳税义务时计提增值税，借记本科目，贷记"应交税费——应交增值税——销项税额"科目；到确认相关收入（或利得）时，借记相关资产科目，贷记本科目。

**2. 简易计税**

"简易计税"科目核算企业简易计税方法下的销售业务，包括销售货物、服务或不动产，已确认相关收入（或利得）但尚未发生增值税纳税义务而需于以后期间确认为应纳税额的增值税额，在贷方蓝字登记；或者尚未确认相关收入（或利得）但已发生增值税纳税义务而需要提前确认为应纳税额的增值税额，在借方蓝字登记。

确认收入（或利得）但尚未发生增值税纳税义务时计提增值税，借记相关资产科目，贷记本科目；到纳税义务发生时间时，借记本科目，贷记"应交税费——应交增值税——简易计税——应纳税额计提"科目。

尚未确认相关收入（或利得）但已发生增值税纳税义务时计提增值税，借记本科目，贷记"应交税费——应交增值税——简易计税——应纳税额计提"科目；到确认相关收入（或利得）时，借记相关资产科目，贷记本科目。

## 要点："增值税留抵税额"科目设置

"增值税留抵税额"科目核算企业在营改增前货物和劳务挂账，在营改增后不得从销售服务、不动产和无形资产的销项税额中抵减的增值税留抵税额。

在营改增当期期初，按不得从销售服务、无形资产或不动产的销项税额中抵扣的增值税留抵税额，借记本科目，贷记"应交税费——应交增值税——进项税额转出"科目；在以后期间允许抵扣时，按允许抵扣的金额，借记"应交税费——应交增值税——进项税额"科目，贷记本科目。

## 要点："增值税检查调整"科目设置

"增值税检查调整"科目核算企业在税务、财政、审计部门检查后而调整的增值税情况。

"增值税检查调整"科目下设"一般计税"、"简易计税"两个三级明细科目。

**1. 一般计税**

"一般计税"科目核算企业在税务、财政、审计部门检查后对一般计税方法下销项税额、进项税额及进项税额转出的调整情况。检查后应调减进项税额或调增销项税额和进项税额转出的数额，在贷方蓝字登记；检查后应调增进项税额或调减销项税额和进项税额转出的数额，在借方蓝字登记。

全部调账事项入账后，应将相关调整金额分别结转计入"应交税费——应交增值税"科目下"销项税额"、"进项税额"、"进项税额转出"科目，结转后本科目无余额。

为确保结转正确，企业应设置《增值税检查调整登记簿》，逐笔记录纳税检查调整事项及调整金额、增值税额等情况。销项税额、进项税额及进项税额转出调整的具体结转要求及《增值税检查调整登记簿》表样如下：

（1）检查调整的销项税额

检查调整的销项税额，按照调整事项对应的适用税目及税率，分别汇总结转至"应交税费——应交增值税——销项税额"科目下的相应四级及五级明细科目，并设置增值税检查调整登记簿。在增值税检查调整登记簿设置"一般计税方法下销项业务调整表"，表样如表 5-5 所示。

**一般计税方法下销售业务调整（表样）** 表 5-5

| 序号 | 调整事项 | 调整依据 | 销售业务调整情况 | | | | |
|---|---|---|---|---|---|---|---|
| | | | 含税销售额 | 适用税目 | 适用税率 | 销售额 | 销项税额 |
| 1 | | | | | | | |
| 2 | | | | | | | |
| 3 | | | | | | | |
| 4 | | | | | | | |
| 5 | | | | | | | |
| 6 | | | | | | | |

（2）检查调整进项税额

检查调整的进项税额，涉及进项税额调增的，按照调整事项对应的服务类型及税率或征收率，分别汇总结转至"应交税费——应交增值税——进项税额"科目下的相应四级及五级明细科目；涉及进项税额调减的，汇总调整金额结转至"应交税费——应交增值税——进项税额转出"科目下的四级明细科目"纳税检查调减进项税额"。在增值税检查调整登记簿设置"一般计税方法下进项业务调整表"，表样如表 5-6 所示。

**一般计税方法下进项业务调整（表样）** 表 5-6

| 序号 | 调整事项 | 调整依据 | 进项业务调整情况 | | | | |
|---|---|---|---|---|---|---|---|
| | | | 含税金额 | 服务类型 | 税率/征收率 | 金额 | 进项税额 |
| 1 | | | | | | | |
| 2 | | | | | | | |
| 3 | | | | | | | |
| 4 | | | | | | | |
| 5 | | | | | | | |
| 6 | | | | | | | |

（3）检查调整进项税额转出

检查调整进项税额转出，按照调整事项对应的转出项目或原因汇总调整金额，分别结转至"应交税费——应交增值税——进项税额转出"科目下的相应四级明细科目。在增值税检查调整登记簿设置"一般计税方法下进项税转出业务调整表"，表样如表 5-7 所示。

**一般计税方法下进项税转出业务调整（表样）** 表 5-7

| 序号 | 调整事项 | 调整依据 | 进项业务调整情况 | | |
|---|---|---|---|---|---|
| | | | 涉税金额 | 转出项目或原因 | 进项税额转出 |
| 1 | | | | | |
| 2 | | | | | |
| 3 | | | | | |
| 4 | | | | | |
| 5 | | | | | |
| 6 | | | | | |

**2. 简易计税**

"简易计税"科目核算企业在税务、财政、审计部门检查后对简易计税方法下应纳税额的调整情况。检查后应调增应纳税额的数额，在贷方蓝字登记；检查后应调减应纳税额的数额，在借方蓝字登记。

全部调账事项入账后，应将本科目余额结转计入"应交税费——应交增值税——简易计税"科目，结转后本科目无余额。

为确保结转正确，企业应设置《增值税检查调整登记簿》，逐笔记录纳税检查调整事项及调整销售额、应纳税额等情况。应纳税额调整的具体结转要求及《增值税检查调整登记簿》表样如下：

检查调整的应纳税额，按照调整事项对应的适用税目及征收率，分别汇总结转至"应交税费——应交增值税——简易计税"科目下的相应四级及五级明细科目。在增值税检查调整登记簿设置"简易计税方法下销售业务调整表"，表样如表5-8所示。

简易计税方法下销售业务调整（表样） 表5-8

| 序号 | 调整事项 | 调整依据 | 销售业务调整情况 | | | | |
|------|----------|----------|----------|----------|----------|----------|----------|
| | | | 含税销售额 | 适用税目 | 适用征收率 | 销售额 | 应纳税额 |
| 1 | | | | | | | |
| 2 | | | | | | | |
| 3 | | | | | | | |
| 4 | | | | | | | |
| 5 | | | | | | | |
| 6 | | | | | | | |

## 要点："其他应付款"科目设置

建筑企业跨县（市、区）提供建筑服务，一般在征期（通常为次月15日之前）预缴当月的增值税。因此，项目部应在月底计提应预缴增值税。

对此，建筑企业可在"其他应付款"科目下设置"待预缴增值税"二级科目，核算项目部在月底计提的应在征期预缴的增值税。

# 第三节　销项税额核算

## 要点：提供建筑业应税服务的会计核算

合同约定收款日，登记应结算的合同价款时，借记"应收款账"科目，贷记"工程结算"、"应交税费——应交增值税（销项税额）"科目。实际收到合同价款时，借记"银行存款"科目，贷记"应收款账"科目。

提供建筑业应税服务并收到建设方支付的工程预付款时，借记"银行存款"科目，贷记"预收账款"科目；同时根据应缴税金，借记"预收账款"、"应交税费——应交增值税（销项税额）"科目。

### 要点：不动产经营租赁与转让的会计核算

发生不动产经营租赁业务时，按照确认的收入和按规定收取的增值税额，借记"应收账款"、"其他应收款"、"银行存款"等科目，按照按规定收取的增值税额，贷记"应交税费——应交增值税（销项税额）"科目，按确认的收入，贷记"主营业务收入"、"其他业务收入"等科目。

【例 5-1】 某建筑公司 2010 年 6 月份将不需用的一栋大楼（系 2016 年 6 月 30 日后取得的不动产）对外销售，该楼房账面原值为 700 万元，已提折旧 150 万元，取得含税销售收入 777 万元，款项以银行存款收讫。按照一般计税方法时，相关业务的账务处理如下：

（1）将设备转入清理时：

| | |
|---|---|
| 借：固定资产清理 | 5500000 |
| 　　累计折旧 | 1500000 |
| 　　　贷：固定资产——设备 | 7000000 |

（2）取得销售收入，需要计算增值税：

$$应纳增值税额＝777÷(1＋11\%)×11\%＝77（万元）$$

| | |
|---|---|
| 借：银行存款 | 7770000 |
| 　　　贷：固定资产清理 | 7000000 |
| 　　　　应交税费——应交增值税（销项税额） | 770000 |

（3）结转固定资产清理损益：

| | |
|---|---|
| 借：固定资产清理 | 1500000 |
| 　　　贷：营业外收入 | 1500000 |

### 要点：销售货物、其他服务的会计核算

销售货物、其他服务时，按照确认的收入和按规定收取的增值税额，借记"应收账款"、"其他应收款"、"银行存款"等科目，按照按规定收取的增值税额，贷记"应交税费——应交增值税（销项税额）"科目，按确认的收入，贷记"主营业务收入"、"其他业务收入"等科目。

企业采取托收承付和委托收款方式销售货物，纳税义务发生时间为发出货物并办妥托收手续的当天。按照实现的销售收入和按规定收取的增值税额，借记"应收账款"科目，按照实现的销售收入，贷记"主营业务收入"科目，按照规定收取的增值税额，贷记"应交税费——应交增值税（销项税额）"科目。

企业采取赊销和分期收款方式销售货物，纳税义务发生时间为合同约定的收款日期的当天。会计准则规定，合同或协议价款的收取采用递延方式，实质上具有融资性质，应在发出货物时按照应收合同或协议价，借记"长期应收款"科目，按照应收的合同或协议价款的公允价值，贷记"主营业务收入"科目，按应收的合同价或协议价与其公允价值之间的差额，贷记"未实现融资收益"科目，并在合同或其协议期间内采用实际利率法进行摊销，计入当期损益（财务费用）。

企业存在折扣销售的情况下，按照税法规定，如果销售额和折扣额在同一张发票上分

别注明的，可按折扣后的余额作为销售额计算增值税；如果将折扣额另开发票，不论其在财务上如何处理，均不得从销售额中扣减折扣额。企业按应收金额，借记"应收账款"科目，按扣除折扣额后的销售额，贷记"主营业务收入"科目，按应收取的增值税额，贷记"应交税费——应交增值税（销项税额）"科目。

现金折扣一般是在销售后结算阶段才能确定的事项，因此在销售业务发生时，应以未扣减现金折扣的销售价格和增值税额，确认销售收入、销项税额和应收账款。企业在发生销售折扣时，应借记"财务费用"等科目，贷记"应收账款"科目。

**【例 5-2】** 某建材公司 2015 年 3 月份用托收承付结算方式向异地某公司销售一批货物，货款 50000 元，增值税额 6000 元，另支付运费 3000 元，增值税额 330 元，取得货物运输业增值税专用发票。托收手续已办理完毕。账务处理如下：

（1）销售货物确认收入时：

| | |
|---|---|
| 借：应收账款 | 56000 |
| 贷：主营业务收入 | 50000 |
| 应交税费——应交增值税（销项税额） | 6000 |

（2）支付运费时：

| | |
|---|---|
| 借：销售费用 | 3000 |
| 应交税费——应交增值税（进项税额） | 330 |
| 贷：银行存款 | 3330 |

## 要点：兼营不同税率业务的会计核算

企业如果兼有不同税率或者征收率的销售货物、提供加工修理修配劳务或者应税服务的，应当分别核算适用不同税率或征收率的销售额。

在分别核算时，企业既可以在"主营业务收入"总账科目下按照销售货物、提供应税服务的种类设置明细账，也可以通过另设"其他业务收入"及其明细科目来实施分类核算。

实行增值税后，企业应该加强增值税筹划工作，以降低企业税负，增加企业利润。比如将一些免费服务改造为兼营多税率业务处理。

企业销售自己使用过的属于营改增之前购入的固定资产，应该缴纳增值税。无论是一般纳税人还是小规模纳税人，一律按简易计税方法按照 3% 的征收率减按 2% 计算缴纳增值税。在销售时，按取得的销售收入借记"银行存款"、"应收账款"等科目，按应确认的清理收入和增值税额，贷记"固定资产清理"和"应交税费——未交增值税"科目。

**【例 5-3】** 某装修公司为客户提供装修设计服务，收取设计服务费 212 万元（含税），另收取材料费 23.4 万元（含税），含税款项已收讫。账务处理如下：

服务费收入＝212/(1+6%)＝200(万元)

服务费销项税额＝200×6%＝12(万元)

材料销售收入＝23.4/(1+17%)＝20(万元)

材料销售销项税额＝20×17%＝3.4(万元)

服务费和材料销售增值税销项税额＝120000+34000＝154000(元)

| | |
|---|---|
| 借：银行存款 | 2354000 |

　　　　　贷：主营业务收入——设计费收入　　　　　　　　　　　　　2000000
　　　　　　　　　　　　　——材料销售收入　　　　　　　　　　　　　200000
　　　　　　应交税费——应交增值税（销项税额）　　　　　　　　　　154000

**【例5-4】** 某建筑公司2010年6月份将不需用的一台设备对外销售，该设备账面原值为300000元，已提折旧1500元，取得含税销售收入51500元，款项以银行存款收讫。由增值税业务的账务处理如下：

（1）将设备转入清理时：

　　借：固定资产清理　　　　　　　　　　　　　　　　　　　　　　298500
　　　　累计折旧　　　　　　　　　　　　　　　　　　　　　　　　　1500
　　　　贷：固定资产——设备　　　　　　　　　　　　　　　　　　300000

（2）取得销售收入，需要计算增值税：

$$应纳增值税额=51500\div(1+3\%)\times2\%=1000(元)$$

　　借：银行存款　　　　　　　　　　　　　　　　　　　　　　　　51500
　　　　贷：固定资产清理　　　　　　　　　　　　　　　　　　　　50500
　　　　应交税费——应交增值税（销项税额）　　　　　　　　　　　　1000

（3）结转固定资产清理损益：

　　借：营业外支出　　　　　　　　　　　　　　　　　　　　　　　248000
　　　　贷：固定资产清理　　　　　　　　　　　　　　　　　　　　248000

## 要点：常见视同销售业务的核算

　　增值税视同销售行为在会计核算上有些是要作为会计收入确认的，但有些是不作为会计收入确认的。建筑施工企业常见视同销售业务应按照《企业会计准则》要求进行会计处理。

　　**1. 将自产、委托加工或购买的货物作为投资提供给其他单位或个体经营者**

　　企业将自产、委托加工或购买的货物作为投资，提供给其他单位或个体经营者，应视同销售货物计算应交增值税；在进行会计处理时，应作为非货币性资产交换行为，判断是否具有商业实质，对具有商业实质的交换行为以投出货物的公允价值加上应支付的相关税费作为初始投资成本，借记"交易性金融资产"、"可供出售金融资产"和"长期股权投资"等科目，同时确认货物的销售收入和销项税额；对不具有商业实质的资产交换行为，以投出货物的账面价值加上应支付的相关税费作为初始投资成本，同时按照货物的账面价值结转库存商品，按照货物的公允价值确认销项税额。

　　**2. 将自产、委托加工或购买的货物分配给股东或投资者**

　　将自产、委托加工或购买的货物分配给股东或投资者的经济行为，是两项经济业务的合并：一项是将货物出售后取得现金，另一项是将取得的现金分配给股东。在账务处理中借记"应付股利"等科目；按应税货物的市场价格或组成计税价格，贷记"主营业务收入"、"其他业务收入"科目；按应纳增值税额，贷记"应交税费——应交增值税（销项税额）"科目。

　　**3. 将自产或委托加工货物用于非增值税应税项目**

　　企业将自产、委托加工的货物用于非应税项目，在增值税中视同销售是为了将产生的销项税额和已抵扣的进项税额匹配，而货物的所有权并没有转移，因此，在会计处理中由于不满足收入确认的条件，在移送货物时，按自产或委托加工货物的成本及其所用货物的计税价格，乘以适用税率计算的应纳增值税之和，借记"在建工程"等科目；按资产或委托加工货物的成本，贷记"库存商品"等科目，按应纳增值税额，贷记"应交税费——应交增值税（销项税额）"科目。

**4. 将自产、委托加工或购买的货物无偿赠送他人**

企业将自产、委托加工或购买的货物无偿赠送他人，按税法规定应视同销售货物计算应交增值税。账务处理时按所赠货物同类货物的成本价和销项税额之和，借记"营业外支出"科目；按所赠货物的成本，贷记"库存商品"、"原材料"等科目；按应纳增值税额，贷记"应交税费——应交增值税（销项税额）"科目。

**5. 以自产的产品作为集体福利或个人消费**

企业将自产、委托加工的货物用于集体福利或个人消费时，资产的实用价值得以体现，相关的报酬和风险得以转移，在企业所得税中应当确认相关资产的销售收入，在账务处理中按照货物的公允价值和相关税费借记"生产成本"、"工程施工"、"管理费用"等科目，同时贷记"应付职工薪酬"科目，在实际发放时借记"应付职工薪酬"科目，同时贷记"主营业务收入"或"其他业务收入"和"应交税费——应交增值税（销项税额）"科目。

**6. 委托代销业务**

企业将货物交付他人代销，其纳税义务发生时间为收到代销清单的当天。代销分为视同买断和收取手续费两种方式，在不同的方式下，其账务处理各不相同。在视同买断方式下，委托方在交付商品时应当确认销售商品收入，受托方做购进商品处理。受托方将商品销售后，应按实际售价确认为销售收入，并向委托方开具代销清单。在收取手续费方式下，委托方应在收到受托方交付的商品代销清单时确认销售收入，受托方则按应收取的手续费确认收入。

**7. 货物在不同（县）市分支机构移送的业务**

（1）总分机构统一核算。

不在同一县（市）并实行统一核算的总分机构之间、分支机构之间货物移送用于销售，应视同销售计算缴纳增值税。"用于销售"是指受货机构发生向购货方开具发票，或向购货方收取货款情形之一的经营行为。

如果受货机构的货物移送行为有上述两项情形之一的，应当向所在地税务机关缴纳增值税。移送货物的一方应视同销售，在货物移送当天开具增值税专用发票，计算销项税额，异地接受方符合条件可做进项税额抵扣。

（2）总分机构独立核算。

总分机构独立核算，此时受货方无论是否用于销售，无论是否在同一县（市），都要视同销售，按照一般的购销业务进行处理。

**8. 向其他单位或者个人无偿提供应税服务**

企业向其他单位或者个人无偿提供应税服务，为视同销售业务。按所提供应税服务的市场价或组成计税价格与应缴纳增值税借记"营业外支出"科目；按所提供应税服务成本，贷记"应付职工薪酬"、"原材料"等科目；按应纳增值税额，贷记"应交税费——应交增值税（销项税额）”科目。

**9. 将自产、委托加工或购买的货物用于非货币性资产交换或抵偿债务**

非货币性资产交换、用非货币性资产抵偿债务从增值税的角度看属于销售业务，发出货物应按照销售额计算销项税额，换入的资产可以根据所取得增值税专用发票做进项税额抵扣。企业将自产、委托加工或购买的货物用于非货币性资产交换、抵偿债务的，按《非货币性资产交换》和《债务重组》准则的有关规定进行会计处理。采取以旧换新方式销售货物的，应按新货物的同期销售价格确定销售额，不得冲减旧货物的收购价格，同时按照上述准则规定进行账务处理。

**【例 5-5】** 某建筑公司将自产的建筑材料 10 万元（不含税售价）分配利润，该产品成本为 8.5 万元，增值税税率为 17%。账务处理如下：

借：应付股利 117000
　　贷：其他业务收入 100000
　　　　应交税费——应交增值税（销项税额） 17000

**【例 5-6】** 某公司将一批生产成本为 50000 元的自产材料赠送给某养老中心，同类产品售价为 80000 元，增值税税率为 17%，其账务处理如下：

增值税销项税额＝80000×17%＝13600（元）

借：营业外支出 63600
　　贷：库存商品 50000
　　　　应交税费——应交增值税（销项税额） 13600

## 要点：预收工程款会计核算

建筑企业在收到预收工程款时，按上述公式计算销项税额，由于尚未进行工程结算，需通过"应交税费——待结转增值税额"科目核算，借记"应交税费——待结转增值税额——一般计税"科目，贷记"应交税费——应交增值税——销项税额——11%"科目。会计分录如下：

借：应交税费——待结转增值税额——一般计税
　　贷：应交税费——应交增值税——销项税额——11%

**【例 5-7】** 某建筑公司 2015 年 8 月承接的甲项目，与业主签订的施工合同约定于开工之前预付工程款 2220 万元，项目于 2015 年 9 月 3 日开工。2015 年 9 月初，业主预付工程款 2220 万元，某建筑公司未开具发票。

甲项目部计算应计提的销项税额如下：

应计提销项税额＝2220÷（1＋11%）×11%＝220（万元）

甲项目部的会计核算如下：

借：银行存款 22200000
　　贷：预收账款 22200000

同时，计提销项税额：

借：应交税费——待结转增值税额——一般计税 2200000
　　贷：应交税费——应交增值税——销项税额——11% 2200000

## 要点：工程验工计价会计核算

验工计价并经业主确认后，建筑企业应按照《建造合同准则》确认应冲减的预收工程款或应收工程款和工程结算额。由于工程结算对应工程项目收入，因此，建筑企业应对业主确认的工程结算金额进行价税分离，按不含税金额确认工程结算；同时，对于价税分离出的税额，应根据合同约定的付款情况确认增值税纳税义务，对于未到纳税义务发生时间的税额，可通过"应交税费——待结转增值税额"科目进行核算。

**1. 合同明确约定付款日期**

在合同明确约定付款日期的情况下，建筑企业应按当期确认的工程结算金额，借记"应收账款"科目；如果存在业主预付工程款，应先冲减预收工程款，借记"预收账款"科目；按价税分离后的不含税结算金额，贷记"工程结算"科目；按冲减预收账款所对应的前期已计提税额，贷记"应交税费——待结转增值税额——一般计税"科目；按计入应收账款中属于合同约定应在当期支付的部分工程款（如70%～80%部分）所对应的税额，贷记"应交税费——应交增值税——销项税额——11%"科目；对计入应收账款中属于合同约定不在当期支付的部分工程款（如20%～30%部分）所对应的税额，贷记"应交税费——待结转增值税额——一般计税"科目。

借：预收账款

应收账款

贷：工程结算

应交税费——应交增值税——销项税额——11%

应交税费——待结转增值税额——一般计税

待到合同约定的付款之日时，按应付工程款计算的税额，借记"应交税费——待结转增值税额——一般计税"科目，贷记"应交税费——应交增值税——销项税额——11%"。会计分录如下：

借：应交税费——待结转增值税额——一般计税

贷：应交税费——应交增值税——销项税额——11%

**2. 合同未约定付款日期或未签订合同**

在合同未约定付款日期或未签订合同的情况下，建筑企业应按当期确认的工程结算金额，借记"预收账款"、"应收账款"科目；按价税分离后的不含税结算金额，贷记"工程结算"科目；按冲减预收账款的部分工程款所对应的税额，贷记"应交税费——待结转增值税额——一般计税"科目，按确认为应收账款的部分工程款所对应的税额，贷记"应交税费——应交增值税——销项税额——11%"科目。会计分录如下：

借：预收账款

应收账款

贷：工程结算

应交税费——待结转增值税额——一般计税

应交税费——应交增值税——销项税额——11%

**【例5-8】** 某建筑公司承接的乙项目，合同总金额（含税）5550万元，合同约定业主按月计量，但未明确约定支付工程款的时间。

2015 年 5 月，业主预付工程款 2220 万元，某建筑公司未开具发票。2015 年 6 月，业主对乙项目进行验工计价，确认计量结算款 5550 万元，某建筑公司未开具发票。

（1）2015 年 5 月收到预付工程款时：

乙项目部计算应计提销项税额如下：

5 月应计提销项税额＝2220÷（1＋11％）×11％＝220（万元）

乙项目部的会计核算如下：

收到预付工程款时：

借：银行存款　　　　　　　　　　　　　　　　　　　　　　　22200000

　　预收账款　　　　　　　　　　　　　　　　　　　　　　　22200000

同时，计提销项税额：

借：应交税费——待结转增值税额——一般计税　　　　　　　　2200000

　　贷：应交税费——应交增值税——销项税额——11％　　　　2200000

（2）2015 年 6 月验工计价时：

乙项目部计算工程结算、应计提的销项税额如下：

$$应收账款＝本月计量结算款－上月预收款$$
$$＝5550－2220$$
$$＝3330（万元）$$
$$工程结算＝5550÷（1＋11％）＝5000（万元）$$

6 月应计提销项税额＝（本月计量结算款－上月预收款）÷（1＋11％）×11％
$$＝（5550－2220）÷（1＋11％）×11％$$
$$＝330（万元）$$

乙项目部的会计核算如下：

借：预收账款　　　　　　　　　　　　　　　　　　　　　　　22200000

　　应收账款　　　　　　　　　　　　　　　　　　　　　　　33300000

　　贷：工程结算　　　　　　　　　　　　　　　　　　　　　50000000

　　　　应交税费——待结转增值税额——一般计税　　　　　　3300000

　　　　应交税费——应交增值税——销项税额——11％　　　　3300000

## 要点：提前开具发票会计核算

在未收到工程款项、也未到合同约定的付款日期的情况下，提前开具增值税发票的，按发票上注明的税额，借记"应交税费——待结转增值税额——一般计税"科目，贷记"应交税费——应交增值税——销项税额——11％"科目。会计分录如下：

借：应交税费——待结转增值税额——一般计税

　　贷：应交税费——应交增值税——销项税额——11％

【例 5-9】 某建筑公司承接丙项目，合同总金额（含税）33300 万元，合同约定按月计量，按达到既定的工程量支付工程款。2015 年 10 月，工程尚未达到付款条件，但因工程施工需要，丙项目部向业主申请提前支付一笔工程款，以缓解资金压力，业主要求先开具增值税专用发票。2015 年 10 月底，某建筑公司向业主开具增值税专用发票，发票上注明的金额 800 万元，税额 88 万元，价税合计 888 万元。

丙项目部应计提销项税额 88 万元，会计核算如下：

借：应交税费——待结转增值税额——一般计税　　　　　　　　　880000
　　贷：应交税费——应交增值税——销项税额——11％　　　　　　880000

## 要点：材料销售会计核算

建筑企业的项目部发生的材料销售主要是处置施工过程中产生的残余物资，如一些材料物资的下脚料等；有时也会销售库存多余的原材料。

### 1. 销售施工残余物资

建筑企业的项目部销售施工残余物资，由于在工程领用材料时已将领用材料的价值直接计入了工程成本，材料物资的下脚料已包括在合同成本中，因此，处置这些残余物资取得的收益应冲减合同成本。

建筑企业的项目部销售施工残余物资，按实际收取销售款项，借记"银行存款"科目，按17％税率计算的不含税价款，冲减合同成本，借记红字冲减"工程施工——合同成本——直接材料"，按17％税率计算的增值税额，贷记"应交税费——应交增值税——销项税额——17％税率——货物"科目。会计分录如下：

借：银行存款
　　工程施工——合同成本——直接材料（红字）
　　贷：应交税费——应交增值税——销项税额——17％税率——货物

### 2. 销售库存原材料

建筑企业的项目部销售原材料，按实际收取销售款项，借记"银行存款"科目，按17％税率计算的不含税价款和增值税额，贷记"其他业务收入"和"应交税费——应交增值税——销项税额——17％税率——货物"科目；同时，按销售材料的成本，借记"其他业务成本"科目，贷记"原材料"科目。会计分录如下：

确认材料销售收入：

借：银行存款
　　贷：其他业务收入
　　　　应交税费——应交增值税——销项税额——17％税率——货物

同时，结转材料销售成本：

借：其他业务成本
　　贷：原材料

【例 5-10】某建筑公司的甲项目部 2015 年 10 月处置一批工程使用后的钢筋下脚料，取得销售价款 2.34 万元，开具增值税专用发票，发票上注明的金额 2 万元，税额 0.34 万元。

甲项目部会计核算如下：

借：银行存款　　　　　　　　　　　　　　　　　　　　　　　　23400
　　工程施工——合同成本——直接材料　　　　　　　　　　　　－20000
　　贷：应交税费——应交增值税——销项税额——17％税率——货物　　3400

## 要点：销售使用过的固定资产会计核算

建筑企业的项目部代总机构销售使用过的固定资产时，按实际收到的销售款项，借记

"银行存款"科目，贷记"内部往来——总机构"科目。会计分录如下：

借：银行存款

　　贷：内部往来——总机构

建筑企业的总机构收到项目部上报的固定资产销售情况表，通过"固定资产清理"科目进行固定资产处置的会计核算。

**【例5-11】** 某建筑公司的甲项目部2016年6月处置一台平地机，收取销售价款6.78万元。该设备为总机构2008年购置，处置时，总机构账面固定资产原值50万元，累计折旧46万元。

（1）甲项目部的会计核算

| | |
|---|---:|
| 借：银行存款 | 67800 |
| 　　贷：内部往来——总机构 | 67800 |

（2）总机构的会计核算

收到项目部上报的固定资产销售情况表，计算增值税并确认固定资产处置收益。由于资产是营改增前购置，总机构采用简易计税方法按3%征收率减按2%计算缴纳增值税。

处置固定资产的应税销售额＝6.78÷(1+3%)＝6(万元)

增值税应纳税额＝6×3%＝0.18(万元)

增值税减免税额＝6×1%＝0.06(万元)

总机构的会计处理如下：

首先，将账面固定资产转入清理：

| | |
|---|---:|
| 借：固定资产清理 | 40000 |
| 　　累计折旧 | 460000 |
| 　　贷：固定资产 | 500000 |

然后，根据甲项目部的销售价款核算清理收益：

| | |
|---|---:|
| 借：内部往来——甲项目部 | 61800 |
| 　　贷：固定资产清理 | 60000 |
| 　　应交税费——应交增值税——简易计税——3%征收率——应纳税额计提 | 1800 |

同时，确认1%减免税款：

| | |
|---|---:|
| 借：应交税费——应交增值税——减免税款 | 600 |
| 　　贷：营业外收入 | 600 |

最后，结转固定资产处置净收入：

| | |
|---|---:|
| 借：固定资产清理 | 20000 |
| 　　贷：营业外收入 | 20000 |

**【例5-12】** 某建筑公司的乙项目部2016年10月销售一台铲车，收取销售价款70.2万元。该设备为总机构2016年3月购置，已抵扣进项税额，由于型号不适用而处置。处置时，总机构账面固定资产原值80万元，累计折旧5万元。

（1）乙项目部的会计核算

| | |
|---|---:|
| 借：银行存款 | 702000 |
| 　　贷：内部往来——总机构 | 702000 |

（2）总机构的会计核算

收到项目部上报的固定资产销售情况表，计算增值税并确认固定资产处置收益。由于资产是营改增后购置，总机构适用一般计税方法按17%税率计算增值税销项税额。

处置固定资产的应税销售额＝70.2÷（1＋17%）＝60（万元）

应计提的销项税额＝60×17%＝10.2（万元）

总机构的会计处理如下：

首先，将账面固定资产转入清理：

| | |
|---|---:|
| 借：固定资产清理 | 750000 |
| 　　累计折旧 | 50000 |
| 　　贷：固定资产 | 800000 |

然后，根据乙项目部的销售价款核算清理收益：

| | |
|---|---:|
| 借：内部往来——乙项目部 | 702000 |
| 　　贷：固定资产清理 | 600000 |
| 　　　应交税费——应交增值税——销项税额——17%税率——货物 | 102000 |

最后，结转固定资产处置净损失：

| | |
|---|---:|
| 借：营业外支出 | 150000 |
| 　　贷：固定资产清理 | 150000 |

# 第四节　进项税额核算

## 要点：一般采购业务的进项税额会计核算

企业从国内采购的货物、服务，按照增值税专用发票上注明的增值税额，借记"应交税费——应交增值税（进项税额）"科目，按照专用发票上记载的应计入采购成本的金额，借记"原材料"、"周转材料"、"管理费用"、"固定资产"、"工程施工——合同成本（明细科目）"、"其他业务成本"等科目，按照应付或实际支付的金额，贷记"应付账款"、"应付票据"、"银行存款"等科目。购入货物发生的退货，做红字冲销的账务处理。

一般纳税人购进货物发生退货时，如果购货方未付货款也未做账务处理，只需将发票联和抵扣联退还给销货方即可，既然购货方进货后还未做账务处理，退货时也无须进行账务处理。如果是部分退货，将发票联和抵扣联退还给销货方后，由销货方按实际数量重新开具增值税专用发票，购货方也不用对退货进行账务处理，只要按实购数量、金额进行正常的购货账务处理即可。

如果购货方已付货款，或者货款未付但已做账务处理，发票联及抵扣联无法退还，购货方必须取得当地主管税务机关开具的"进货退出及索取折让证明单"送交销货方，作为销货方开具红字增值税专用发票的合法依据。购货方根据销货方转来的红字发票联、抵扣联，借记"应收账款"或"银行存款"科目，"应交税费——应交增值税（进项税额）"科目（红字），贷记"在途物资"、"原材料"、"材料采购"等科目。

有的企业设置了"工程施工——合同成本（分包成本）"专门核算工程分包成本，30万元分包成本也可以计入该明细项目。

一般纳税人购进农产品，取得销售普通发票或开具农产品收购发票的，按农产品买价和13％的扣除率计算进项税额进行会计核算。

企业进口货物或接受境外单位或者个人提供的应税服务，按照海关提供的海关进口增值税专用缴款书上注明的增值税额或中华人民共和国税收通用缴款书上注明的增值税额，借记"应交税费——应交增值税（进项税额）"科目，按照进口货物或接受境外单位或者个人提供的应税服务应计入采购成本的金额，借记"原材料"、"周转材料"、"工程施工——合同成本"、"管理费用"、"固定资产"等科目，按照应付或实际支付的金额，贷记"应付账款"、"银行存款"等科目。

需要注意，一般纳税人接受境外单位或者个人提供的应税服务，凭中华人民共和国税收通用缴款书抵扣进项税额的，还应当具备书面合同、付款证明和境外单位的对账单或发票，否则进项税额不得抵扣。

对于一般纳税人接受投资或接受捐赠货物、固定资产，会计处理方法同上。

**【例 5-13】** 某建筑公司甲项目部自行搭建厂房，购入为工程准备的各种专用物资 30 万元，支付增值税 4.3 万元，实际领用工程物资 30 万元；支付工程人员工资 8 万元，辅助生产部门提供有关劳务 2 万元。工程达到预定可使用状态并交付使用。

(1) 购入为工程准备的物资，账务处理如下：

借：工程物资——专用材料        300000

   应交税费——应交增值税（进项税额）    43000

     贷：银行存款        343000

(2) 工程领用物资，账务处理如下：

借：在建工程——建筑工程（厂房）    300000

     贷：工程物资——专用材料       300000

(3) 支付工程人员工资，账务处理如下：

借：在建工程——建筑工程（厂房）    80000

     贷：应付职工薪酬       80000

(4) 辅助生产部门提供的劳务，账务处理如下：

借：在建工程——建筑工程（厂房）    20000

     贷：辅助生产       20000

(5) 工程达到预定可使用状态，账务处理如下：

借：固定资产——临时设施（厂房）    400000

     贷：在建工程——建筑工程（厂房）    400000

## 要点：待抵扣进项税额的会计核算

按照"营改增"文件的规定，试点纳税人取得增值税一般纳税人资格后，发生增值税偷税、骗取出口退税和虚开增值税扣税凭证等行为的，主管税务机关可以对其实行不少于 6 个月的纳税辅导期管理。

辅导期一般纳税人从国内采购的货物或接受的应税服务，已经取得的增值税扣税凭证，按税法规定不符合抵扣条件，暂不予在本期申报抵扣的进项税额，借记"应交税费——待抵扣进项税额"科目，应计入采购成本的金额，借记"材料采购"、"商品采购"、

"原材料"、"管理费用"、"固定资产"、"主营业务成本"、"其他业务成本"等科目,按照应付或实际支付的金额,贷记"应付账款"、"应付票据"、"银行存款"等科目。

收到税务机关告知的稽核比对结果通知书及其明细清单后,按稽核比对结果通知书及其明细清单注明的稽核相符、允许抵扣的进项税额,借记"应交税费——应交增值税(进项税额)"科目,贷记"应交税费——待抵扣进项税额"科目。

增值税一般纳税人2016年5月1日后取得并在会计制度上按固定资产核算的不动产,以及2016年5月1日后发生的不动产在建工程,其进项税额应按照有关规定分2年从销项税额中抵扣,第一年抵扣比例为60%,第二年抵扣比例为40%。上述进项税额中,60%的部分于取得扣税凭证的当期从销项税额中抵扣;40%的部分为待抵扣进项税额,于取得扣税凭证的当月起第13个月从销项税额中抵扣。

待抵扣进项税额记入"应交税费——待抵扣进项税额"科目核算,并于可抵扣当期转入"应交税费——应交增值税(进项税额)"科目。对不同的不动产和不动产在建工程,纳税人应分别核算其待抵扣进项税额。

纳税人2016年5月1日后购进货物和设计服务、建筑服务,用于新建不动产,或者用于改建、扩建、修缮、装饰不动产并增加不动产原值超过50%的,其进项税额依照有关规定分2年从销项税额中抵扣。分2年从销项税额中抵扣的购进货物是指构成不动产实体的材料和设备,包括建筑装饰材料和给水排水、采暖、卫生、通风、照明、通讯、煤气、消防、中央空调、电梯、电气、智能化楼宇设备及配套设施。

购进时已全额抵扣进项税额的货物和服务,转用于不动产在建工程的,其已抵扣进项税额的40%部分,应于转用的当期从进项税额中扣减,计入待抵扣进项税额,并于转用的当月起第13个月从销项税额中抵扣。

纳税人销售其取得的不动产或者不动产在建工程时,尚未抵扣完毕的待抵扣进项税额,允许于销售的当期从销项税额中抵扣。

在施工现场修建的临时建筑物、构筑物,其进项税额不适用上述分2年抵扣的规定。

## 要点:进项税额转出的会计核算

当企业购进的货物发生非正常损失、用于简易计税方法计税项目、免征增值税项目、集体福利或个人消费时,其进项税额不得从销项税额中扣除。但这些货物的增值税额在其购进时如果已作为进项税额从当期的销项税额中做了扣除,企业应将其从进项税额中转出,从本期的进项税额中抵减。

若购买时确定用于简易计税方法计税项目、免征增值税项目、集体福利、个人消费时,应将进项税额计入采购成本或其他成本费用科目,即借记"原材料"、"周转材料"、"工程施工——合同成本(明细科目)"、"管理费用"、"固定资产"、"其他业务成本"等科目。

若购进的货物在采购时全部确认了进项税额,但之后被用于简易计税方法计税项目、免征增值税项目、集体福利、个人消费,应将相应的增值税额从"进项税额"中转出,计入有关科目。借记"应付职工薪酬——应付福利费"、"工程施工——合同成本(明细科目)"、"管理费用"、"固定资产"、"其他业务成本"等科目,贷记"应交税费——应交增值税(进项税额转出)"科目。

购进货物如果发生了非正常损失,应根据其损失情况,借记"待处理财产损益——待处理流动资产损益"科目，贷记"原材料"、"工程施工——合同成本"等科目，按不得抵扣的进项税额，贷记"应交税费——应交增值税（进项税额转出）"科目。

【例5-14】 某建材公司购入材料200t，每吨1500元，增值税专用发票上注明增值税20000元。款已支付，材料验收入库时，发现短少3t，原因待查。账务处理如下：

（1）企业采购付款时：

| 借：在途物资 | 300000 |
| 　　应交税费——应交增值税（进项税额） | 20000 |
| 　　贷：银行存款 | 320000 |

（2）材料实际验收入库时：

| 借：原材料 | 295500 |
| 　　贷：在途物资 | 295500 |
| 借：待处理财产损益 | 4800 |
| 　　贷：应交税费——应交增值税（进项税额转出） | 300 |
| 　　　　在途物资 | 4500 |

（3）假设现已查明原因，分析以下几种情况：

第一，对方少发货，同意补发，货已收到。

| 借：原材料 | 4500 |
| 　　应交税费——应交增值税（进项税额） | 300 |
| 　　贷：待处理财产损益 | 4800 |

第二，由供货方负责退赔短缺材料款及增值税，收到退款时。

| 借：银行存款 | 4800 |
| 　　贷：待处理财产损益 | 4800 |

第三，属运输部门原因，向运输部门索赔。

| 借：其他应收款 | 4800 |
| 　　贷：待处理财产损益 | 4800 |

第四，由保险公司负责理赔，应根据有关批文办理。

| 借：其他应收款——保险公司 | 4800 |
| 　　贷：待处理财产损益 | 4800 |

## 要点：工程原材料的会计核算

### 1. 增值税发票

无论采取哪种认证方式，均可及时获取发票认证结果。因此，一般情况下，建筑企业取得增值税专用发票时，应采取"先认证、后记账"的方式，在认证后进行会计处理。

对于月底取得增值税专用发票，未能及时认证的，建筑企业可采取"先记账、后认证"的方式，通过"应交税费——待认证增值税额一般计税——已取得发票"科目核算尚未认证的进项税额。

对于材料已经验收，但月底尚未取得发票的，建筑企业可采取"先记账、后取票"的方式，根据采购合同的约定或与供应商的合作情况，判断取得增值税专用发票的可能性，再进行会计处理。对于确定能取得增值税专用发票的，可在确认材料成本的同时，确认进项税额，并通过"应交税费——待认证增值税额——一般计税——未取得发票"科目进行核算；对于不确定能取得增值税专用发票的，直接按含税价款全额确认材料成本。

对于不能取得增值税专用发票的，直接按含税价款确认材料成本。

（1）"先认证、后记账"方式下的会计核算

建筑企业在取得增值税专用发票并认证通过后，按增值税专用发票注明的金额，借记"原材料"科目，按增值税专用发票注明的税额，借记"应交税费——应交增值税——进项税额"科目，按实际支付或应付的款项，贷记"银行存款"或"应付账款"等科目。会计分录如下：

借：原材料

　　应交税费——应交增值税——进项税额

　　贷：银行存款/应付账款等

领用原材料时（下同）：

借：工程施工——合同成本——直接材料

　　贷：原材料

（2）"先记账、后认证"方式下的会计核算

对于月底未及时认证的增值税专用发票，按增值税专用发票注明的金额，借记"原材料"科目，按增值税专用发票注明的税额，借记"应交税费——待认证增值税额——一般计税——已取得发票"科目，按实际支付或应付的款项，贷记"银行存款"或"应付账款"等科目。会计分录如下：

借：原材料

　　应交税费——待认证增值税额——一般计税——已取得发票

　　贷：银行存款/应付账款等

下月认证通过后，按增值税专用发票注明的税额，借记"应交税费——应交增值税——进项税额"科目，贷记"应交税费——待认证增值税额——一般计税——已取得发票"科目。会计分录如下：

借：应交税费——应交增值税——进项税额

　　贷：应交税费——待认证增值税额——一般计税——已取得发票

（3）"先记账、后取票"方式下的会计核算

对于月底材料已到、发票未到但确定能取得增值税专用发票的，按合同约定的不含税材料价款，借记"原材料"科目，按合同约定或按适用抵扣率（一般纳税人供应商抵扣率17%、小规模纳税人供应商抵扣率 3%）计算未来可抵扣的进项税额，借记"应交税费——待认证增值税额——一般计税——未取得发票"科目，按实际支付或应付的款项，贷记"银行存款"或"应付账款"等科目。会计分录如下：

借：原材料

　　应交税费——待认证增值税额——一般计税——未取得发票

　　贷：银行存款/应付账款等

取得增值税专用发票，并认证通过后，按增值税专用发票注明的税额，借记"应交税费——应交增值税——进项税额"科目，贷记"应交税费——待认证增值税额——一般计税——未取得发票"科目。会计分录如下：

借：应交税费——应交增值税——进项税额

贷：应交税费——待认证增值税额——一般计税——未取得发票

　　如果因预计有误或供应商违约等情况，后期未能取得增值税专用发票的，需冲减原计入"待认证增值税额"的进项税额，并计入材料成本。会计分录如下：

　　借：工程施工——合同成本——直接材料（蓝字）

　　借：应交税费——待认证增值税额——一般计税——未取得发票（红字）

　　（4）未取得增值税专用发票的会计核算

　　对于未取得增值税专用发票的材料采购，按材料含税价款，借记"原材料"，贷记"银行存款"或"应付账款"科目。会计分录如下：

　　借：原材料

　　　　贷：银行存款，应付账款等

　　**2. 海关进口增值税专用缴款书**

　　建筑企业取得海关进口增值税专用缴款书后，按专用缴款书上注明的金额，借记"原材料"科目，按专用缴款书上注明的税额，借记"应交税费——待抵扣进项税额——海关专用缴款书"科目，按实际支付或应付的款项，贷记"银行存款"或"应付账款"等科目。会计分录如下：

　　借：原材料

　　　　应交税费——待抵扣进项税额——海关专用缴款书

　　　　贷：银行存款/应付账款等

　　建筑企业申请稽核比对通过后，按专用缴款书上注明的税额，借记"应交税费——应交增值税——进项税额"，贷记"应交税费——待抵扣进项税额——海关专用缴款书"。会计分录如下：

　　借：应交税费——应交增值税——进项税额

　　　　贷：应交税费——待抵扣进项税额——海关专用缴款书

　　**3. 农产品销售发票**

　　建筑企业可取得农产品销售发票后，按照上述公式计算可抵扣的进项税额，借记"应交税费——应交增值税——进项税额"科目，按买价减去进项税额后的数额，借记"原材料"科目，按实际支付或应付的款项，贷记"银行存款"或"应付账款"等科目。

　　**【例 5-15】**　某建筑公司的甲项目部 2016 年 5 月采购一批圆钢，采用两票制结算，其中，材料价款（含税）2340 万元，取得增值税专用发票，已认证通过，发票上注明的金额 2000 万元、税额 340 万元；运费（含税）22.2 万元，取得增值税专用发票，已认证通过，发票上注明的金额 20 万元、税额 2.2 万元。款项均已支付。该批材料于当月领用。

　　甲项目部的会计核算如下：

　　（1）当月取得增值税专用发票并认证通过后：

| | |
|---|---|
| 借：原材料 | 20200000 |
| 　　应交税费——应交增值税——进项税额——17%税率——其他 | 3400000 |
| 　　应交税费——应交增值税——进项税额——11%税率——运输服务 | 22000 |
| 　　贷：银行存款 | 23622000 |

　　（2）当月工程领用材料时：

| | |
|---|---|
| 借：工程施工——合同成本——直接材料 | 20200000 |

|  |  |
|---|---|
| 　　贷：原材料 | 20200000 |

　　**【例5-16】**　某建筑公司的乙项目部2016年3月进口一批花纹钢，采购支付价款及缴纳关税合计500万元，缴纳进口环节增值税51万元，取得海关进口增值税专用缴款书，并于当月申请稽核比对通过。该批材料于当月领用。

　　乙项目部的会计核算如下：

　　（1）当月取得海关进口增值税专用缴款书时：

|  |  |
|---|---|
| 　　借：原材料 | 5000000 |
| 　　　　应交税费——待抵扣进项税额——海关专用缴款书 | 510000 |
| 　　　　贷：银行存款 | 5510000 |

　　（2）当月稽核比对通过后：

|  |  |
|---|---|
| 　　借：应交税费——应交增值税——进项税额——17％税率——其他 | 510000 |
| 　　　　贷：应交税费——待抵扣进项税额——海关专用缴款书 | 510000 |

　　（3）当月工程领用材料时：

|  |  |
|---|---|
| 　　借：工程施工——合同成本——直接材料 | 5000000 |
| 　　　　贷：原材料 | 5000000 |

　　**【例5-17】**　某建筑公司的丙项目部2016年5月购买一批胶合板，支付买价200万元，供应商享受免税优惠，丙项目部取得农产品销售发票。该批原木已于当月领用。

　　丙项目部计算可抵扣的进项税额及材料成本如下：

$$进项税额＝200×13\%＝26（万元）$$
$$材料成本＝200-26＝174（万元）$$

　　丙项目部的会计核算如下：

　　（1）当月取得农产品销售发票时：

|  |  |
|---|---|
| 　　借：原材料 | 1740000 |
| 　　　　应交税费——应交增值税——进项税额——13％税率 | 260000 |
| 　　　　贷：银行存款 | 2000000 |

　　（2）当月工程领用材料时：

|  |  |
|---|---|
| 　　借：工程施工——合同成本——直接材料 | 1740000 |
| 　　　　贷：原材料 | 1740000 |

## 要点：分包成本的会计核算

　　结合建筑行业特点，建筑企业与分包商确认分包计量及结算金额后，存在两种开具发票情形：一种是分包商按计量金额全额开具发票；另一种是分包商按总包方支付分包款金额分期开具发票。在确认分包成本时，对于未及时取得发票的，建筑企业可根据分包合同的约定或与分包商的合作情况，确定取得增值税专用发票的情况。对于确定能取得增值税专用发票的，可按价税分离的原则确认分包成本和暂估进项税额，并通过"应交税费——待认证增值税额——一般计税"科目进行核算；对于不能取得增值税专用发票的，直接按含税价款确认分包成本。

　　建筑企业与分包商确认分包计量及结算金额后，按不含税分包价款，借记"工程施工——合同成本——分包成本"科目；对于已取得增值税专用发票并认证通过的，按增值税专用发票注明的税额，借记"应交税费——应交增值税——进项税额"科目，对于尚未取得增值税专用发票或尚未认证的，按照该部分结算金额和适用抵扣率（一般纳税人分包商抵扣率11％、小规模纳税人分包商抵扣率3％）计算可抵扣的进项税额，借记"应交税费——待认证增值税额——一般计税"科目；按实际支付或应付的金额，贷记"银行存款"或"应付账款"等科目。会计分录如下：

借：工程施工——合同成本——分包成本

应交税费——应交增值税——进项税额

应交税费——待认证增值税额——一般计税

贷：银行存款/应付账款等

对于尚未取得增值税专用发票或尚未认证的，在取得分包商开具的增值税专用发票并认证通过后，按增值税专用发票注明的税额，借记"应交税费——应交增值税——进项税额"科目，贷记"应交税费——待认证增值税额——一般计税"科目。

会计分录如下：

借：应交税费——应交增值税——进项税额

贷：应交税费——待认证增值税额——一般计税

**【例 5-18】** 2016 年 4 月，某建筑公司的甲项目部与土方工程分包商计量确认含税分包款 666 万元，分包合同约定当月支付 75％，待工程完工后支付剩余 25％。甲项目部向分包商支付分包款 499.5 万元，取得增值税专用发票，发票上注明的金额 400 万元、税额 99.5 万元，该发票已认证通过。

甲项目部计算未取得发票部分的分包成本及进项税额如下：

$$未取得发票的分包成本＝(666-499.5)÷(1+11％)＝150(万元)$$
$$未取得发票的进项税额＝150×11％＝16.5(万元)$$

甲项目部的会计核算如下：

（1）当月分包结算时：

借：工程施工——合同成本——分包成本　　　　　　　　　　　　5550000

应交税费——应交增值税——进项税额——11％税率——建筑安装服务　995000

应交税费——待认证增值税额——一般计税——未取得发票　　　165000

贷：银行存款　　　　　　　　　　　　　　　　　　　　　4995000

应付账款　　　　　　　　　　　　　　　　　　　　　1665000

（2）分包工程完工后，取得增值税专用发票并认证通过：

借：应交税费——应交增值税——进项税额　　　　　　　　　　　165000

贷：应交税费——待认证增值税额——一般计税——未取得发票　165000

## 要点：直接人工费会计核算

工程项目的直接人工支出主要包括从事工程建造的人员的工资、奖金、津贴补贴、职工福利费等职工薪酬。

直接人工支出不涉及增值税进项税额抵扣，在发生直接人工支出时，直接计入合同成本，借记"工程施工——合同成本——直接人工"科目，贷记"应付职工薪酬"科目。会计分录如下：

借：工程施工——合同成本——直接人工
　　贷：应付职工薪酬

## 要点：机械使用费会计核算

### 1. 使用自有施工机械

工程项目使用自有施工机械，项目部按总机构结转的资产折旧金额，借记"工程施工——合同成本——机械使用费"科目，贷记"内部往来——总机构"科目。会计分录如下：

借：工程施工——合同成本——机械使用费
　　贷：内部往来——总机构

### 2. 租用外单位施工机械

工程项目租用外单位施工机械，取得增值税专用发票并认证通过后，按增值税专用发票注明的金额，借记"工程施工——合同成本——机械使用费"科目，按增值税专用发票注明的税额，借记"应交税费——应交增值税——进项税额"科目，按实际支付或应付的款项，贷记"银行存款"或"应付账款"等科目。会计分录如下：

借：工程施工——合同成本——机械使用费
　　应交税费——应交增值税——进项税额
　　贷：银行存款/应付账款等

**【例 5-19】** 2016 年 10 月，某建筑公司的乙项目部租入外部施工机械，共支付 585 万元，取得了增值税专用发票，发票上注明的金额 500 万元，税额 85 万元，该发票已认证通过，款项已全部支付。

乙项目部的会计核算如下：

借：工程施工——合同成本——机械使用费　　　　　　　　　　　　　　5000000
　　应交税费——应交增值税——进项税额——17％税率——有形动产租赁服务
　　　　　　　　　　　　　　　　　　　　　　　　　　　　　　　　850000
　　贷：银行存款　　　　　　　　　　　　　　　　　　　　　　　　5850000

## 要点：其他直接费用会计核算

### 1. 增值税专用发票

工程项目发生其他直接费用，取得增值税专用发票并认证通过后，按增值税专用发票注明的金额，借记"工程施工——合同成本——其他直接费"科目，按增值税专用发票注明的税额，借记"应交税费——应交增值税——进项税额"科目，按实际支付或应付的款项，贷记"银行存款"或"应付账款"等科目。会计分录如下：

借：工程施工——合同成本——其他直接费
　　应交税费——应交增值税——进项税额
　　贷：银行存款/应付账款等

### 2. 完税凭证

根据财办会〔2016〕27 号文规定，从境外单位或个人购进服务、无形资产或不动产应代扣代缴的增值税额，应计入企业销项税额；如属于可抵扣项目，可依据解缴税款的完税凭证上注明的税额确认进项税额。

工程项目发生向境外支付其他直接费用，涉及代扣代缴增值税的，需要通过总机构对外支付，并代扣代缴增值税，相关费用支出通过内部往来结转给项目部。

（1）项目部的会计核算

项目部按应计入相关成本费用的金额，借记"工程施工——合同成本——其他直接费"科目，贷记"内部往来——总机构"。

（2）总机构的会计核算

总机构按应计入相关成本费用的金额，借记"内部往来——项目部"科目，按可抵扣的增值税额，借记"应交税费——待认证增值税额——一般计税——未取得发票"科目，按实际支付或应付的金额，贷记"银行存款"或"应付账款"等科目，按应代扣缴的增值税额，贷记"应交税费——应交增值税——销项税额"科目。会计分录如下：

  借：内部往来——项目部
   应交税费——待认证增值税额——一般计税——未取得发票
    贷：银行存款/应付账款等
     应交税费——应交增值税——销项税额

总机构解缴代扣代缴增值税，并取得完税凭证时，按代扣缴的增值税额，借记"应交税费——应交增值税——已交税金"科目，贷记"银行存款"科目。会计分录如下：

  借：应交税费——应交增值税——已交税金
    贷：银行存款

同时，按完税凭证上注明的增值税额，借记"应交税费——应交增值税——进项税额"或"应交税费——待抵扣进项税额"科目，贷记"应交税费——待认证进项税额——一般计税——未取得发票"科目。会计分录如下：

  借：应交税费——应交增值税——进项税额/应交税费——待抵扣进项税额
    贷：应交税费——待认证增值税额——一般计税——未取得发票

【例5-20】 2016年7月，某建筑公司的丙项目部实际发生其他直接费用合计90万元，其中，检验试验费42.4万元，取得了增值税专用发票，发票上注明的金额40万元，税额2.4万元；施工现场材料的二次搬运费15.6万元，取得了增值税专用发票，发票上注明的金额12万元，税额3.6万元；总机构结转其支付境外技术咨询费18万元（总机构对外支付价款的含税金额19.8万元，代扣代缴增值税1.8万元，并取得了完税凭证）；其他费用12.2万元，取得增值税普通发票。款项均已支付，取得的增值税专用发票均已认证通过。

丙项目部的其他直接费用及进项税额明细如表5-9所示。

**丙项目部的其他直接费用及进项税额明细表**　　　　　　　表5-9

| 项目 | 价税合计 | 金额 | 进项税额 | 税项 | 抵扣率 |
|---|---|---|---|---|---|
| 检验试验费 | 424000 | 400000 | 24000 | 现代服务 | 6% |
| 施工现场材料的二次搬运费 | 156000 | 120000 | 36000 | 现代服务 | 3% |
| 技术咨询费（境外） | 180000 | 180000 | 0 | | |
| 其他直接费 | 122000 | 122000 | 0 | | |
| 合计 | 882000 | 822000 | 60000 | | |

（1）丙项目部的会计核算

1）检验试验费核算

借：工程施工——合同成本——其他直接费 400000

应交税费——应交增值税——进项税额——6％税率——其他 24000

贷：银行存款 424000

2）施工现场材料的二次搬运费核算

借：工程施工——合同成本——其他直接费 120000

应交税费——应交增值税——进项税额——3％征收率——其他 36000

贷：银行存款 156000

3）结转境外咨询费核算

借：工程施工——合同成本——其他直接费 180000

贷：内部往来——总机构 180000

4）其他直接费核算

借：工程施工——合同成本——其他直接费 122000

贷：银行存款 122000

（2）总机构的会计核算

1）支付境外咨询费时：

借：内部往来——第六项目部 180000

应交税费——待认证增值税额——一般计税——未取得发票 10800

贷：银行存款 180000

应交税费——应交增值税——销项税额——6％税率 10800

2）解缴代扣代缴增值税，取得完税凭证时：

借：应交税费——应交增值税——已交税金 10800

贷：银行存款 10800

同时，确认进项税额：

借：应交税费——应交增值税——进项税额——6％税率——其他 10800

贷：应交税费——待认证增值税额——一般计税——未取得发票 10800

## 要点：间接费用会计核算

对于不可抵扣进项税额或未取得增值税专用发票的支出项目，按实际支付金额全额计入工程施工。对于可抵扣进项税额的支出项目，取得增值税专用发票并认证通过后，按增值税专用发票注明的金额，借记"工程施工——间接费用"科目，按增值税专用发票注明的税额，借记"应交税费——应交增值税——进项税额"科目，按实际支付或应付的款项，贷记"银行存款"或"应付账款"等科目。会计分录如下：

借：工程施工——间接费用

应交税费——应交增值税——进项税额

贷：银行存款/应付账款等

期末将间接费用结转至合同成本，借记"工程施工——合同成本——间接费用"科目，贷记"工程施工——间接费用"科目。会计分录如下：

借：工程施工——合同成本——间接费用

贷：工程施工——间接费用

**【例 5-21】** 2016 年 6 月，某建筑公司的乙项目部实际发生间接费用合计 151.91 万元，其中，劳保用品 20.6 万元，取得了增值税专用发票，发票上注明的金额 20 万元，税额 0.6 万元；设备维修费 46.8 万元，取得了增值税专用发票，发票上注明的金额 40 万元，税额 6.8 万元；水费 22.6 万，取得供水公司开具的增值税专用发票，发票上注明的金额 20 万元，税额 2.6 万元；电费 35.1 万元，取得供电公司开具的增值税专用发票，发票上注明的金额 30 万元，税额 5.1 万元；财产保险费 4.24 万元，取得保险公司开具的增值税专用发票，发票上注明的金额 4 万元，税额 0.24 万元；差旅费 14.36 万元，其中住宿费 6.36 万元取得增值税专用发票，发票上注明的金额 6 万元，税额 0.36 万元；通行费 5.21 万元，其中高速公路费 2.06 万元，其他公路及桥闸通行费 3.15 万元，均取得通行费发票；其他费用 3 万元，取得增值税普通发票。款项均已支付，取得的增值税专用发票均已认证通过。

乙项目部计算通行费可抵扣进项税额如下：

高速公路通行费进项税额＝2.06÷(1＋3%)×3%＝0.06(万元)

其他公路及桥闸通行费进项税额＝3.15÷(1＋5%)×5%＝0.15(万元)

乙项目部的间接费用及进项税额明细如表 5-10 所示。

**乙项目部的间接费用及进项税额明细表** 表 5-10

| 项目 | 价税合计 | 金额 | 进项税额 | 税项 | 抵扣率 |
|---|---|---|---|---|---|
| 劳保用品 | 206000 | 200000 | 6000 | 货物 | 3% |
| 设备维修费 | 468000 | 400000 | 68000 | 加工修理修配 | 17% |
| 水费 | 226000 | 200000 | 26000 | 货物 | 13% |
| 电费 | 351000 | 300000 | 51000 | 货物 | 17% |
| 财产保险费 | 42400 | 40000 | 2400 | 金融保险服务 | 6% |
| 差旅费——住宿费 | 63600 | 60000 | 3600 | 住宅服务 | 6% |
| 差旅费——其他 | 80000 | 80000 | 0 | | |
| 通行费——高速公路 | 20600 | 20000 | 600 | 通行费 | 3% |
| 通行费——其他公路、桥、闸 | 31500 | 30000 | 1500 | 通行费 | 5% |
| 其他间接费 | 30000 | 30000 | 0 | | |
| 合计 | 1519100 | 1360000 | 159100 | | |

乙项目部的会计核算如下：

（1）劳保用品核算

借：工程施工——间接费用                                    200000

应交税费——应交增值税——进项税额——3%征收率——其他货物及加工、修理修配劳务                                    6000

贷：银行存款                                    206000

（2）设备维修费核算

借：工程施工——间接费用                                    400000

应交税费——应交增值税——进项税额——17%税率——其他                                    68000

  贷：银行存款                 468000

（3）水费核算

  借：工程施工——间接费用            200000

    应交税费——应交增值税——进项税额——13％税率   26000

    贷：银行存款               226000

（4）电费核算

  借：工程施工——间接费用            300000

    应交税费——应交增值税——进项税额——17％税率——其他   51000

    贷：银行存款               351000

（5）财产保险费核算

  借：工程施工——间接费用            40000

    应交税费——应交增值税——进项税额——6％税率——金融保险服务   2400

    贷：银行存款               42400

（6）差旅费核算

  借：工程施工——间接费用            140000

    应交税费——应交增值税——进项税额——6％税率——金融保险服务   3600

    贷：银行存款               143600

（7）通行费核算

  借：工程施工——间接费用            50000

    应交税费——应交增值税——进项税额——3％征收率——通行费   600

    应交税费——应交增值税——进项税额——5％征收率——通行费   1500

    贷：银行存款               52100

（8）其他间接费核算

  借：工程施工——间接费用            30000

    贷：银行存款               30000

（9）间接费用结转

  借：工程施工——合同成本——间接费用       1360000

    贷：工程施工——间接费用          1360000

# 第五节　增值税缴纳与减免核算

## 要点：税款缴纳的会计核算

  建筑业一般纳税人按月或季度缴纳税款，由于采用施工项目按收入一定比例预缴增值税，期末总部汇总申报纳税的征管方式，建筑业企业存在预缴增值税、申报纳税两个阶段的业务。施工项目每月末按收入一定比例预缴税款时，借记"应交税费——应交增值税（已交税金）"科目，贷记"银行存款"科目。

  期末，纳税人应根据"应交税费——应交增值税"明细科目各专栏本期发生额，计算企业当期应缴纳的增值税额，并在规定期限内申报缴纳。

$$当期应纳税额＝（当期销项税额＋当期进项税额转出＋当期出口退税发生额）－$$
$$（上期留抵＋当期发生的允许抵扣的进项税额＋已交税金＋减免税款$$
$$＋出口抵减内销产品应纳税额＋营改增抵减的销项税额）\qquad(5\text{-}8)$$

企业计算出当期应交而未交的增值税，借记"应交税费——应交增值税（转出未交增值税）"科目，贷记"应交税费——未交增值税"科目；当期多交的增值税，借记"应交税费——未交增值税"科目，贷记"应交税费——应交增值税（转出多交增值税）"科目。

企业缴纳当期的增值税，通过"应交税费——应交增值税（已交税金）"科目反映，缴纳以前各期未交的增值税，通过"应交税费——未交增值税"科目反映。

收到退回多交增值税税款时，借记"银行存款"科目，贷记"应交税费——未交增值税"科目。

**【例 5-22】** 某建筑公司 2016 年 5 月外购货物，发生允许抵扣的进项税额合计 30 万元，本月初"应交税费——应交增值税"明细账借方余额为 5 万元，本月对外提供劳务，取得销项税额合计为 40 万元。则会计处理如下：

某建筑公司本月应纳增值税＝40－（30＋5）＝5（万元）

借：应交税费——应交增值税（转出未交增值税）　　　　　　　　　　50000

　　贷：应交税费——未交增值税　　　　　　　　　　　　　　　　　50000

2016 年 6 月，某建筑公司依法申报缴纳上月应缴未缴的增值税 50000 元、本月的增值税 250000 元。

借：应交税费——未交增值税　　　　　　　　　　　　　　　　　　50000

　　应交税费——应交增值税（已交税金）　　　　　　　　　　　　250000

　　贷：银行存款　　　　　　　　　　　　　　　　　　　　　　　300000

## 要点：一般纳税人汇总纳税的会计核算

分公司、子公司按照现行规定在所在地缴纳增值税，借记"其他应收款"、"内部往来"等科目，贷记"应交税费——未交增值税"科目；上缴时，借记"应交税费——未交增值税"科目，贷记"银行存款"科目。月初，分、子公司要将上月各自销售额、进项税额及应纳税额通过传递单传至公司总部。

公司总部收到各分公司、子公司的传递单后，按照传递单上注明的应纳税额，借记"应交税费——应交增值税（已交税金）"科目，贷记"其他应付款"、"内部往来"等科目；将全部收入汇总后计算销项税额，减除汇总的全部进项税额后形成总的增值税应纳税额，再将各分公司、子公司汇总的应纳税额作为已交税金予以扣减后，形成总部的增值税应纳税额。

## 要点：减免税款的会计核算

根据有关规定，企业收到返还的增值税，或者直接减免的增值税，都应作为企业利润总额的组成部分，通过"营业外收入"科目进行核算，对于直接减免的增值税还应通过"应交税费——应交增值税（减免税款）"科目核算。企业按规定享受直接减免的增值税，应借记"应交税费——应交增值税（减免税款）"科目，贷记"营业外收入"科目。实际收到即征即退、先征后退的增值税，应借记"银行存款"等科目，贷记"营业外收入"科目。

**【例 5-23】** 某公司为增值税一般纳税人，2014 年 6 月份购进货物取得的增值税专用发票注明价款 50 万元，增值税税额 6 万元，当月实现收入 80 万元，销项税税额 8 万元。经企业申请，主管税务机关批准，该企业减半征收增值税 1 年，如果该企业享受免税优惠属于直接减免形式，则该企业账务处理如下：

（1）计算、缴纳当月应纳增值税额时：

应纳税额＝(8－6)×50％＝1(万元)

借：应交税费——应交增值税（已交税金）　　　　　　　　　　　　10000

　　贷：银行存款　　　　　　　　　　　　　　　　　　　　　　　　10000

（2）核算减免税额：

借：应交税费——应交增值税（减免税款）　　　　　　　　　　　　10000

　　贷：营业外收入　　　　　　　　　　　　　　　　　　　　　　　10000

假设该企业按规定享受先征后退办法进行减免，则该企业账务处理如下：

（1）计算、缴纳当月应纳增值税额时：

应纳税额＝8－6＝2(万元)

借：应交税费——应交增值税（已交税金）　　　　　　　　　　　　20000

　　贷：银行存款　　　　　　　　　　　　　　　　　　　　　　　　20000

（2）核算减免税额：

借：银行存款　　　　　　　　　　　　　　　　　　　　　　　　　10000

　　贷：营业外收入　　　　　　　　　　　　　　　　　　　　　　　10000

## 要点：分包抵税的会计核算

工程项目发生分包成本，如果取得增值税发票，可以按规定计算抵减应纳税额。

结合建筑行业特点，建筑企业与分包商确认分包计量及结算金额后，发票开票存在两种情形：一种是分包商按计量金额全额开具发票；另一种是分包商按总包方支付分包款金额分期开具发票。在确认分包成本时，对于未及时取得发票的，建筑企业可根据分包合同的约定或与分包商的合作情况，确定取得增值税发票的情况。对于确定能取得增值税发票的，可计算可抵减应纳税额的增值税额，并通过"应交税费——待认证增值税额——简易计税"科目进行核算；对于不能取得增值税发票的，则不考虑分包抵税的情形。

对于分包抵减的应纳税额，建筑企业可采取增加收入或减少成本两种方法进行会计核算，在不同的核算方法下，建筑企业应首先调整工程项目的合同预计总收入或合同预计总成本，并在取得分包发票时，相应计入工程结算或冲减工程施工。

### 1. 分包抵税增加收入

对于分包可抵减的应纳税额，如果采取增加收入的方法，建筑企业相应调整了合同预计总收入，因此，在取得分包发票时，按分包价款计算的可抵减应纳税额，应相应计入工程结算。

建筑企业与分包商确认分包计量及结算金额后，对于已取得增值税发票并确定可向税务机关申报抵税的，按该部分结算金额计算的可抵减应纳税额，借记"应交税费——应交增值税——简易计税——应纳税额抵减"科目，对于尚未取得增值税发票或尚不能向税务机关申报抵税的，按照该部分结算金额计算未来可抵减应纳税额，借记"应交税费——待认证增值税额——简易计税"科目，按这两项可抵减应纳税额合计，贷记"工程结算"科目。会计分录如下：

借：应交税费——应交增值税——简易计税——应纳税额抵减

应交税费——待认证增值税额——简易计税

贷：工程结算

对于尚未取得增值税发票或尚不能向税务机关申报抵税的，在取得分包商开具的增值税发票并确定可向税务机关申报抵税时，按该部分结算金额计算的可抵减应纳税额，借记"应交税费——应交增值税——简易计税——应纳税额抵减"科目，贷记"应交税费——待认证增值税额——简易计税"科目。会计分录如下：

借：应交税费——应交增值税——简易计税——应纳税额抵减

贷：应交税费——待认证增值税额——简易计税

**2. 分包抵税减少成本**

对于分包可抵减的应纳税额，如果采取减少成本的方法，建筑企业相应调整了合同预计总成本，因此，在取得分包发票时，按分包价款计算的可抵减应纳税额，应相应冲减工程施工。

建筑企业与分包商确认分包计量及结算金额后，对于已取得增值税发票并确定可向税务机关申报抵税的，按该部分结算金额计算的可抵减应纳税额，借记"应交税费——应交增值税——简易计税——应纳税额抵减"科目，对于尚未取得增值税发票或尚不能向税务机关申报抵税的，按照该部分结算金额计算未来可抵减应纳税额，借记"应交税费——待认证增值税额——简易计税"科目，按这两项可抵减应纳税额合计，借记红字冲减"工程施工"科目。会计分录如下：

借：应交税费——应交增值税——简易计税——应纳税额抵减

应交税费——待认证增值税额——简易计税

借：工程施工——合同成本——分包成本（红字）

对于尚未取得增值税发票或尚不能向税务机关申报抵税的，在取得分包商开具的增值税发票并确定可向税务机关申报抵税，按该部分结算金额计算的可抵减应纳税额，借记"应交税费——应交增值税——简易计税——应纳税额抵减"科目，贷记"应交税费——待认证增值税额——简易计税"科目。会计分录如下：

借：应交税费——应交增值税——简易计税——应纳税额抵减

贷：应交税费——待认证增值税额——简易计税

【例5-24】 M省某建筑公司（增值税一般纳税人）在N省承接的甲项目适用简易计税方法，分包抵税按增加合同预计总收入处理。2016年6月甲项目共发生分包计量结算金额1094.375万元。其中：

甲项目部对乙分包商确认的计量结算金额321.875万元，根据合同约定在计量当月支付80%分包款，甲项目部据此向乙分包商支付分包款257.5万元，并取得乙分包供应商开具的增值税专用发票，发票上注明的金额230万元，税率11%，税额25.3万元。

甲项目部对丙分包商确认的计量结算金额772.5万元，根据合同约定在计量当月支付80%分包款，甲项目部据此向丙分包商支付分包款618万元，并取得丙分包供应商开具的增值税普通发票，发票上注明的金额600万元，征收率3%，税额18万元。

（1）甲项目部对乙分包商的会计核算

甲项目部计算对乙分包商分包成本的可抵减应纳税额：

已取票分包成本可抵减税额＝257.5÷（1＋3％）×3％＝7.5（万元）

未取票分包成本＝321.875-257.5＝64.375（万元）

未取票分包成本待抵减税额＝64.375÷（1＋3％）×3％＝1.875（万元）

1）甲项目部确认乙分包商的分包成本及分包抵减税额：

借：工程施工——合同成本——分包成本 3218750

    贷：银行存款 2575000

        应付账款 643750

同时，确认分包抵减税额：

借：应交税费——应交增值税——简易计税——应纳税额抵减 75000

    应交税费——待认证增值税额——简易计税——未取得发票 18750

    贷：工程结算 93750

2）甲项目部对乙分包商开具的增值税专用发票认证通过后，核算进项税额及进项税额转出：

借：应交税费——应交增值税——进项税额——11％税率——建筑安装服务 253000

    贷：应交税费——应交增值税——进项税额转出——简易计税方法征税项目用

        253000

（2）甲项目部对丙分包商的会计核算

甲项目部计算对丙分包商分包成本的可抵减应纳税额：

已取票分包成本可抵减税额＝618÷（1＋3％）×3％＝18（万元）

未取票分包成本＝772.5－618＝154.5（万元）

未取票分包成本待抵减税额＝154.5÷（1＋3％）×3％＝4.5（万元）

甲项目部确认丙分包商的分包成本及分包抵减税额如下：

借：工程施工——合同成本——分包成本 7725000

    贷：银行存款 6180000

        应付账款 1545000

同时，确认分包抵减税额：

借：应交税费——应交增值税——简易计税——应纳税额抵减 180000

    应交税费——待认证增值税额——简易计税——未取得发票 45000

    贷：工程结算 225000

【例5-25】 如果【例5-24】中某建筑公司的甲项目部采用分包抵税减少成本的方法，则甲项目部对乙分包商和丙分包商的会计核算如下：

（1）甲项目部对乙分包商的会计核算

1）甲项目部确认乙分包商的分包成本及分包抵减税额：

借：工程施工——合同成本——分包成本 3218750

    贷：银行存款 2575000

        应付账款 643750

同时，确认分包抵减税额：

借：应交税费——应交增值税——简易计税——应纳税额抵减                     75000
    应交税费——待认证增值税额——简易计税——未取得发票           18750
借：工程施工——合同成本——分包成本                               -93750

2）甲项目部对乙分包商开具的增值税专用发票认证通过后，核算进项税额及进项税额转出：

借：应交税费——应交增值税——进项税额                              253000
    贷：应交税费——应交增值税——进项税额转出                     253000

（2）甲项目部对丙分包商的会计核算

甲项目部确认丙分包商的分包成本及分包抵减税额如下：

借：工程施工——合同成本——分包成本                              7725000
    贷：银行存款                                           6180000
      应付账款                                         1545000

## 要点：预缴增值税的会计核算

建筑企业的工程项目所在地与机构所在地不在同一县（市、区）的，项目部需在工程所在地预缴增值税。

### 1. 税务处理

（1）预缴增值税

根据《国家税务总局关于发布〈纳税人跨县（市、区）提供建筑服务增值税征收管理〉》（国家税务总局公告 2016 年第 17 号）规定，一般纳税人建筑企业跨县（市、区）提供建筑服务，适用一般计税方法计税的，以取得的全部价款和价外费用扣除支付的分包款后的余额，按照 2% 的预征率计算应预缴税款。

$$应预缴税款＝（全部价款和价外费用－支付的分包款）÷（1＋11\%）×2\% \quad (5\text{-}9)$$

纳税人取得的全部价款和价外费用扣除支付的分包款后的余额为负数的，可结转下次预缴税款时继续扣除。

（2）缴纳附加税费

根据《中华人民共和国城市维护建设税暂行条例》（国发〔1985〕19 号）、《财政部关于征收教育费附加几个具体问题的通知》（财税〔1986〕120 号）、《财政部关于统一地方教育附加政策有关问题的通知》（财综〔2010〕98 号）《财政部　国家税务总局关于纳税人异地预缴增值税有关城市维护建设税和教育费附加政策问题的通知》（财税〔2016〕74号）等文件规定，在缴纳增值税的同时，应按照实际缴纳的增值税额计算缴纳城市维护建设税、教育费附加及地方教育费附加（以下简称"城建税及教育费附加"）。因此，在预缴增值税的同时应计提城建税及教育费附加。

### 2. 会计核算

建筑企业的项目部对当月产生的增值税纳税义务一般应在征期内（通常为次月 15 日之前）预缴。但在实际操作中，有的地方国税机关要求项目部在当月开票时提前预缴。项目部应区分不同预缴情形进行不同的会计处理。

（1）当月预缴

对于在当月预缴的增值税，项目部应按实际预缴的税额，借记"应交税费——预缴增值税——预缴税款"科目，贷记"银行存款"科目。会计分录如下：

借：应交税费——预缴增值税——预缴税款

贷：银行存款

同时，根据实际预缴的增值税计提应缴纳的城建税及教育费附加，借记"营业税金及附加"科目，贷记"应交税费——应交城市维护建设税"、"应交税费——应交教育费附加"和"应交税费——应交地方教育费附加"科目；在缴纳的城建税及教育费附加时，按实际缴纳的金额，借记"应交税费——应交城市维护建设税"、"应交税费——应交教育费附加"和"应交税费——应交地方教育费附加"科目，贷记"银行存款"科目。会计分录如下：

计提城建税及教育费附加：

借：营业税金及附加

贷：应交税费——应交城市维护建设税

应交税费——应交教育费附加

应交税费——应交地方教育费附加

缴纳城建税及教育费附加：

借：应交税费——应交城市维护建设税

应交税费——应交教育费附加

应交税费——应交地方教育费附加

贷：银行存款

（2）征期预缴

对于在征期预缴的增值税，项目部应在月底计提应预缴的税额，借记"应交税费——预缴增值税——预缴税款"科目，贷记"其他应付款——待预缴增值税"科目。会计分录如下：

借：应交税费——预缴增值税——预缴税款

贷：其他应付款——待预缴增值税

同时，根据应预缴的增值税计提应缴纳的城建税及教育费附加，借记"营业税金及附加"科目，贷记"应交税费——应交城市维护建设税"、"应交税费——应交教育费附加"和"应交税费——应交地方教育费附加"科目；在缴纳的城建税及教育费附加时，按实际缴纳的金额，借记"应交税费——应交城市维护建设税"、"应交税费——应交教育费附加"和"应交税费——应交地方教育费附加"科目，借记"银行存款"科目。会计分录与"当月预缴"情形相同。

【例 5-26】 某建筑公司的甲项目部所在地为 S 省某市，城建税税率 7%，教育费附加 3%，地方教育费附加 2%，无其他附加税费。

2016 年 6 月，甲项目部与业主的计量结算款 8966 万元，其中，冲减 6 月初预收款 2096 万元，业主应在当期支付 5200 万元，未到付款期的 1670 万元；与分包商确量合计 930.5 万元，其中，取得增值税专用发票的 600 万元，取得增值税普通发票的 36 万元，未取得发票的 294.5 万元。甲项目部在 2016 年 6 月中旬已提前预缴增值税 30 万元，并同时缴纳了城建税及教育费附加。

（1）2016 年 6 月中旬预缴税款并缴纳附加税费

甲项目部计算应缴纳城建税及教育费附加如下：

应交城市建设维护税＝30×7％＝2.1（万元）

应交教育费附加＝30×3％＝0.9（万元）

应交地方教育费附加＝30×2％＝0.6（万元）

甲项目部的会计核算如下：

1）预缴增值税：

| | |
|---|---|
| 借：应交税费——预缴增值税——预缴税款 | 300000 |
| 贷：银行存款 | 300000 |

2）计提城建税及教育费附加：

| | |
|---|---|
| 借：营业税金及附加 | 36000 |
| 贷：应交税费——应交城市维护建设税 | 21000 |
| 应交税费——应交教育费附加 | 9000 |
| 应交税费——应交地方教育费附加 | 6000 |

3）缴纳城建税及教育费附加：

| | |
|---|---|
| 借：应交税费——应交城市维护建设税 | 21000 |
| 应交税费——应交教育费附加 | 9000 |
| 应交税费——应交地方教育费附加 | 6000 |
| 贷：银行存款 | 36000 |

（2）2016 年 6 月底计提应预缴税款及附加税费

甲项目部计算应预缴的增值税和应城建税及教育费附加如下：

6 月全部价款和价外费用＝2096＋5200＝7296（万元）

可扣除的分包款＝600＋36＝636（万元）

应预缴税款＝（全部价款和价外费用－支付的分包款）÷（1＋11％）×2％－当月已预缴税款

$$＝（7296－636）÷（1＋11％）×2％－30$$

$$＝90（万元）$$

应交城市建设维护税＝90×7％＝6.3（万元）

应交教育费附加＝90×3％＝2.7（万元）

应交地方教育费附加＝90×2％＝1.8（万元）

甲项目部的会计核算如下：

1）计提应预缴增值税：

| | |
|---|---|
| 借：应交税费——预缴增值税——预缴税款 | 900000 |
| 贷：其他应付款——待预缴增值税 | 900000 |

2）计提城建税及教育费附加：

| | |
|---|---|
| 借：营业税金及附加 | 108000 |
| 贷：应交税费——应交城市维护建设税 | 63000 |
| 应交税费——应交教育费附加 | 27000 |
| 应交税费——应交地方教育费附加 | 18000 |

（3）2016 年 7 月预缴税款并缴纳附加税费

1）预缴增值税：

借：其他应付款——待预缴增值税          900000

  贷：银行存款          900000

2）缴纳城建税及教育费附加：

借：应交税费——应交城市维护建设税      63000

  应交税费——应交教育费附加       27000

  应交税费——应交地方教育费附加     18000

  贷：银行存款          108000

# 第六章 "营改增"后的造价管理

## 第一节 造价文件的编制

### 要点：工程造价的构成

**1. 工程造价**

对于施工单位而言，工程造价是指工程价格，即为建成一项工程，预计或实际在土地市场、设备市场、技术劳务市场等交易活动中所形成的建筑安装工程的价格和建设工程总价格。这是以社会主义商品经济和市场经济为前提。工程造价以工程这种特定的商品形成作为交换对象，通过招投标、承发包或其他交易形成，在进行多次预估的基础上，最终由市场形成的价格。通常把这种工程造价的含义认定为工程承发包价格。

对于建设单位而言，工程造价是指进行某项工程建设花费的全部费用，即该工程项目有计划地进行固定资产再生产、形成相应无形资产和铺底流动资金的一次性费用总和。

建设项目总投资具体划分如图 6-1 所示。

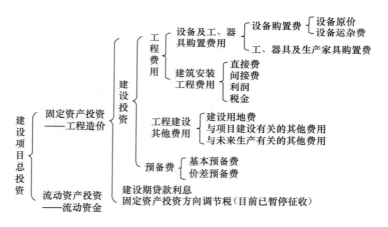

图 6-1　建设项目总投资的划分

**2. 建筑安装工程费用（按费用构成要素组成划分）**

根据《建筑安装工程费用项目组成》（建标［2013］44 号）规定，建筑安装工程费用项目按费用构成要素组成划分为人工费、材料费、施工机具使用费、企业管理费、利润、规费和税金。具体如图 6-2 所示。

**3. 建筑安装工程费用（按工程造价形成顺序划分）**

根据《建筑安装工程费用项目组成》（建标［2013］44 号）规定，建筑安装工程费用

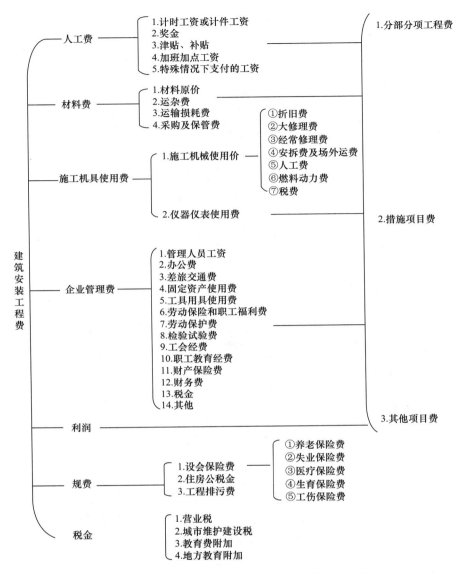

图 6-2 建筑安装工程费按费用构成要素组成划分

项目按工程造价形成顺序划分为分部分项工程费、措施项目费、其他项目费、规费和税金。具体如图 6-3 所示。

## 要点："营改增"后工程造价的变化

以工程造价形成顺序为例，如图 6-4 所示。

## 要点：预算定额的构成

### 1. 人工费

人工费，是指按工资总额构成规定，支付给从事建筑安装工程施工的生产工人和附属生产单位工人的各项费用。包括的内容如下：

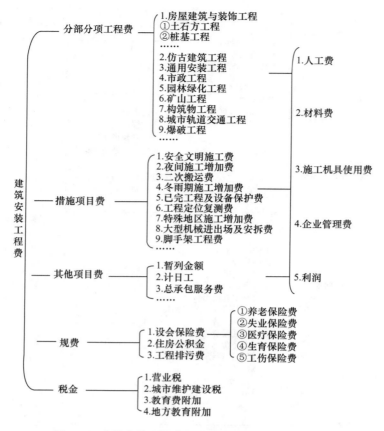

图 6-3　建筑安装工程费用按工程造价形成顺序划分

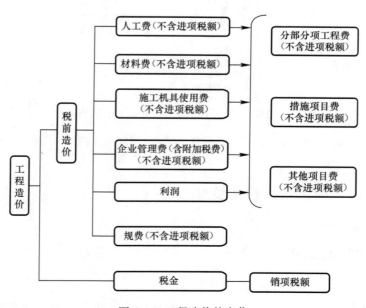

图 6-4　工程造价的变化

（1）计时工资或计件工资

计时工资或计件工资是指按计时工资标准和工作时间或对已做工作按计件单价支付给个人的劳动报酬。

（2）奖金

奖金是指对超额劳动和增收节支支付给个人的劳动报酬，如节约奖、劳动竞赛奖等。

（3）津贴补贴

津贴补贴是指为了补偿职工特殊或额外的劳动消耗和因其他特殊原因支付给个人的津贴，以及为了保证职工工资水平不受物价影响支付给个人的物价补贴。如流动施工津贴、特殊地区施工津贴、高温（寒）作业临时津贴、高空津贴等。

（4）加班加点工资

加班加点工资是指按规定支付的在法定节假日工作的加班工资和在法定日工作时间外延时工作的加点工资。

（5）特殊情况下支付的工资

特殊情况下支付的工资是指根据国家法律、法规和政策规定，因病、工伤、事假、产假、计划生育假、婚丧假、探亲假、定期休假、停工学习、执行国家或社会义务等原因按计时工资标准或计时工资标准的一定比例支付的工资。

**2. 材料费**

材料费，是指施工过程中耗费的原材料、辅助材料、构配件、零件、半成品或成品、工程设备的费用。包括的内容如下：

（1）材料原价

材料原价是指材料、工程设备的出厂价格或商家供应价格。

（2）运杂费

运杂费是指材料、工程设备自来源地运至工地仓库或指定堆放地点所发生的全部费用。

（3）运输损耗费

运输损耗费是指材料在运输装卸过程中不可避免的损耗。

（4）采购及保管费

采购及保管费是指为组织采购、供应和保管材料、工程设备的过程中所需要的各项费用。包括采购费、仓储费、工地保管费、仓储损耗。

（5）工程设备

工程设备是指构成或计划构成永久工程一部分的机电设备、金属结构设备、仪器装置及其他类似的设备和装置。

**3. 施工机具使用费**

施工机具使用费，是指施工作业所发生的施工机械、仪器仪表使用费或其租赁费。

（1）施工机械使用费

以施工机械台班耗用量乘以施工机械台班单价表示，施工机械台班单价应由下列7项费用组成。

1）折旧费：是指施工机械在规定的使用年限内，陆续收回其原值的费用。

2）大修理费：是指施工机械按规定的大修理间隔台班进行必要的大修理，以恢复其正常功能所需的费用。

3）经常修理费：是指施工机械除大修理以外的各级保养和临时故障排除所需的费用。包括为保障机械正常运转所需替换设备与随机配备工具附具的摊销和维护费用，机械运转中日常保养所需润滑与擦拭的材料费用及机械停滞期间的维护和保养费用等。

4）安拆费及场外运费。安拆费是指施工机械（大型机械除外）在现场进行安装与拆卸所需的人工、材料、机械和试运转费用以及机械辅助设施的折旧、搭设、拆除等费用；场外运费是指施工机械整体或分体自停放地点运至施工现场或由一施工地点运至另一施工地点的运输、装卸、辅助材料及架线等费用。

5）人工费：是指机上司机（司炉）和其他操作人员的人工费。

6）燃料动力费：是指施工机械在运转作业中所消耗的各种燃料及水、电等。

7）税费：是指施工机械按照国家规定应缴纳的车船使用税、保险费及年检费等。

（2）仪器仪表使用费

仪器仪表使用费是指工程施工所需使用的仪器仪表的摊销及维修费用。

## 要点："营改增"后的定额换算

预算定额的调整内容是根据"营改增"调整依据的规定和要求等修订完成的，不改变清单计价规范和预算定额的作用、适用范围及费用计价程序等。预算定额依据"价税分离"计价规则调整相关内容。

（1）从目前来说，"营改增"对人工费无影响，因此人工费不需要计算除税价格，按原来计价规则执行即可。

（2）材料费

1）一般材料费除税调整。2016年5月1日之前的信息价格基本上都是含增值税的材料价格，定额中各种材料也是按编制定额时的含税价格计入的，这些材料需要换算成除税价格，方可满足"营改增"后计价方式。2016年5月份之后全国各地信息价编制分为营业税版（含增值税）和"营改增"版（不含增值税），我们在调整价差时根据计价方式可以选择除税市场信息价或不除税信息价计入。但是定额中部分材料信息价中缺项，这可以通过市场询价计入不含可抵扣增值税进项税的市场价格，其计算公式为：

$$除税材料价格＝含税材料价格/（1＋税率/征收率） \tag{6-1}$$

营业税版信息价及"营改增"版信息价见表6-1和表6-2。

营业税版信息价 表6-1

| 代号 | 产品名称 | 规格型号及特征 | 计量单位 | 市场信息价格 |
|---|---|---|---|---|
| 01. 黑色及有色金属 | | | | |
| 01001001 | 热轧圆钢 | 6.5-8 | t | 2780.00 |
| 01001002 | 热轧圆钢 | 10 | t | 2760.00 |
| 01001003 | 热轧圆钢 | 12 | t | 2760.00 |
| 01001004 | 热轧圆钢 | 14 | t | 2760.00 |
| 01001005 | 热轧圆钢 | 16 | t | 2710.00 |
| 01001006 | 热轧圆钢 | 18-25 | t | 2810.00 |
| 01002001 | 不锈圆钢 | 12-28 | t | 13740.00 |
| 01004001 | 热轧带肋钢筋 | 8-10HRB400 | t | 2980.00 |

| 代号 | 产品名称 | 规格型号及特征 | 计量单位 | 市场信息价格 |
|---|---|---|---|---|
| 01004002 | 热轧带肋钢筋 | 12HRB400 | t | 2830.00 |
| 01004003 | 热轧带肋钢筋 | 14HRB400 | t | 2890.00 |
| 01004004 | 热轧带肋钢筋 | 16HRB400 | t | 2730.00 |
| 01004005 | 热轧带肋钢筋 | 18HRB400 | t | 2730.00 |
| 01004006 | 热轧带肋钢筋 | 22HRB400 | t | 2730.00 |
| 01004007 | 热轧带肋钢筋 | 25HRB400 | t | 2730.00 |

"营改增"版信息价　　　　　　　　　　表 6-2

| 代号 | 产品名称 | 规格型号及特征 | 计量单位 | 市场信息价格 |
|---|---|---|---|---|
| | | 01. 黑色及有色金属 | | |
| 01001001 | 热轧圆钢 | 6.5-8 | t | 2380.00 |
| 01001002 | 热轧圆钢 | 10 | t | 2360.00 |
| 01001003 | 热轧圆钢 | 12 | t | 2360.00 |
| 01001004 | 热轧圆钢 | 14 | t | 2360.00 |
| 01001005 | 热轧圆钢 | 16 | t | 2320.00 |
| 01001006 | 热轧圆钢 | 18-25 | t | 2400.00 |
| 01002001 | 不锈圆钢 | 12-28 | t | 11740.00 |
| 01004001 | 热轧带肋钢筋 | 8-10HRB400 | t | 2550.00 |
| 01004002 | 热轧带肋钢筋 | 12HRB400 | t | 2420.00 |
| 01004003 | 热轧带肋钢筋 | 14HRB400 | t | 2470.00 |
| 01004004 | 热轧带肋钢筋 | 16HRB400 | t | 2330.00 |
| 01004005 | 热轧带肋钢筋 | 18HRB400 | t | 2330.00 |
| 01004006 | 热轧带肋钢筋 | 22HRB400 | t | 2330.00 |
| 01004007 | 热轧带肋钢筋 | 25HRB400 | t | 2330.00 |

各项材料适用税率准确选取，可根据供货单位开具增值税专用发票上载明的税率计算。材料预算单价包括材料原价、运杂费、运输损耗费、采购及保管费 4 项费用。材料原价进项税额原则按货物适用增值税税率17％、13％和征收率 3％计算；运杂费进项税额原则按交通运输业增值税税率11％计算；运输损耗费进项税额以材料原价进项税额和运杂费进项税额之和乘以运输损耗率计算；采购及保管费原则应考虑进项税额抵扣。

2）定额中还有以"元"为单位的要素价格，这按各地规定的调整方式进行调整，一般是乘以一个小于 1 的系数进行调整。

（3）施工机具使用费

施工机械台班单价按信息价中除税市场信息价计入。信息价中缺项机械台班单价通过市场询价计入不含增值税进项税的市场价格。

施工机械台班单价可按租赁台班单价计价，"营改增"前原定额基价可按扣除单价中的营业税考虑，"营改增"后按有形动产租赁服务适用税率17％计算进项税额。

## 要点：工程量清单计价方式

建筑安装工程费按照工程造价形成由分部分项工程费、措施项目费、其他项目费、规费、税金组成，分部分项工程费、措施项目费、其他项目费包含人工费、材料费、施工机具使用费、企业管理费和利润。

**1. 分部分项工程费**

分部分项工程费是指各专业工程的分部分项工程应予列支的各项费用。

（1）专业工程

专业工程是指按现行国家计量规范划分的房屋建筑与装饰工程、仿古建筑工程、通用安装工程、市政工程、园林绿化工程、矿山工程、构筑物工程、城市轨道交通工程、爆破工程等各类工程。

（2）分部分项工程

分部分项工程是指按现行国家计量规范对各专业工程划分的项目。例如，房屋建筑与装饰工程划分的土石方工程、地基处理与桩基工程、砌筑工程、钢筋及钢筋混凝土工程等。

各类专业工程的分部分项工程划分见现行国家或行业计量规范。

**2. 措施项目费**

措施项目费是指为完成建设工程施工，发生于该工程施工前和施工过程中的技术、生活、安全、环境保护等方面的费用。包括的内容如下：

（1）安全文明施工费

1）环境保护费，是指施工现场为达到环保部门要求所需要的各项费用。

2）文明施工费，是指施工现场文明施工所需要的各项费用。

3）安全施工费，是指施工现场安全施工所需要的各项费用。

4）临时设施费，是指施工企业为进行建设工程施工所必须搭设的生活和生产用的临时建筑物、构筑物和其他临时设施费用。包括临时设施的搭设、维修、拆除、清理费或摊销费等。

（2）夜间施工增加费

夜间施工增加费是指因夜间施工所发生的夜班补助费、夜间施工降效、夜间施工照明设备摊销及照明用电等费用。

（3）二次搬运费

二次搬运费是指因施工场地条件限制而发生的材料、构配件、半成品等一次运输不能到达堆放地点，必须进行二次或多次搬运所发生的费用。

（4）冬雨期施工增加费

冬雨期施工增加费是指在冬期或雨期施工需增加的临时设施、防滑、排除雨雪，人工及施工机械效率降低等费用。

（5）已完工程及设备保护费

已完工程及设备保护费是指竣工验收前，对已完工程及设备采取的必要保护措施所发生的费用。

（6）工程定位复测费

工程定位复测费是指工程施工过程中进行全部施工测量放线和复测工作的费用。

（7）特殊地区施工增加费

特殊地区施工增加费是指工程在沙漠或其边缘地区、高海拔、高寒、原始森林等特殊地区施工增加的费用。

（8）大型机械设备进出场及安拆费

大型机械设备进出场及安拆费是指机械整体或分体自停放场地运至施工现场或由一个施工地点运至另一个施工地点，所发生的机械进出场运输，以及转移费用，以及机械在施工现场进行安装、拆卸所需的人工费、材料费、机械费、试运转费和安装所需的辅助设施的费用。

（9）脚手架工程费

脚手架工程费是指施工需要的各种脚手架搭、拆、运输费用以及脚手架购置费的摊销（或租赁）费用。

措施项目及其包含的内容详见各类专业工程的现行国家或行业计量规范。

**3. 其他项目费**

（1）暂列金额

暂列金额是指建设单位在工程量清单中暂定并包括在工程合同价款中的一笔款项。用于施工合同签订时尚未确定或者不可预见的所需材料、工程设备、服务的采购，施工中可能发生的工程变更、合同约定调整因素出现时的工程价款调整以及发生的索赔、现场签证确认等的费用。

（2）计日工

计日工是指在施工过程中，施工企业完成建设单位提出的施工图纸以外的零星项目或工作所需的费用。

（3）总承包服务费

总承包服务费是指总承包人为配合、协调建设单位进行的专业工程发包，对建设单位自行采购的材料、工程设备等进行保管，以及施工现场管理、竣工资料汇总整理等服务所需的费用。

## 要点："营改增"后计价费率

人材机的调整前面已讲述，其余费率调整如下（图6-5）。

（1）企业管理费

目前全国范围内有两种方式，一种是企业管理费除包含原来的内容外，还包含附加税费（城市维护建设税、教育费附加、地方教育附加）和企业实施"营改增"工作增加的管理费用。另一种是企业管理费不含附加税金，附加税金与增值税合并成新的税金，此部分税金费率大于11%。

（2）利润

暂不调整，按原定额费率计算。"营改增"前后计算方法一致。

（3）措施费

安全文明施工费、夜间施工增加费、二次搬运费、冬雨期施工增加费、已完工程及设备保护费等措施费，应在分析各措施费的组成内容的基础上，参照企业管理费费率的调整方法调整。

由于取费基数和费用内容发生变化，费率应做相应的调整，按照费用水平（发生额）"营改增"前后无显著变化考虑，调整费率。

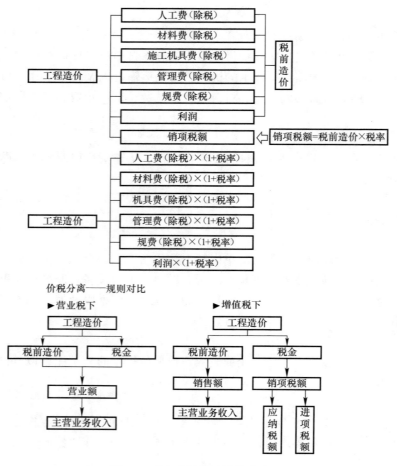

图 6-5 "营改增"后计价费率图

（4）规费

暂不调整，按原定额费率计算。"营改增"前后计算方法一致。

（5）税金

根据具体适用的计税方法选用增值税税率 11％ 或征收率 3％ 计算。北京等地区增值税下城市维护建设税、教育费附加和地方教育附加等"附加税费"，可采取与企业管理费合并的综合费率方式计取。

## 要点："营改增"后清单计价程序

### 1. 招标控制价编制

通过应用"价税分离"计价规则，在招标工程量清单以及其他计价因素均不变的前提下，仅仅变化计价规则，进行增值税下工程造价编制。计价步骤如下。

（1）确定计税方法

根据财税部门对工程服务项目具体适用计税方法的规定（财税〔2016〕36 号），结合工程服务项目的类别及招标文件要求，准确选择适用一般计税方法或简易计税方法的计价规则。

（2）组价和取费

根据招标工程量清单的项目特征描述，执行适用的预算定额子目及调整后取费费率标准（实施意见没有调整的执行原定额费率标准），进行分部分项工程综合单价、措施项目等的准确组价，并计算汇总得到人工、材料（设备）、施工机具等单位工程汇总表。

（3）询价和调价

工程将2016年《北京工程造价信息》（"营改增"版）价格信息载入，进行第一步换价处理；将第一步换价处理后的汇总表中缺少对应价格信息的材料、机械等要素的预算定额基期价格，通过市场询价以不含可抵扣进项税额的当期市场预算价格替换，进行第二步换价处理。

（4）计税与计价汇总

工程税金按11％增值税税率计算，完成工程造价计算。

1）增值税下工程造价的其他费用项目的计价方法、步骤与上述方法一致。

2）清包工程、甲供工程、"老项目"等其他各类选择适用简易计税方法计税的工程项目，其工程造价计算方法根据实施意见的规定，计价方法、步骤等与营业税下工程造价计算类似。

**2. 投标报价编制**

通过应用"价税分离"计价规则，在工程量计算以及其他计价因素均不变的前提下，仅仅变化计价规则，进行增值税下工程造价计价。计价步骤如下：

（1）确定计税方法

根据财税部门对工程服务项目具体适用计税方法的规定（财税〔2016〕36号），结合工程服务项目的类别、投标人增值税纳税人身份类别和招标文件要求，准确选择适用一般计税方法或简易计税方法的计价规则。

（2）算量和套定额（含取费）

工程量计算与营业税的计算过程一致。定额的套用与定额消耗量处理办法和营业税的计算过程一致。

（3）询价和调价

与招标控制价编制存在差异，具体包括：要素价格、费用和利润，完全由投标人根据市场价格水平、结合自身管理能力（包括材料设备采购渠道）和装备、周转材料等配置情况，自主报价；具体费率可参照调整后的费率和市场竞争费率水平进行同步调整。人工工日单价可参考造价信息、市场价计算，需按不含可抵扣增值税进项税额的单价计入。

（4）计税与计价汇总

与招标控制价编制一致。

1）增值税下工程造价中其他费用项目的计价方法、步骤，与上述方法一致。

2）清包工程、甲供工程、"老项目"等其他各类选择适用简易计税方法计税的工程项目，其工程造价计算方法根据实施意见的规定，计价方法、步骤等与营业税下工程造价计算类似。

3）采用清单计价方式的投标报价编制，原则与定额计价方式的方法一致。

# 第二节　招标投标与合同管理

## 要点："营改增"对招标文件的影响

　　招标文件应当考虑纳税资格不同对评标价格的影响：评标时应考虑投标人是一般纳税人还是小规模纳税人，提供的结算票据是增值税专用发票还是普通发票，增值税税率是多少，能否抵扣，再分析、评定报价的合理性和高低。

　　招标文件中应当明确价格、增值税额及价外费用等，如果不做特别约定，营业税一般由服务的提供方或者无形资产的转让方承担。而增值税作为价外税，一般不包括在合同价款中，因此在招标文件及合同条款中应分别明确价格及增值税额。此外，在采购过程中，可能会发生各类价外费用，价外费用金额涉及增值税纳税义务以及供应商开具发票的义务，有必要在合同中约定价外费用以及价外费用金额是否包含增值税。

　　合同条款中应当明确对发票提供、付款方式等条款的约定：因为增值税专用发票涉及抵扣环节，开具不了增值税专用发票或者增值税发票不合规，都将给受票方造成法律风险和经济损失。此外，增值税发票有在 180 天内认证的要求，有必要对发票的提供方式与付款条件挂钩，规避提前支付款项后发生发票认证不了、虚假发票等情况。

　　此外，招标文件中对计价依据、计税方法（一般计税法、简易计税法）、工程量清单、报价表格及格式、"税率"变更为"增值税"等内容的描述也需做相应修改。

## 要点："营改增"对投标报价的影响

　　"营改增"后，新的定额造价体系没有建立。目前，住房和城乡建设部虽然下发了《关于做好建筑业"营改增"建设工程计价依据调整准备工作的通知》，但只是原则上做出了"价税分离"的规定，行业定额和地区定额还没有依据新的造价体系编制出"营改增"后的新定额，投标只能估算，影响投标报价。

　　（1）建筑企业承揽工程项目，根据当前市场环境和资质要求，通常以企业集团资质中标的项目占有较大的比重，而施工通常由法人子公司所属项目部负责实施。一般均以中标单位名义与业主签订工程承包合同，并向业主开具发票；但工程项目的成本、费用等均在实际施工单位发生，这种情况将造成建筑业"营改增"后工程实施主体与纳税主体不一致问题，即销项税在中标单位而进项税在实际施工单位，进项税和销项税不属于同一纳税主体，从而造成增值税抵扣链条断裂，无法抵扣进项税，导致企业集团整体增值税税负增大。

　　另外，中标单位与实际施工单位之间一般不签订工程承包或分包合同，而依据内部任务分劈文件或授权文件明确双方的经济关系及职责，双方并无合同关系，内部总分包之间不开具发票。在建筑业"营改增"后，由于中标单位与实际施工单位之间没有合同关系，将无法建立增值税抵扣链条，实现进项税抵扣。

　　转包、提点大包、挂靠等无法生存。在全额转包或提点大包的情况下，发包人因无法取得可抵扣的进项税发票，导致税负增加，增加幅度甚至超过收取的管理费或利润，从而使利润大额缩水，甚至出现亏损。另外，如果协议签订的是发包方提取的管理费比例不含税，意味着所有税负由转包方承担，转包方可能会取得抵扣发票，也可能以降低采购价格来补偿增加的税负，但无论采取何种方式，转包方的预期收益将会因此降低，直接导致偷工减料等影响质量和安全的行为发生。

挂靠项目实施时，为降低采购成本，挂靠单位购买材料往往不要发票，被挂靠单位就不能获得进项抵扣发票，税负自然就会提高。如果开具增值税专用发票，材料供应商往往会趁机加价，挂靠方利润又将大幅减少，直接导致偷工减料等影响质量和安全的行为发生。为降低税负，部分挂靠方铤而走险，通过非法途径获得可抵扣发票，但因缺乏真实的交易行为，有骗税嫌疑，一旦被税务机关发现，其后果将难以估计。

以上在"营改增"后都不能操作，转包、提点大包、挂靠等方式将无法生存。

（2）做好新项目投标的成本测算、报价、合同签订等方面的管控和应对。"营改增"实施后，业主招投标的规则将发生相应变化，企业的经营思维、经营模式需要按增值税下报价。施工企业要组织对现有的施工项目进行详细梳理，统计整理项目类型、行业性质、业主身份、完工情况、验工结算、资金拨付、供应商身份等项目信息，掌握施工许可证及施工合同签订情况，摸清业主对增值税发票的倾向性要求。

一要充分考虑企业资质、投标模式等标前税收筹划工作，合理使用企业资质，采取最优的投标模式，优化投标组合。

二要尽量规避甲供工程项目模式，防止企业劳务化。

三要建立新项目报价测算模型，确定投标报价方案。

企业应跟踪研究住建部和有关部委即将出台的计价调整办法，拟订企业的工程造价、市场报价体系和策略，积极适应含税价模式的调整变化，与市场规则紧密对接。营改增后一段时期内没有相关的定额，企业应根据一些企业模拟后的测算成果进行报价，测算进项税的比例，计算不含税造价，估算应交增值税金额，测算城市维护建设税和教育费附加。

根据《住房城乡建设部办公厅关于做好建筑业"营改增"建设工程计价依据调整准备工作的通知》可知，工程造价的计算公式为：

$$工程造价 = 税前工程造价 \times (1 + 11\%) \tag{6-2}$$

其中，11%为建筑业征增值税税率，税前工程造价为人工费、材料费、施工机具使用费、企业管理费、利润和规费之和，各费用项目均以不包含增值税可抵扣进项税额的价格计算，相应计价依据按上述方法调整。

## 要点："营改增"对合同管理的影响

（1）分包结算滞后导致进项税抵扣不及时。总包方和分包方之间存在验工计价滞后或工程款拖欠等情况，导致分包方不能及时验工计价并拿到已完工程计价款，造成总包方不能及时取得分包方开具的增值税专用发票，从而不能及时抵扣进项税，总包方要垫付本该抵扣的增值税，造成前期资金压力较大。

（2）分包成本中材料、设备部分的进项税抵扣不足。专业分包中包含大量的材料、设备，相关进项税由分包方抵扣，分包方一般可抵扣17%的进项税，而总包方取得其开具的建筑业增值税专用发票只能按11%的税率抵扣进项税，与直接采购相比，少抵扣6%的进项税。

签订合同时应注意以下事项。

（1）合同签订时应当审查对方的纳税资格，并在合同中完善当事人名称和相关信息。

1）"营改增"之后，原来的服务提供方从营业税纳税人，可能变为增值税一般纳税人，服务提供方的增值税作为进项税可以被服务接受方用以抵扣。因此，签订合同时要考虑服务提供方是一般纳税人还是小规模纳税人，提供的结算票据是增值税专用发票还是普通发票，增值税税率是多少，能否抵扣，再分析、评定报价的合理性，从而有利于节约成本、降低税负，达到合理控税，降本增效的目的。

2）合同双方名称的规范性要求要高于原来的营业税纳税体系。在原有的营业税体系下，虽然也有发票开具的规范性要求，但相对而言，增值税体系下对服务提供方开具发票将更为严格。在原有体系下并不需要特别提供纳税人识别号信息，但现在服务接受方需要把公司名称、纳税人识别号、地址、电话、开户行、账号信息主动提供给服务提供方，用于服务提供方开具增值税专用发票。

（2）规范合同范本："营改增"下对合同条款中价格标准、发票取得（类型、税率、提供时间等）、付款方式等涉税重要事项要求严格，应建立标准合同范本库进行规范。

合同要素的合理确定："营改增"下除关注价格外，一方面需要科学合理地确定合同范围，充分考虑合同中材料设备的进项税抵扣因素，确定合理的价格区间，合理降低工程价格；另一方面需明确业务付款和发票开具的条件和时间，这有利于减少销项税的抵扣时间，降低资金占有。

甲供工程的界定：双方需要明确甲供材料涉及的纳税方式，简易征收还是一般纳税，双方要各自平衡各自的税负情况。

（3）发票提供、付款方式等条款的约定。

1）因为增值税专用发票涉及抵扣环节，开具不了增值税专用发票或者增值税发票不合规，都将给受票方造成法律风险和经济损失，应当考虑将取得增值税发票作为一项合同义务列入合同的相关条款，同时考虑将增值税发票的取得和开具与收付款义务相关联。一般纳税人企业在营改增后可考虑在合同中增加"取得合规的增值税专用发票后才支付款项"的付款方式条款，规避提前支付款项后发现发票认证不了、虚假发票等情况的发生。

2）因虚开增值税专用发票的法律后果非常严重，最高会面临无期徒刑的刑罚，因此在合同条款中应特别加入虚开条款。约定如开票方开具的发票不规范、不合法或涉嫌虚开，开票方不仅要承担赔偿责任，而且必须明确不能免除其开具合法发票的义务。

3）增值税发票有在180天内认证的要求，合同中应当约定一方向另一方开具增值税专用发票的，一方应派专人或使用挂号信件或特快专递等方式在发票开具后及时送达对方，如逾期送达导致对方损失的，可约定相应的违约赔偿责任。

4）在涉及货物质量问题的退货行为时，如果退货行为涉及开具红字增值税专用发票的行为，应当约定对方需要履行协助义务。具体可以参考《国家税务总局关于全面推行增值税发票系统升级版有关问题的公告》（2015年第19号，2015年4月1日施行）中"关红字专用发票的办理手续"等相关规定。

5）如果合同中约定了质保金的扣留条款，那么质保金的扣留也会影响到增值税开票金额。所以合同中还应约定收款方在质保金被扣留时，需要开具红字发票，付款方应当配合提供相关资料。

（4）合同谈判，制定不同的谈判策略。施工单位应针对不同类型的业主制定不同的价格谈判策略，争取最大程度将增值税税负转移给业主，最大限度消除"甲供材"的不利影响。双方需要明确甲供材料涉及的纳税方式，简易征收还是一般纳税，双方都要各自平衡各自税负情况。

# 要点：招标定价原则

营改增后在进行成本定价时，应考虑采购标的物是否属于可抵扣范围，如属于可抵扣范围，应当采取价税分离的定价原则；如属于不可抵扣范围，则可采用原营业税下的定价原则。

**1. 总体原则——综合采购成本最低，利润最大化**

营改增后，增值税为价外税，供应商能否开具增值税专用发票，进项税能否抵扣将直接影响成本的核算，即成本是以含税价计入还是以不含税价计入。此外，以应交增值税作为计税依据的城建税及教育费附加仍然为价内税，进项税能否抵扣直接影响计入损益的城建税及教育费附加的金额。

考虑到城建税及教育费附加的影响，建立"综合采购成本"的概念，即："综合采购成本＝不含税成本－（销项税额－进项税额）×城建及教育费附加税率"。实务中，可直接采用"综合采购成本＝不含税成本－进项税额×城建及教育费附加税率"简化计算；其中，"不含税成本＝不含税价格＋不可抵扣的增值税"。

在增值税下，成本管理的定价原则为：在保证质量且能够取得合法有效票据的前提下，以"综合采购成本最低，利润最大化"为总体原则。

**2. 综合采购成本影响因素分析**

"综合采购成本"暂不考虑相关运杂费，也不包括可以抵扣的增值税额。

（1）不含税成本

因供应商适用的计税方法、开具发票种类和适用的税率不同，则不含税成本的计算具体如表 3-17 所示。

根据表 3-17 可知，在供应商可提供增值税专用发票的情况下，不含税成本为含税价格扣除进项税；在供应商不能提供增值税专用发票的情况下，不含税成本即为含税价格。

（2）城建税及教育费附加

建筑业营改增后，由于城建税及教育费附加仍属于价内税，在采购方的损益中体现为一项支出，最终将影响采购方的利润。而城建税及教育费附加的计税依据为"应交增值税"，在销项税一定的情况下，采购的进项税能否抵扣将直接影响应缴纳的城建税及教育费附加。如进项税可抵，则可减少应交增值税，相应地减少城建税及教育费附加，最终对利润形成正影响；可抵扣的进项税越多，城建税及教育费附加越少，对利润产生的正影响越大。

具体各类供应商在不同进项税抵扣情形下对利润所产生的影响见表 6-3。

**各类供应商在不同进项税抵扣情形下对利润的影响** 表 6-3

| 供应商类型 | 计税方法 | 提供发票种类 | 税率或征收率 | 进项税是否可抵 | 抵扣进项税（减少应交增值税） | 减少城建税及教育费附加支出（增加利润） |
|---|---|---|---|---|---|---|
| 一般纳税人 | 一般计税方法 | 增值税专用发票 | 适用税率 | 可抵扣 | 不含税成本×适用税率 | 抵扣进项税×城建及教育费附加税率 |
| | 简易计税方法 | 增值税专用发票 | 3% | 可抵扣 | 不含税成本×3% | 抵扣进项税×城建及教育费附加税率 |
| | — | 增值税普通发票 | — | 不可抵扣 | 0 | 0 |

| 供应商类型 | 计税方法 | 提供发票种类 | 税率或征收率 | 进项税是否可抵 | 抵扣进项税（减少应交增值税） | 减少城建税及教育费附加支出（增加利润） |
|---|---|---|---|---|---|---|
| 小规格纳税人 | 简易计税方法 | 税务局代开增值税专用发票 | 3% | 可抵扣 | 不含税成本×3% | 抵扣进项税×城建及教育费附加税率 |
| | 简易计税方法 | 增值税专用发票 | 3% | 不可抵扣 | 0 | 0 |

根据上表分析可知，在不含税成本相同的情况下，供应商适用税率越高，建筑企业可抵扣的进项税越多，则综合采购成本越低。

## 要点：招标采购文件要求

**1. 属于可抵扣范围的招标采购项目**

（1）一般纳税人资格证明

根据潜在供应商实际情况，在资格预审文件和招标文件中明确是否要求供应商必须为一般纳税人。

（2）价格评审依据

招标采购文件中，注明以不含税价作为评审依据，且考虑附加税影响。即对于提供专用发票的投标人，其评审价格＝投标人不含税价格－（投标人不含税价格×适用税率×附加费率）；对于无法提供专用发票的投标人，其不含税价格＝含税价格，且无附加税降低影响，其评审价格＝含税价格。

（3）报价价税分离

报价要求进行价税拆分、分别列示，即不含增值税价和增值税费。

（4）发票开具

在采购招标文件或报价邀请函中要求供应商明确可开具发票类型，如增值税专用发票、增值税普通发票、通用机打发票等。

**2. 不属于可抵扣范围的招标采购项目**

同营业税下相同，招标采购文件中，注明以含税价作为评审依据，即合同总价。

不属于可抵扣范围主要指：用于简易计税方法计税项目、免征增值税项目、集体福利或者个人消费的购进货物、加工修理修配劳务、服务、无形资产和不动产。购进的旅客运输服务、贷款服务、餐饮服务、居民日常服务和娱乐服务。

# 第三节　施工项目成本管理

## 要点：施工项目成本管理的概念

施工成本，是指在建设工程项目的施工过程中所发生的全部生产费用的总和，包括消耗的原材料、辅助材料、构配件等费用，周转材料的摊销费或租赁费，施工机械的使用费或租赁费，支付给生产工人的工资、奖金、工资性质的津贴等，以及进行施工组织与管理所发生的全部费用支出。建设工程项目施工成本由直接成本和间接成本组成。

**1. 直接成本**

直接成本是指施工过程中耗费的构成工程实体或有助于工程实体形成的各项费用支出，是可以直接计入工程对象的费用，包括人工费、材料费、施工机械使用费和施工措施费等。

**2. 间接成本**

间接成本是指为施工准备、组织和管理施工生产的全部费用的支出，是非直接用于也无法直接计入工程对象，但为进行工程施工所必须发生的费用，包括管理人员工资、办公费、差旅交通费等。

施工项目成本管理就是在保证满足工程质量、工期等合同要求的前提下，施工单位对项目实施过程中发生的费用，通过计划、组织、控制和协调等活动实现预定成本目标，并尽可能降低成本费用的一种科学的管理活动。施工企业对项目成本管理的主要环节和内容包括成本预测、成本决策、成本控制、成本核算、成本分析和成本考核等。

# 要点：成本预测

成本预测是指运用一定的科学方法，对未来成本水平及其变化趋势做出科学的估计。通过成本预测，掌握未来的成本水平及其变动趋势，有助于减少决策的盲目性，使经营管理者易于选择最优方案，做出正确决策。

在现代成本管理中，成本预测采用了一系列科学缜密的程序与方法，基本上能够把握成本变化的规律性。因此，成本预测的结果是比较可靠的。但是，由于是根据历史资料来推测未来，成本预测不可避免的就具有局限性，这种局限性主要体现在不准确即近似这一点上。可靠性与近似性的对立统一是成本预测的显著特点。

成本预测是组织成本决策和编制成本计划的前提。通过成本预测，掌握未来的成本水平及其变动趋势，有助于把未知因素转化为已知因素，帮助管理者提高自觉性，减少盲目性；做出生产经营活动中所可能出现的有利与不利情况的全面和系统分析，还可避免成本决策的片面性和局限性。

**1. 成本预测方法**

定量预测法，是指根据历史资料以及成本与影响因素之间的数量关系，通过建立数学模型来预计推断未来成本的各种预测方法的统称。

趋势预测法，是按时间顺序排列有关的历史成本资料，运用一定的数学模型和方法进行加工计算并预测的各类方法。

趋势预测法包括简单平均法、平均法和指数平滑法等。

因果预测法，是根据成本与其相关之间的内在联系，建立数学模型并进行分析预测的各种方法。

因果预测法包括本量利分析法、投入产出分析法、回归分析法等。

定性预测法，是预测者根据掌握的专业知识和丰富的实际经验，运用逻辑思维方法对未来成本进行预计推断的方法的统称。

**2. 成本预测程序**

（1）根据企业总体目标提出初步成本目标。

（2）初步预测在目前情况下成本可能达到的水平，找出达到成本目标的差距。其中初步预测，就是不考虑任何特殊的降低成本措施，按目前主客观条件的变化情况，预计未来时期成本可能达到的水平。

（3）考虑各种降低成本方案，预计实施各种方案后成本可能达到的水平。

（4）选取最优成本方案，预计实施后的成本水平，正式确定成本目标。

## 要点：成本决策

成本决策是指根据成本预测情况，经过科学地分析、判断，决策出建筑施工项目的最终成本。它是以提高经济效益为最终目标，强调划清可控与不可控因素，在全面分析方案中的各种约束条件，分析比较费用和效果的基础上，进行的一种优化选择，也是企业对施工项目未来进行成本的计划额控制的一个非常重要的步骤。

成本决策的方法很多，因成本决策的内容及目的不同而采用的方法也不同，主要有总额分析法、差量损益分析法、相关成本分析法、成本无差别点法、线性规划法、边际分析法等。

成本决策是成本管理工作的核心，成本管理的思路、方法都得由成本决策确定。

## 要点：成本计划

施工成本计划是以货币形式编制施工项目的计划期内的生产费用、成本水平、成本降低率以及为降低成本所采取的主要措施和规划的书面方案，它是建立施工项目成本管理责任制、开展成本控制和核算的基础，它是该项目降低成本的指导性文件，是设立目标成本的依据。可以说，施工成本计划是目标成本的一种形式。

对于一个施工项目而言，其成本计划是一个不断深化的过程。在这一过程的不同阶段形成深度和作用不同的成本计划，按其作用可分为三类。

**1. 竞争性成本计划**

竞争性成本计划即工程项目投标及签订合同阶段的估算成本计划。这类成本计划以招标文件中的合同条件、投标者须知、技术规程、设计图纸或工程量清单等为依据，以有关价格条件说明为基础，结合调研和现场考察获得的情况，根据本企业的工料消耗标准、水平、价格资料和费用指标，对本企业完成招标工程所需要支出的全部费用的估算。

**2. 指导性成本计划**

指导性成本计划即选派项目经理阶段的预算成本计划，是项目经理的责任成本目标。它以合同标书为依据，按照企业的预算定额标准制订的设计预算成本计划，且一般情况下只是确定责任总成本指标。

**3. 实施性计划成本**

实施性计划成本即项目施工准备阶段的施工预算成本计划，它以项目实施方案为依据，落实项目经理责任目标为出发点，采用企业的施工定额通过施工预算的编制而形成的实施性施工成本计划。

施工成本计划的内容如下。

（1）编制说明

编制说明指对工程的范围、投标竞争过程及合同文件、承包人对项目经理提出的责任成本目标、施工成本计划编制的指导思想和依据等的具体说明。

（2）施工成本计划的指标

施工成本计划的指标应经过科学的分析预测确定，可采用对比法、因素分析法等进行测定。施工成本计划一般情况下有以下三类指标。

1）成本计划的数量指标。

2）成本计划的质量指标。

3）成本计划的效益指标。

（3）按工程量清单列出的单位工程计划成本汇总表。

（4）按成本性质划分的单位工程成本汇总表。

根据工程清单项目的造价分析，分别对人工费、材料费、机械费、措施费、企业管理费和税费进行汇总，形成单位工程成本计划表。

## 要点：成本控制

从工程投标报价开始，直至项目竣工结算完成为止，贯串于项目实施的全过程。在施工中通过对人工费、材料费和施工机械使用费，以及工程分包费用进行控制。施工成本控制就是要在保证工期和质量的满足要求的前提下，采取相应管理措施，包括组织措施、经济措施、技术措施、合同措施把成本控制在计划范围内，并进一步寻求最大程度的成本节约。

项目成本控制涉及对于各种能够引起项目成本变化因素的控制（事前控制），项目实施过程的成本控制（事中控制）和项目实际成本变动的控制（事后控制）三个方面。

**1. 施工项目成本控制要点**

项目部是成本控制中心，其成本核算对象是项目部的各个单项工程成本。项目成本控制包括成本预测、实施、核算、分析、考核、整理成本资料与编制成本报告。成本控制应按下列程序进行。

（1）由商务部会同项目经理部共同确定项目成本计划。

（2）项目经理部编制目标成本。

（3）项目经理部实施目标成本。

（4）商务部会同工程财务部、物资部、生产管理部共同审定项目成本报告，监督目标成本的实施情况。

（5）项目经理部、生产管理部、合同预算部、工程财务部对反馈的工程信息进行分析考核，具体程序如下：项目部在承揽工程后，根据工程特点和施工组织设计，编制人工、材料、机械的成本计划，对该工程进行成本预测，并将成本计划报预算部审验备案；项目部根据计划成本，按成本项目制定出目标成本，财务部门会同合同商务部、生产管理部以计划成本和目标成本为依据对成本实施控制。

**2. 建立严密有效的项目成本内控体系**

企业内部控制体系，具体应包括三个相对独立的控制层次。

（1）在项目部全过程中融入相互牵制、相互制约的制度，建立以防为主的监控防线。

（2）在有关人员在从事业务时，必须明确业务处理权限和应承担的责任，对一般业务或直接接触客户的业务，均要经过复核，重要业务实行各职能部门签认制，专业岗位应配备责任心强、工作能力全面的人员担任此职，并纳入程序化、规范化管理，将监督的过程和结算定期直接反馈给财务部门的负责人。

（3）以现有的稽核、审计、纪律检查部门为基础，成立一个由公司直接领导并独立于被审计项目部的审计小组。审计小组通过内部常规稽核、项目审计、落实举报、监督审查会计报表等手段，对项目部实施内部控制，建立有效的以"查"为主的监督防线。

以上三个层次构筑的内部控制体系对项目发生的经济业务进行防、堵、查，递进式的监督控制，对于及时发现问题、防范和化解项目部的经营风险和会计风险，将具有重要的作用。

**3. 项目成本控制重在落实**

项目成本控制贯串于工程项目施工的全过程，要逐项循序渐进地进行落实，责任到人，按照制度和有关章程办理，努力抓出实效。在项目成本控制过程中主要注重以下内容。

（1）掌握工程基本情况

决策层及管理层要通过调查而了解该项工程的标书编制情况。定额的费用、取费标准、中标价、主要工程量、施工现场的周围环境、掌握进入现场施工队伍的技术状况、人员素质、设备能量、工程工期以及要求的开工竣工时间、工程施工的难易程度，制订出科学的施工方案和有效的施工方法。

（2）分解成本控制指标，高度重视主要成本项目

在工程施工中，主要成本项目是工程直接材料，它在直接成本中一般要占60％以上，所以，应高度重视该项目的成本控制，它是降低成本潜力最大的成本控制项目。首先，要从价格上予以控制。

（3）机械使用费的控制

合理确定机械台班定额，把单车单机核算落实到机型和操作者个人，做到事前测算、事中控制、事后考核，提高机械使用效率，争取超额完成台班定额工作量，同时，注意控制机械设备的维护成本。

（4）控制人工费成本和现场经费

1）抓好人员编制，定岗定员，工程项目组织结构要精干、高效，尽量缩小中标人工费与实际工资标准的差距。

2）注意间接费用的控制，保持一支笔审批经费制度，特别控制招待费、差旅费、办公费、电话费、低值易耗品的耗用等杂项开支。

# 要点：成本核算

项目成本核算是通过一定的方式方法对项目施工过程中发生的各种费用成本进行逐一统计考核的一种科学管理活动。成本核算通常以会计核算为基础，以货币为计量单位。成本核算是成本管理的重要组成部分，对于企业的成本预测和企业的经营决策等存在直接影响。

项目成本核算一般以每一独立编制施工图预算的单位工程为对象，但也可以按照承包工程项目的规模、现场等情况，结合成本控制的要求，有以下几种划分核算对象的方法：工期、结构类型、施工组织和施工灵活划分成本核算对象。

成本核算是施工企业成本管理的一个极其重要的环节。认真做好成本核算工作，对于加强成本管理，促进增产节约，发展企业生产都有着重要的作用，具体可表现在以下几个方面：

（1）通过项目成本核算，将各项生产费用按照它的用途和一定程序，直接计入或分配

计入各项工程，正确算出各项工程的实际成本，将它与预算成本进行比较，可以检查预算成本的执行情况。

（2）通过项目成本核算，可以及时反映施工过程中人力、物力、财力的耗费，检查人工费、材料费、机械使用费、措施费用的耗用情况和间接费用定额的执行情况，挖掘降低工程成本的潜力，节约活劳动和物化劳动。

（3）通过项目成本核算，可以计算施工企业各个施工单位的经济效益和各项承包工程合同的盈亏，分清各个单位的成本责任，在企业内部实行经济责任制，以便于学先进、找差距，开展社会主义竞赛。

（4）通过项目成本核算，可以为各种不同类型的工程积累经济技术资料，为修订预算定额、施工定额提供依据。管理企业离不开成本核算，但成本核算不是目的，而是管好企业的一个经济手段。离开管理去讲成本核算，成本核算也就失去了它应有的重要性。

项目实际成本与计划目标对比分析表见表6-4。

项目实际成本与计划目标对比分析表　　　　表 6-4

| 项目名称 | 实际成本 | 目标成本 | 节约金额 | 超额利润点 | 说明 |
|---|---|---|---|---|---|
| 泥工 | | | | | |
| 木工 | | | | | |
| 钢筋 | | | | | |
| 脚手架 | | | | | |
| 水电 | | | | | |
| 油漆 | | | | | |
| 防水 | | | | | |
| 装修 | | | | | |
| 土方 | | | | | |
| 植筋 | | | | | |
| 烟道 | | | | | |
| 电渣压力焊 | | | | | |
| 钢爬梯 | | | | | |
| 杂工及其他未预见项目 | | | | | |

## 要点：成本分析

施工成本分析是在成本形成过程中，对施工项目成本进行的对比评价和总结工作。施工成本分析是在成本形成过程中，对施工项目成本进行的对比评价和总结工作。施工成本分析贯串于施工成本管理的全过程，其是在成本的形成过程中，主要利用施工项目的成本核算资料（成本信息），与目标成本、预算成本以及类似的施工项目的实际成本等进行比较，了解成本的变动情况，同时也要分析主要技术经济指标对成本的影响。

**1. 成本分析基本方法**

（1）比较法

比较法又称指标对比分析法，就是通过技术经济指标的对比，检查目标的完成情况，分析产生差异的原因，进而挖掘内部潜力的方法。具有通俗易懂、简单易行、便于掌握的特点，因而得到了广泛的应用，但在应用时必须注意各技术经济指标的可比性。比较法的应用，通常有下列形式：

1）将实际指标与目标指标对比。以此检查目标完成情况，分析影响目标完成的积极因素和消极因素，以便及时采取措施，保证成本目标的实现。在进行实际指标与目标指标对比时，还应注意目标本身有无问题。如果目标本身出现问题，则应调整目标，重新正确评价实际工作的成绩。

2）本期实际指标与上期实际指标对比。通过这种对比，可以看出各项技术经济指标的变动情况，反映施工管理水平的提高程度。

3）与本行业平均水平、先进水平对比。通过这种对比，可以反映本项目的技术管理和经济管理与行业的平均水平和先进水平的差距，进而采取措施赶超先进水平。

（2）因素分析法

因素分析法又称连环置换法，用来分析各种因素对成本的影响程度。在进行分析时，首先要假定众多因素中的一个因素发生了变化，而其他因素则不变，然后逐个替换，分别比较其计算结果，以确定各个因素的变化对成本的影响程度。因素分析法的计算步骤如下：

1）确定分析对象，并计算出实际数与目标数的差异；

2）确定该指标是由哪几个因素组成的，并按其相互关系进行排序；

3）以目标数为基础，将各因素的目标数相乘，作为分析替代的基数；

4）将各个因素的实际数按照上面的排列顺序进行替换计算，并将替换后的实际数保留下来；

5）将每次替换计算所得的结果，与前一次的计算结果相比较，两者的差异即为该因素对成本的影响程度；

6）各个因素的影响程度之和，应与分析对象的总差异相等。

（3）差额计算法

差额计算法是因素分析法的一种简化形式，它利用各个因素的目标值与实际值的差额来计算其对成本的影响程度。

（4）比率法

比率法是指用两个以上的指标的比例进行分析的方法。它的基本特点是：先把对比分析的数值变成相对数，再观察其相互之间的关系。常用的比率法见表6-5。

常用的比率法 表6-5

| 常用的比率法 | 定义 |
| --- | --- |
| 相关比率法 | 由于项目经济活动的各个方面是相互联系，相互依存，又相互影响的，因而可以将两个性质不同而又相关的指标加以对比，求出比率，并以此来考查经营成果的好坏。例如，产值和工资是两个不同的概念，但它们的关系又是投入与产出的关系。在一般情况下，都希望以最少的工资支出完成最大的产值。因此，用产值工资率指标来考核人工费的支出水平，就很能说明问题 |
| 构成比率法 | 构成比例法又称比重分析法或结构对比分析法。通过构成比率，可以考查成本总量的构成情况及各成本项目占成本总量的比重，同时也可看出量、本、利的比例关系（预算成本、实际成本和降低成本的比例关系），从而为寻求降低成本的途径指明方向 |
| 动态比率法 | 动态比率法就是将同类指标不同时期的数值进行对比，求出比率，以分析该项指标的发展方向和发展速度。动态比率的计算，通常采用基期指数和环比指数两种方法 |

**2. 综合成本分析方法**

综合成本分析主要包括如下几个方面：

（1）分布分项成本分析。

（2）月、季度成本分析。

（3）年度成本分析。

（4）竣工成本的综合分析。

## 要点：成本考核

施工成本考核是指在施工项目完成后，对施工项目成本形成中的各责任者，按施工项目成本目标责任制的有关规定，将成本的实际指标与计划、定额、预算进行对比和考核，评定施工项目成本计划的完成情况和各责任者的业绩，并以此给以相应的奖励和处罚。

施工成本考核是衡量成本降低的实际成果，也是对成本指标完成情况的总结和评价。

以施工成本降低额和施工成本降低率作为成本考核的主要指标，成本考核也可分别考核组织管理层和项目经理部。

# 第四节 "营改增"后的信息化管理

## 要点：大数据在造价行业的应用

**1. 造价业应用大数据的必要性**

"大数据在建设行业的应用，有望帮助建设行业提速 20 年"，这是曾经有人对大数据在建设行业应用的断言。但是，这并不夸张，厘清大数据概念很有必要，一些人言必谈大数据，却往往不得要领，有的是务虚空谈，这易陷入误区和盲区，如盲人骑瞎马。必须树立大数据为人服务的理念，并且要实现跨界应用，要有宏观的思维，不能局限于某一领域。

**2. 造价行业数据**

造价属于细分的子行业，小众化，但它是数据源，且呈爆炸式增长，以它为中心点可以连接各个行业，凡基建必涉造价，不管是房屋建设还是交通基础设施建设，它甚至于与所有行业都有相关性。

大数据技术是造价控制的全新的业务模式，将淘汰、颠覆或终结传统的落后僵化低效之造价管理方式。

造价业本身产生海量数据，每时每刻都产生不计其数的数据，包括价格信息、造价信息、工程信息等基础性数据和实时性信息，但信息互锁，并没有实现开放、关联、融合、共享，它们需要通过大数据技术组织起来。

**3. 信息价的局限性**

我国各地方的造价站所发布的信息都是属于浅层次的局部数据的数据收集、整理，同时缺乏有深度、有高附加值的信息，如行业发展趋势的分析和预测、典型工程间的纵向分析和横向对比等。

以人材机价格信息为例，各省级地级市都发布人材机价格信息。信息价是政府造价主管部门根据各类典型工程材料用量和社会供货量，通过市场调研经过加权平均计算得到的平均价格，属于社会平均价格、标准价格，具有一定的权威性，往往是用来验证计价准确性的依据，但其本身的真实性一直受到质疑。其实质仍不是真正的市场价格，而是政府认定的价格。并且，这也有滞后性，而不是即时动态真实反映市场行情与走势。一般以当地供应商为主，并不是面向全国的，但施工单位采购并不一定只限于当地，市场是开放的、流动的、自由的。

其次是厂家报价的真实性问题，正因为市场封闭割裂，厂家虚报价格才成为可能，虚报是由于信息不对称诱导的。厂家报价动辄翻番，水分太多，它不是按成交价报价，价格误导造价，但它同样面临风险：价格太高导致无人问津失去潜在的买主。如果有大市场概念和应用大数据工具，整个市场所有商品价格都将透明化，虚报价格则变得没有意义。

**4. 获取价格信息渠道狭窄**

造价人员获取价格信息的渠道单一狭窄，除了政府权威公布的信息价之外，有些单位购买信息提供商的服务，价格信息比政府发布的信息价更丰富、更全面、更真实，但仍然是远远不够的，因为它依然是小数据而没有大数据概念。更不可思议的是现在还有些造价人员仍然通过查询信息价期刊和打电话等传统方式询价，但别无选择，大数据对他们来说太陌生太遥远，已与时代渐行渐远。

数据只有在传递、交换、共享中才能增值，孤立的数据没有价值或价值有限。

**5. 造价数据积累方式原始**

历史工程积累的造价指标包括细分的含量指标，其具有极高的投资决策、工程预测与成本分析意义，但没有对它进行结构化、系统化存储而不能充分发挥其参考作用。对设计者来说，这些类似工程的造价指数也为设计方案与选优化提供样本参考。

BIM本质上是小数据，它是以一栋建筑或工程项目为单位。只有把所有的BIM集成，才能形成BIM大数据，实现数据的互联互通。

造价人员停留在依靠人的经验积累、表格化存储，造价公司和造价从业人员积累的历史数据、经验数据、造价指标数据都是原始存储状态，没能很好地组织起来，它们或被束之高阁，或散落在各处，或杂乱无章，或找不到踪迹，或如历史的尘埃。没有对其进行编码和存储，更没有进行数据分析和数据挖掘，数据不能得到再利用。

所有数据之间缺乏关联和组织，它们之间相互割裂，"老死不相往来"。只有应用大数据技术才能把这些海量数据进行处理，把分散的信息集成，对大数据进行分析，找出规律，提取有用数据。

# 要点：造价管理信息化

**1. 现状**

现阶段造价管理信息化工作，主要存在两个方面的问题：第一个方面是涉及范围较单一，更多的是关注工程外部信息，即政策法规、材料价格、造价指数、计价依据及其配套文件方面，或多或少地忽略了对工程造价全过程控制的信息管理，当然这主要是由部门职能所决定的。第二个方面是坐而论道多，起而行之少，为信息化而信息化，建立了不少信息平台，发布多，应用少，缺少能够真正为市场各方主体带来利益的实际应用。而信息的最大特点是流动性和实用性，只有在实际使用过程中进行互通、共享、应用，信息才具有生命力，对信息的使用会推动行业发展；反之，行业的发展将完善信息质量和范围，这种相互推动将使信息化进入一个良性循环的发展。同时，应加强各行政主管部门的联动，对信息进行整合共享，走出信息孤岛的困境；要深入市场进行调研，了解各方主体对于造价过程中信息的需求，探究为各方主体提供服务的解决思路；要随时关注市场信息的变化，跟踪、发布相关信息，为建筑市场服务。

为了达到工程造价管理信息化的目标，提高管理决策的效率和水平，提供工程造价管理的目标及经营活动的服务支持，实现工程造价管理整体协调发展，必须将应用信息技术、建设工程造价信息系统和网络、工程造价信息资源开发利用和工程造价管理转变、业务流程这几方面内容列入工程造价管理信息化系统；由于工程造价管理信息化建设是一个循序渐进、不断完善的过程，工程造价管理信息化的范围不能局限于概预算软件系统、建设工程材料价格信息系统等单一软件，也不只是局限于本单位的信息管理系统，而是应该从工程造价管理活动的全过程所涉及的各种业务范围、从发展的角度审视未来的业务范畴，从建设市场发展和建设工程项目管理的不同主体的角度来确定业务范围。

**2. 工程造价资料积累**

（1）建立标准，统一格式

工程造价资料的积累包括"量"（如主要工程量、人工工日量、材料量、机械台班量等）和"价"，还包括对工程造价有重要影响的技术经济条件，如工程概况、建设条件等。积极推广使用计算机建立工程造价资料数据库，开发通用的工程造价资料管理程序，设计出一套科学、系统的编码体系，把同类工程合并在一个数据库文件中，不同类型的工程有不同的数据库文件。有了统一的工程分类和相应的编码之后，就可以进行数据采集、整理和输入工作，从而得到不同层次的、具有严格标准和规范的造价资料数据库。

数据积累必须建立统一的标准，才能使数据具有可比性，才能衡量数据的质量，才能对数据进行综合分析计算，这其中包括工程数据的分类工作、工程资料的标准化描述、工程数据的统一格式、指标数据的统一格式，等等。我处于编制指标之初，就建立了工程特征标准表格，工程造价分析、工程量分析、人材机消耗量分析的标准格式，使收集到的数据形成统一的格式，便于各种比较分析，加权计算的处理。

（2）依托职能，多途径收集

行政职能是工程数据收集最直接的手段，在对行业进行监管的同时，积极收集基础数据；积极建立健全备案制度，扩展收集渠道；联合其他管理部门，协同收集；与行业协会合作，考量企业行为同时进行资料的收集。

（3）与社会单位合作，提高数据处理效率

典型工程数据收集之后的处理，关系到其最终的使用效率，因此做好工程资料的数字化以及初步筛选分析，工程数据的积累才能具有真正的意义。以目前造价管理部门的编制和职能，都不具备处理大量基础数据的能力。为此，我处与咨询单位及计算机公司合作，进行基础数据的数字化工作，通过编制指标，将这项工作形成应用成果，推进数据收集的进行。

## 要点：增值税发票、凭证的影像管理

为规范会计档案管理工作，提高会计档案现代化管理水平，2015年财政部、国家档案局第79号令发布的《会计档案管理办法》肯定了电子会计档案的法律效力，电子会计凭证的获取、报销、入账、归档、保管等均可以实现电子化管理。

发票影像管理系统支持对增值税发票影像的采集、上传、认证和集中管理（审核、调阅），并实时跟踪的影像文件、纸质票据的状态和位置信息。通过电子影像系统与业务、税务、财务系统的一体化集成，实现基于影像的业务审批和财务审核。

发票影像管理系统分为扫描子系统和影像服务端子系统两个部分。

扫描子系统安装在扫描点本地电脑（也可以通过控件在 BS 端扫描），通过客户端控制高速扫描仪、高拍仪甚至于手机进行影像扫描、图像处理、封面条码识别、发票 OCR 识别、影像自动分组和影像上传功能（实时上传、批量上传），从而高效地采集票据影像并上传到影像服务端。

发票影像服务端子系统支持对实物票据和票据影像的管理。员工将实施增值税发票投递后，通过实物票据中心模块，记录、监控财务部门对实物票据的接收、内部转移信息；扫描岗通过客户端扫描上传票据影像后，通过票据影像中心模块完成对电子影像的审核、调阅和巡检，以及相关的报表统计。

发票影像管理系统建成后，各地区分公司、各项目部产生的原始增值税发票可以扫描形成电子化文件，并传送至总部财务部门，解决了实物文件传递的安全性、准时性以及发票文件审阅的方便性问题。

# 附　　录

## 附录1：财政部、国家税务总局关于印发
## 《营业税改征增值税试点方案》的通知

(财税〔2011〕110号)

各省、自治区、直辖市、计划单列市财政厅（局）、国家税务局、地方税务局，新疆生产建设兵团财务局：

《营业税改征增值税试点方案》已经国务院同意，现印发你们，请遵照执行。

附件：营业税改征增值税试点方案

财政部
国家税务总局
二〇一一年十一月十六日

附件：

### 营业税改征增值税试点方案

根据党的十七届五中全会精神，按照《中华人民共和国国民经济和社会发展第十二个五年规划纲要》确定的税制改革目标和2011年《政府工作报告》的要求，制定本方案。

**一、指导思想和基本原则**

（一）指导思想。

建立健全有利于科学发展的税收制度，促进经济结构调整，支持现代服务业发展。

（二）基本原则。

1. 统筹设计、分步实施。正确处理改革、发展、稳定的关系，统筹兼顾经济社会发展要求，结合全面推行改革需要和当前实际，科学设计，稳步推进。

2. 规范税制、合理负担。在保证增值税规范运行的前提下，根据财政承受能力和不同行业发展特点，合理设置税制要素，改革试点行业总体税负不增加或略有下降，基本消除重复征税。

3. 全面协调、平稳过渡。妥善处理试点前后增值税与营业税政策的衔接、试点纳税人与非试点纳税人税制的协调，建立健全适应第三产业发展的增值税管理体系，确保改革试点有序运行。

## 二、改革试点的主要内容

（一）改革试点的范围与时间。

1. 试点地区。综合考虑服务业发展状况、财政承受能力、征管基础条件等因素，先期选择经济辐射效应明显、改革示范作用较强的地区开展试点。

2. 试点行业。试点地区先在交通运输业、部分现代服务业等生产性服务业开展试点，逐步推广至其他行业。条件成熟时，可选择部分行业在全国范围内进行全行业试点。

3. 试点时间。2012 年 1 月 1 日开始试点，并根据情况及时完善方案，择机扩大试点范围。

（二）改革试点的主要税制安排。

1. 税率。在现行增值税 17％标准税率和 13％低税率基础上，新增 11％和 6％两档低税率。租赁有形动产等适用 17％税率，交通运输业、建筑业等适用 11％税率，其他部分现代服务业适用 6％税率。

2. 计税方式。交通运输业、建筑业、邮电通信业、现代服务业、文化体育业、销售不动产和转让无形资产，原则上适用增值税一般计税方法。金融保险业和生活性服务业，原则上适用增值税简易计税方法。

3. 计税依据。纳税人计税依据原则上为发生应税交易取得的全部收入。对一些存在大量代收转付或代垫资金的行业，其代收代垫金额可予以合理扣除。

4. 服务贸易进出口。服务贸易进口在国内环节征收增值税，出口实行零税率或免税制度。

（三）改革试点期间过渡性政策安排。

1. 税收收入归属。试点期间保持现行财政体制基本稳定，原归属试点地区的营业税收入，改征增值税后收入仍归属试点地区，税款分别入库。因试点产生的财政减收，按现行财政体制由中央和地方分别负担。

2. 税收优惠政策过渡。国家给予试点行业的原营业税优惠政策可以延续，但对于通过改革能够解决重复征税问题的，予以取消。试点期间针对具体情况采取适当的过渡政策。

3. 跨地区税种协调。试点纳税人以机构所在地作为增值税纳税地点，其在异地缴纳的营业税，允许在计算缴纳增值税时抵减。非试点纳税人在试点地区从事经营活动的，继续按照现行营业税有关规定申报缴纳营业税。

4. 增值税抵扣政策的衔接。现有增值税纳税人向试点纳税人购买服务取得的增值税专用发票，可按现行规定抵扣进项税额。

## 三、组织实施

（一）财政部和国家税务总局根据本方案制定具体实施办法、相关政策和预算管理及缴库规定，做好政策宣传和解释工作。经国务院同意，选择确定试点地区和行业。

（二）营业税改征的增值税，由国家税务局负责征管。国家税务总局负责制定改革试点的征管办法，扩展增值税管理信息系统和税收征管信息系统，设计并统一印制货物运输业增值税专用发票，全面做好相关征管准备和实施工作。

# 附录 2：国家税务总局关于发布《纳税人转让不动产增值税征收管理暂行办法》的公告

（国家税务总局公告 2016 年第 14 号）

国家税务总局制定了《纳税人转让不动产增值税征收管理暂行办法》，现予以公布，自 2016 年 5 月 1 日起施行。

特此公告。

国家税务总局
2016 年 3 月 31 日

## 纳税人转让不动产增值税征收管理暂行办法

**第一条** 根据《财政部 国家税务总局关于全面推开营业税改征增值税试点的通知》（财税〔2016〕36 号）及现行增值税有关规定，制定本办法。

**第二条** 纳税人转让其取得的不动产，适用本办法。

本办法所称取得的不动产，包括以直接购买、接受捐赠、接受投资入股、自建以及抵债等各种形式取得的不动产。

房地产开发企业销售自行开发的房地产项目不适用本办法。

**第三条** 一般纳税人转让其取得的不动产，按照以下规定缴纳增值税：

（一）一般纳税人转让其 2016 年 4 月 30 日前取得（不含自建）的不动产，可以选择适用简易计税方法计税，以取得的全部价款和价外费用扣除不动产购置原价或者取得不动产时的作价后的余额为销售额，按照 5％的征收率计算应纳税额。纳税人应按照上述计税方法向不动产所在地主管地税机关预缴税款，向机构所在地主管国税机关申报纳税。

（二）一般纳税人转让其 2016 年 4 月 30 日前自建的不动产，可以选择适用简易计税方法计税，以取得的全部价款和价外费用为销售额，按照 5％的征收率计算应纳税额。纳税人应按照上述计税方法向不动产所在地主管地税机关预缴税款，向机构所在地主管国税机关申报纳税。

（三）一般纳税人转让其 2016 年 4 月 30 日前取得（不含自建）的不动产，选择适用一般计税方法计税的，以取得的全部价款和价外费用为销售额计算应纳税额。纳税人应以取得的全部价款和价外费用扣除不动产购置原价或者取得不动产时的作价后的余额，按照 5％的预征率向不动产所在地主管地税机关预缴税款，向机构所在地主管国税机关申报纳税。

（四）一般纳税人转让其 2016 年 4 月 30 日前自建的不动产，选择适用一般计税方法计税的，以取得的全部价款和价外费用为销售额计算应纳税额。纳税人应以取得的全部价款和价外费用，按照 5％的预征率向不动产所在地主管地税机关预缴税款，向机构所在地主管国税机关申报纳税。

（五）一般纳税人转让其 2016 年 5 月 1 日后取得（不含自建）的不动产，适用一般计税方法，以取得的全部价款和价外费用为销售额计算应纳税额。纳税人应以取得的全部价款和价外费用扣除不动产购置原价或者取得不动产时的作价后的余额，按照 5％的预征率向不动产所在地主管地税机关预缴税款，向机构所在地主管国税机关申报纳税。

（六）一般纳税人转让其 2016 年 5 月 1 日后自建的不动产，适用一般计税方法，以取得的全部价款和价外费用为销售额计算应纳税额。纳税人应以取得的全部价款和价外费用，按照 5％的预征率向不动产所在地主管地税机关预缴税款，向机构所在地主管国税机关申报纳税。

第四条　小规模纳税人转让其取得的不动产，除个人转让其购买的住房外，按照以下规定缴纳增值税：

（一）小规模纳税人转让其取得（不含自建）的不动产，以取得的全部价款和价外费用扣除不动产购置原价或者取得不动产时的作价后的余额为销售额，按照 5％的征收率计算应纳税额。

（二）小规模纳税人转让其自建的不动产，以取得的全部价款和价外费用为销售额，按照 5％的征收率计算应纳税额。

除其他个人之外的小规模纳税人，应按照本条规定的计税方法向不动产所在地主管地税机关预缴税款，向机构所在地主管国税机关申报纳税；其他个人按照本条规定的计税方法向不动产所在地主管地税机关申报纳税。

第五条　个人转让其购买的住房，按照以下规定缴纳增值税：

（一）个人转让其购买的住房，按照有关规定全额缴纳增值税的，以取得的全部价款和价外费用为销售额，按照 5％的征收率计算应纳税额。

（二）个人转让其购买的住房，按照有关规定差额缴纳增值税的，以取得的全部价款和价外费用扣除购买住房价款后的余额为销售额，按照 5％的征收率计算应纳税额。

个体工商户应按照本条规定的计税方法向住房所在地主管地税机关预缴税款，向机构所在地主管国税机关申报纳税；其他个人应按照本条规定的计税方法向住房所在地主管地税机关申报纳税。

第六条　其他个人以外的纳税人转让其取得的不动产，区分以下情形计算应向不动产所在地主管地税机关预缴的税款：

（一）以转让不动产取得的全部价款和价外费用作为预缴税款计算依据的，计算公式为：

$$应预缴税款＝全部价款和价外费用÷（1＋5％）×5％$$

（二）以转让不动产取得的全部价款和价外费用扣除不动产购置原价或者取得不动产时的作价后的余额作为预缴税款计算依据的，计算公式为：

$$应预缴税款＝（全部价款和价外费用－不动产购置原价或者$$
$$取得不动产时的作价）÷（1＋5％）×5％$$

第七条　其他个人转让其取得的不动产，按照本办法第六条规定的计算方法计算应纳税额并向不动产所在地主管地税机关申报纳税。

第八条　纳税人按规定从取得的全部价款和价外费用中扣除不动产购置原价或者取得不动产时的作价的，应当取得符合法律、行政法规和国家税务总局规定的合法有效凭证。

否则，不得扣除。

上述凭证是指：

（一）税务部门监制的发票。

（二）法院判决书、裁定书、调解书，以及仲裁裁决书、公证债权文书。

（三）国家税务总局规定的其他凭证。

**第九条** 纳税人转让其取得的不动产，向不动产所在地主管地税机关预缴的增值税税款，可以在当期增值税应纳税额中抵减，抵减不完的，结转下期继续抵减。

纳税人以预缴税款抵减应纳税额，应以完税凭证作为合法有效凭证。

**第十条** 小规模纳税人转让其取得的不动产，不能自行开具增值税发票的，可向不动产所在地主管地税机关申请代开。

**第十一条** 纳税人向其他个人转让其取得的不动产，不得开具或申请代开增值税专用发票。

**第十二条** 纳税人转让不动产，按照本办法规定应向不动产所在地主管地税机关预缴税款而自应当预缴之月起超过 6 个月没有预缴税款的，由机构所在地主管国税机关按照《中华人民共和国税收征收管理法》及相关规定进行处理。

纳税人转让不动产，未按照本办法规定缴纳税款的，由主管税务机关按照《中华人民共和国税收征收管理法》及相关规定进行处理。

# 附录 3：国家税务总局关于《不动产进项税额分期抵扣暂行办法》的公告

国家税务总局公告 2016 年第 15 号

国家税务总局制定了《不动产进项税额分期抵扣暂行办法》，现予以公布，自 2016 年 5 月 1 日起施行。

特此公告。

国家税务总局
2016 年 3 月 31 日

## 不动产进项税额分期抵扣暂行办法

**第一条** 根据《财政部 国家税务总局关于全面推开营业税改征增值税试点的通知》（财税〔2016〕36 号）及现行增值税有关规定，制定本办法。

**第二条** 增值税一般纳税人（以下称纳税人）2016 年 5 月 1 日后取得并在会计制度上按固定资产核算的不动产，以及 2016 年 5 月 1 日后发生的不动产在建工程，其进项税额应按照本办法有关规定分 2 年从销项税额中抵扣，第一年抵扣比例为 60％，第二年抵扣比例为 40％。

取得的不动产，包括以直接购买、接受捐赠、接受投资入股以及抵债等各种形式取得的不动产。

纳税人新建、改建、扩建、修缮、装饰不动产，属于不动产在建工程。

房地产开发企业自行开发的房地产项目，融资租入的不动产，以及在施工现场修建的临时建筑物、构筑物，其进项税额不适用上述分2年抵扣的规定。

**第三条** 纳税人2016年5月1日后购进货物和设计服务、建筑服务，用于新建不动产，或者用于改建、扩建、修缮、装饰不动产并增加不动产原值超过50%的，其进项税额依照本办法有关规定分2年从销项税额中抵扣。

不动产原值，是指取得不动产时的购置原价或作价。

上述分2年从销项税额中抵扣的购进货物，是指构成不动产实体的材料和设备，包括建筑装饰材料和给水排水、采暖、卫生、通风、照明、通讯、煤气、消防、中央空调、电梯、电气、智能化楼宇设备及配套设施。

**第四条** 纳税人按照本办法规定从销项税额中抵扣进项税额，应取得2016年5月1日后开具的合法有效的增值税扣税凭证。

上述进项税额中，60%的部分于取得扣税凭证的当期从销项税额中抵扣；40%的部分为待抵扣进项税额，于取得扣税凭证的当月起第13个月从销项税额中抵扣。

**第五条** 购进时已全额抵扣进项税额的货物和服务，转用于不动产在建工程的，其已抵扣进项税额的40%部分，应于转用的当期从进项税额中扣减，计入待抵扣进项税额，并于转用的当月起第13个月从销项税额中抵扣。

**第六条** 纳税人销售其取得的不动产或者不动产在建工程时，尚未抵扣完毕的待抵扣进项税额，允许于销售的当期从销项税额中抵扣。

**第七条** 已抵扣进项税额的不动产，发生非正常损失，或者改变用途，专用于简易计税方法计税项目、免征增值税项目、集体福利或者个人消费的，按照下列公式计算不得抵扣的进项税额：

$$不得抵扣的进项税额＝（已抵扣进项税额＋待抵扣进项税额）×不动产净值率$$
$$不动产净值率＝（不动产净值÷不动产原值）×100\%$$

不得抵扣的进项税额小于或等于该不动产已抵扣进项税额的，应于该不动产改变用途的当期，将不得抵扣的进项税额从进项税额中扣减。

不得抵扣的进项税额大于该不动产已抵扣进项税额的，应于该不动产改变用途的当期，将已抵扣进项税额从进项税额中扣减，并从该不动产待抵扣进项税额中扣减不得抵扣进项税额与已抵扣进项税额的差额。

**第八条** 不动产在建工程发生非正常损失的，其所耗用的购进货物、设计服务和建筑服务已抵扣的进项税额应于当期全部转出；其待抵扣进项税额不得抵扣。

**第九条** 按照规定不得抵扣进项税额的不动产，发生用途改变，用于允许抵扣进项税额项目的，按照下列公式在改变用途的次月计算可抵扣进项税额。

$$可抵扣进项税额＝增值税扣税凭证注明或计算的进项税额×不动产净值率$$

依照本条规定计算的可抵扣进项税额，应取得2016年5月1日后开具的合法有效的增值税扣税凭证。

按照本条规定计算的可抵扣进项税额，60%的部分于改变用途的次月从销项税额中抵扣，40%的部分为待抵扣进项税额，于改变用途的次月起第13个月从销项税额中抵扣。

第十条　纳税人注销税务登记时，其尚未抵扣完毕的待抵扣进项税额于注销清算的当期从销项税额中抵扣。

第十一条　待抵扣进项税额记入"应交税金—待抵扣进项税额"科目核算，并于可抵扣当期转入"应交税金—应交增值税（进项税额）"科目。

对不同的不动产和不动产在建工程，纳税人应分别核算其待抵扣进项税额。

第十二条　纳税人分期抵扣不动产的进项税额，应据实填报增值税纳税申报表附列资料。

第十三条　纳税人应建立不动产和不动产在建工程台账，分别记录并归集不动产和不动产在建工程的成本、费用、扣税凭证及进项税额抵扣情况，留存备查。

用于简易计税方法计税项目、免征增值税项目、集体福利或者个人消费的不动产和不动产在建工程，也应在纳税人建立的台账中记录。

第十四条　纳税人未按照本办法有关规定抵扣不动产和不动产在建工程进项税额的，主管税务机关应按照《中华人民共和国税收征收管理法》及有关规定进行处理。

# 附录4：国家税务总局关于《纳税人提供不动产经营租赁服务增值税征收管理暂行办法》的公告

国家税务总局制定了《纳税人提供不动产经营租赁服务增值税征收管理暂行办法》，现予以公布，自 2016 年 5 月 1 日起施行。

特此公告。

国家税务总局
2016 年 3 月 31 日

## 纳税人提供不动产经营租赁服务增值税征收管理暂行办法

第一条　根据《财政部 国家税务总局关于全面推开营业税改征增值税试点的通知》（财税〔2016〕36 号）及现行增值税有关规定，制定本办法。

第二条　纳税人以经营租赁方式出租其取得的不动产（以下简称出租不动产），适用本办法。

取得的不动产，包括以直接购买、接受捐赠、接受投资入股、自建以及抵债等各种形式取得的不动产。

纳税人提供道路通行服务不适用本办法。

第三条　一般纳税人出租不动产，按照以下规定缴纳增值税：

（一）一般纳税人出租其 2016 年 4 月 30 日前取得的不动产，可以选择适用简易计税方法，按照 5% 的征收率计算应纳税额。

不动产所在地与机构所在地不在同一县（市、区）的，纳税人应按照上述计税方法向不动产所在地主管国税机关预缴税款，向机构所在地主管国税机关申报纳税。

不动产所在地与机构所在地在同一县（市、区）的，纳税人向机构所在地主管国税机关申报纳税。

（二）一般纳税人出租其 2016 年 5 月 1 日后取得的不动产，适用一般计税方法计税。

不动产所在地与机构所在地不在同一县（市、区）的，纳税人应按照 3% 的预征率向不动产所在地主管国税机关预缴税款，向机构所在地主管国税机关申报纳税。

不动产所在地与机构所在地在同一县（市、区）的，纳税人应向机构所在地主管国税机关申报纳税。

一般纳税人出租其 2016 年 4 月 30 日前取得的不动产适用一般计税方法计税的，按照上述规定执行。

**第四条** 小规模纳税人出租不动产，按照以下规定缴纳增值税：

（一）单位和个体工商户出租不动产（不含个体工商户出租住房），按照 5% 的征收率计算应纳税额。个体工商户出租住房，按照 5% 的征收率减按 1.5% 计算应纳税额。

不动产所在地与机构所在地不在同一县（市、区）的，纳税人应按照上述计税方法向不动产所在地主管国税机关预缴税款，向机构所在地主管国税机关申报纳税。

不动产所在地与机构所在地在同一县（市、区）的，纳税人应向机构所在地主管国税机关申报纳税。

（二）其他个人出租不动产（不含住房），按照 5% 的征收率计算应纳税额，向不动产所在地主管地税机关申报纳税。其他个人出租住房，按照 5% 的征收率减按 1.5% 计算应纳税额，向不动产所在地主管地税机关申报纳税。

**第五条** 纳税人出租的不动产所在地与其机构所在地在同一直辖市或计划单列市但不在同一县（市、区）的，由直辖市或计划单列市国家税务局决定是否在不动产所在地预缴税款。

**第六条** 纳税人出租不动产，按照本办法规定需要预缴税款的，应在取得租金的次月纳税申报期或不动产所在地主管国税机关核定的纳税期限预缴税款。

**第七条** 预缴税款的计算

（一）纳税人出租不动产适用一般计税方法计税的，按照以下公式计算应预缴税款：
$$应预缴税款 = 含税销售额 \div (1 + 11\%) \times 3\%$$

（二）纳税人出租不动产适用简易计税方法计税的，除个人出租住房外，按照以下公式计算应预缴税款：
$$应预缴税款 = 含税销售额 \div (1 + 5\%) \times 5\%$$

（三）个体工商户出租住房，按照以下公式计算应预缴税款：
$$应预缴税款 = 含税销售额 \div (1 + 5\%) \times 1.5\%$$

**第八条** 其他个人出租不动产，按照以下公式计算应纳税款：

（一）出租住房：
$$应纳税款 = 含税销售额 \div (1 + 5\%) \times 1.5\%$$

（二）出租非住房：
$$应纳税款 = 含税销售额 \div (1 + 5\%) \times 5\%$$

**第九条** 单位和个体工商户出租不动产，按照本办法规定向不动产所在地主管国税机关预缴税款时，应填写《增值税预缴税款表》。

第十条　单位和个体工商户出租不动产，向不动产所在地主管国税机关预缴的增值税款，可以在当期增值税应纳税额中抵减，抵减不完的，结转下期继续抵减。

纳税人以预缴税款抵减应纳税额，应以完税凭证作为合法有效凭证。

第十一条　小规模纳税人中的单位和个体工商户出租不动产，不能自行开具增值税发票的，可向不动产所在地主管国税机关申请代开增值税发票。

其他个人出租不动产，可向不动产所在地主管地税机关申请代开增值税发票。

第十二条　纳税人向其他个人出租不动产，不得开具或申请代开增值税专用发票。

第十三条　纳税人出租不动产，按照本办法规定应向不动产所在地主管国税机关预缴税款而自应当预缴之月起超过 6 个月没有预缴税款的，由机构所在地主管国税机关按照《中华人民共和国税收征收管理法》及相关规定进行处理。

纳税人出租不动产，未按照本办法规定缴纳税款的，由主管税务机关按照《中华人民共和国税收征收管理法》及相关规定进行处理。

# 参 考 文 献

［1］ 翟继光. 营改增政策解析与纳税筹划［M］. 上海：立信会计出版社，2016.
［2］ 周吉高. 建筑业"营改增"实务权威问答［M］. 北京：中国建筑工业出版社，2016.
［3］ 王秀芝. 税务管理［M］. 北京：中国人民大学出版社，2014.
［4］ 赵金梅，马郡. 营改增实战［M］. 北京：机械工业出版社，2016.
［5］ 翟纯垲. 营改增实战与筹划必读200案例［M］. 北京：中国市场出版社，2016.
［6］ 任翠霞. 从零开始学凭证与发票管理［M］. 北京：化学工业出版社，2013.